"十二五"国家重点图书出版规划项目

西方古典学研究　*Library of Classical Studies*

编辑委员会

主　编：

黄　洋（复旦大学）

高峰枫（北京大学）

编　委：

陈　恒（上海师范大学）

李　猛（北京大学）

刘津瑜（美国德堡大学）

刘　玮（中国人民大学）

穆启乐（Fritz-Heiner Mutschler，德国德累斯顿大学；北京大学）

彭小瑜（北京大学）

吴　飞（北京大学）

吴天岳（北京大学）

徐向东（浙江大学）

薛　军（北京大学）

晏绍祥（首都师范大学）

岳秀坤（首都师范大学）

张　强（东北师范大学）

张　巍（复旦大学）

国家出版基金项目
NATIONAL PUBLICATION FOUNDATION

流变与持存

亚里士多德质料学说研究

Change and Persistence:

A Study on Aristotle's Theory of Matter

曹青云 著

图书在版编目(CIP)数据

流变与持存:亚里士多德质料学说研究/曹青云著.—北京:北京大学出版社,2014.11

(西方古典学研究)

ISBN 978-7-301-24731-0

Ⅰ.①流… Ⅱ.①曹… Ⅲ.①亚里士多德(前384～前322)—质料(哲学)—哲学思想—研究 Ⅳ.①B502.233

中国版本图书馆 CIP 数据核字(2014)第 198952 号

书　　　名：流变与持存——亚里士多德质料学说研究
著作责任者：曹青云　著
责 任 编 辑：王晨玉
标 准 书 号：ISBN 978-7-301-24731-0/B·1219
出 版 发 行：北京大学出版社
地　　　址：北京市海淀区成府路 205 号　100871
网　　　址：http://www.pup.cn　新浪官方微博:@北京大学出版社
电 子 信 箱：pkuwsz@126.com
电　　　话：邮购部 62752015　发行部 62750672　出版部 62754962
　　　　　　编辑部 62752025
印　刷　者：北京汇林印务有限公司
经　销　者：新华书店
　　　　　　965 毫米×1300 毫米　16 开本　19.75 印张　244 千字
　　　　　　2014 年 11 月第 1 版　2014 年 11 月第 1 次印刷
定　　　价：40.00 元

未经许可,不得以任何方式复制或抄袭本书之部分或全部内容。
版权所有,侵权必究
举报电话:010-62752024　电子信箱:fd@pup.pku.edu.cn

"西方古典学研究"总序

古典学是西方一门具有悠久传统的学问,初时是以学习和通晓古希腊文和拉丁文为基础,研读和整理古代希腊拉丁文献,阐发其大意。18世纪中后期以来,古典教育成为西方人文教育的核心,古典学逐渐发展成为以多学科的视野和方法全面而深入研究希腊罗马文明的一个现代学科,也是西方知识体系中必不可少的基础人文学科。

在我国,明末即有士人与来华传教士陆续译介希腊拉丁文献,传播西方古典知识。进入20世纪,梁启超、周作人等不遗余力地介绍希腊文明,冀以希腊之精神改造我们的国民性。鲁迅亦曾撰《斯巴达之魂》,以此呼唤中国的武士精神。1940年代,陈康开创了我国的希腊哲学研究,发出欲使欧美学者以不通汉语为憾的豪言壮语。晚年周作人专事希腊文学译介,罗念生一生献身希腊文学翻译。更晚近,张竹明和王焕生亦致力于希腊和拉丁文学译介。就国内学科分化来看,古典知识基本被分割在文学、历史、哲学这些传统学科之中。1980年代初,我国世界古代史学科的开创者日知(林志纯)先生始倡建立古典学学科。时至今日,古典学作为一门学问已渐为学界所识,其在西学和人文研究中的地位日益凸显。在此背景之下,我们编辑出版这套"西方古典学研究"丛书,希冀它成为古典学学习者和研究者的一个知识与精神的园地。"古典学"一词在西文中固无歧义,但在中文中可包含多重意思。丛书取"西方古典学"之名,是为避免中文语境中的歧义。

收入本丛书的著述大体包括以下几类:一是我国学者的研究成果。

近年来国内开始出现一批严肃的西方古典学研究者,尤其是立志于从事西方古典学研究的青年学子。他们具有国际学术视野,其研究往往大胆而独具见解,代表了我国西方古典学研究的前沿水平和发展方向。二是国外学者的研究论著。我们选择翻译出版在一些重要领域或是重要问题上反映国外最新研究取向的论著,希望为国内研究者和学习者提供一定的指引。三是西方古典学研习者亟需的书籍,包括一些工具书和部分不常见的英译西方古典文献汇编。对这类书,我们采取影印原著的方式予以出版。四是关系到西方古典学学科基础建设的著述,尤其是西方古典文献的汉文译注。收入这类的著述要求直接从古希腊文和拉丁文原文译出,且译者要有研究基础,在翻译的同时做研究性评注。这是一项长远的事业,非经几代人的努力不能见成效,但又是亟需的学术积累。我们希望能从细小处着手,为这一项事业添砖加瓦。无论哪一类著述,我们在收入时都将以学术品质为要,倡导严谨、踏实、审慎的学风。

  我们希望,这套丛书能够引领读者走进古希腊罗马文明的世界,也盼望西方古典学研习者共同关心、浇灌这片精神的园地,使之呈现常绿的景色。

"西方古典学研究"编委会
2013 年 7 月

序

曹青云博士的《流变与持存》一书对亚里士多德的质料学说进行了深入研究。"深入研究"现在已经成为一句套话，但真正谈得上深入研究是有学术规范的。以我了解作者研究和写作这本书的过程来说，本书的深入研究至少符合这样三方面的学术规范。首先是从原著出发。亚里士多德在《物理学》和《形而上学》这两本书中讨论了质料问题。我们知道，亚里士多德的著作分"理论哲学""实践哲学"和"创制哲学"三个门类。相对而言，后两类著作比较好读，有一定哲学基础的读者起码可以知道这些书是在谈什么问题，得出什么样的结论。但"理论著作"类著作非常难读，这类著作又分"逻辑学""自然哲学""形而上学""生物学""灵魂学说"等子目，各种书不但主题犬牙交错，结论不尽一致，而且术语与现代语言的意义相差很大。比如，本书讨论的"质料"(*hyle*)在拉丁文中被译作 matter，现在的西文都沿用拉丁文，中文译作"物质"，如果按照物质的意义来理解亚里士多德的质料学说，那就牛头不对马嘴了，即使按照现代西文译本来研究，也不可靠，甚至不靠谱。因此，对亚里士多德的深入研究，尤其是对他主要理论哲学著作的深入研究，必须从经过校勘的希腊原著出发。本书是符合这个要求的。但作为一本中文专著，作者对希腊原文的引用很有节制，主要引用关键概念的希腊术语，只在极少数几个必要的地方引用希腊文的句子，正如研究中国古代典籍的专业书中出现几个甲骨文或金文没有以文害意。对有一定哲学基础的读者而言，本书有较强的可读性。

其次，深入的哲学研究要专攻一个问题，而且这个问题还不能是个人自己想出来的，而应是同行专家关注的问题，有可供参照稽考的足够文献，才能继续深入前人或今人讨论的问题。现在很多人谈"创新"甚至"原创性"，殊不知任何创造都是对前人工作的继续推进。牛顿尝云他的发现是站在巨人的肩上。现在人文学者更像是在巨人肩上的一些群体，每个群体朝不同的方向、用不同的方法看，相互交流自己的观点。在亚里士多德的肩上，现代学者看到了不少新的东西和不同的问题。其中一个问题是《物理学》和《形而上学》的不同质料观。在《物理学》中，质料是承载运动的基体，是变中的不变，据此，科德（A. Code）和刘易斯（F. Lewis）等人认为质料是持存的；而《形而上学》重申质料是一种基体，同时否定质料是独立的实体，据此，琼斯（B. Jones）和查尔顿（W. Charlton）等人认为质料是不持存的。这两派都有文献依据。为了克服两书的不一致之处，似乎有两条路可走：一是承认亚里士多德思想本来就有不一致之处，正如他在《范畴篇》和《形而上学》不同卷章中似乎有两种关于"第一实体"的说法，他的质料观也可有"持存"和"不持存"两种不一致看法；二是认为亚里士多德的思想有一个发展过程，《物理学》与《形而上学》（其字面意义是"物理学之后"）是前后两本书，后者应是前者的发展，因而认为亚里士多德的成熟观点是认为质料不持存。亚里士多德的质料观是否前后一致？质料是否持存？这是本书作者研究的出发点。

最后，深入研究要对争论中的问题提出自己的独到见解，而不仅仅是梳理各派观点，或重复某一派的观点。本书的独到之处在于不是按历史发展线索，而是按逻辑论证的方式解决质料是否持存的问题。《形而上学》只是在《物理学》之后编辑成书的，但不能据此认为《形而上学》全书都是在《物理学》全书之后写成的，或者把两书看作从"不成熟"到"成熟"的发展。本书作者认为质料是否持存是不同的关注角度和不同论证策略而产生的问题，她区分了《物理学》中的质料观的两个论证模型:第一卷第七章讨论运动三本原的第一模型,以及第三卷第一章至第三章关于变化定义的第二模型。第一模型只是说所有的变化都有一个先在的、作为变化过程之起点的基体,第二模型则证明变化是从潜在到现实的连续过程,并没有持存的基体。这两个模型在逻辑上是并行不悖的。《形而上学》第九卷第六章与《物理学》中第二模型是一致的。从结论上说,本书支持琼斯(B. Jones)和查尔顿(W. Charlton)关于质料不持存的观点,但作者的论证比他们更加充分,不但指出了他们局限于《物理学》第一卷第七章的不充分之处,而且在《物理学》和《形而上学》中建构了关于质料不持存的四个论证。由于质料的概念在亚里士多德哲学中的重要地位,本书的观点、方法和论证是对亚里士多德研究的重要的推进。

作者的独到见解来之不易。她在博士学习阶段到哈佛大学哲学系学习两年,对希腊文和亚里士多德研究的知识大有长进,熟悉了讨论质料问题和相关问题的文献资料,她的博士论文被评选为北京大学优秀博士论文。现在纯学术的书已经不多见了,我很高兴曹青云博士多年坚守自己的专业领域,继续深入研究亚里士多德哲学中的问题。北京大学出版社大力支持优秀学术著作的出版,因此写了这篇序言。我对本书的看法不一定准确,欢迎读者对这本书和我的评价提出批评。

赵敦华
2014 年 4 月 15 日
于北京大学蓝旗营

凡 例

1. 本书引用的柏拉图和亚里士多德文献,一般均只注明斯特凡(H. Stephanus)编定的柏拉图希腊文标准码以及贝克尔(I. Bekker)编定的亚里士多德希腊文标准码。例如:《蒂迈欧》,50A-B,《物理学》,190a34-190b2。

2. 本书引用的古希腊语文献出自罗斯编辑整理的牛津版本,有以下两种:

D. Ross (1924), *Aristotle's Metaphysics*: *A Revised Text with Introduction and Commentary*, Oxford: Clarendon Press.

D. Ross (1936), *Aristotle's Physics*: *A Revised Text with Introduction and Commentary*, Oxford: Clarendon Press.

3. 本书引用的亚里士多德原文是笔者的翻译,翻译所参照的版本如下:

《物理学》相关段落翻译自 W. Charlton (1970), *Aristotle's Physics* I and II, Oxford: Clarendon Press. 以及 E. Hussey (1983), *Aristotle's Physics* III and IV, Oxford: Clarendon Press.

《论生灭》相关段落翻译自 C. J. Williams (1982), *De Generatione et Corruption*. Oxford: Clarendon Press.

《形而上学》Θ 卷相关段落翻译自 S. Makin (2006), *Aristotle: Metaphysics Book Theta*, Oxford: Clarendon Press.

《论灵魂》相关段落翻译自 D. Hamlyn (1968), *De Anima Books* II

and III, Oxford: Clarendon Press.

其他未作说明者，均翻译自 J. Barnes 编辑的《亚里士多德全集》，即 J. Barnes, et al. (1984), *The Complete Works of Aristotle: The Revised Oxford Translation* (Two Volumes), Princeton University Press.

4. 对几个术语的翻译说明：

κίνησις 译为"变化"。

变化包括四个类型：ἀλοίωσις 译为"偶性变化"，αὔξησις καὶ φθίσις 译为"生长与萎缩"，γένεσις καὶ φθορά 译为"生成与毁灭"或"实体生灭"，φορά 译为"位移运动"。

ἐνέγεια 译为"活动"或"严格意义上的活动"。

5. 人物姓名除哲学史上通用的之外，根据新华通讯社译名室编的《英语姓名译名手册》(商务印书馆，2009 年) 翻译。

目 录

"西方古典学研究"总序	1
序	1
凡 例	1
第一章 导论	1
第一节 问题的背景与此书的计划	1
第二节 亚里士多德论质料与变化的联系	9
第三节 问题的提出——质料在实体生灭过程中持存吗？	15
第二章 《物理学》第一卷第七章的解释	
——变化的第一模型	22
第一节 对"持存"的意义的澄清	24
第二节 变化的三本原	29
第三节 《物理学》第一卷第七章的类比论证	41
第四节 变化的第一模型的两个问题	48
第三章 质料的持存与变化的连续性	53
第一节 "无中生有"与质料的持存	53
第二节 "变化是连续的"与质料的持存	61
第四章 "质料"概念的初步澄清	68
第一节 基体（ὑποκείμενον）与质料	69
第二节 "先在质料"与"共时质料"的区分	80

第五章 质料与潜在存在者 … 91

第一节 质料的形而上学地位和存在的两种方式 … 92

第二节 δύναμις 的两种意义：力与潜在性 … 95

第三节 力、可能性与潜在性 … 104

第四节 潜在者在存在上的双重性 … 112

第五节 潜在者对目的的指向 … 117

第六节 质料在实体生灭过程中不持存的第一个论证 … 128

第六章 潜在性与现实性之关系 … 134

第一节 《形而上学》Θ6 的类比与现实性和潜在性 … 134

第二节 第一潜在性和第二潜在性的区分 … 146

第三节 现实性对潜在性的三种优先性 … 153

第四节 "质料"概念的再次澄清 … 168

第五节 质料在实体生灭过程中不持存的第二个和第三个论证 … 172

第七章 亚里士多德对变化的定义

——变化的第二模型 … 176

第一节 《物理学》第三卷第一章、第二章的变化定义 … 177

第二节 不完备的变化与质料在实体生灭过程中不持存的第四个论证 … 195

第三节 对变化的第二模型和第一模型之关系的一些思考 … 202

第八章 形式与实体生灭过程中的持存者 … 209

第一节 实体生灭过程中必然有什么东西持存吗？ … 210

第二节 不被生成的形式与实体生成过程中的持存者 … 216

第三节 形式、第一本原和亚里士多德的目的论 … 227

第四节 全文结语 … 243

参考文献 … 257

附　录　亚里士多德的形式—质料关系与功能性质料和
　　　　构成性质料的区分
　　　　——论惠廷对形质关系的调和解释　　　272
名词索引　　　　　　　　　　　　　　　　　　291
亚里士多德原文引用索引　　　　　　　　　　　295
后　记　　　　　　　　　　　　　　　　　　　299

第一章 导 论

第一节 问题的背景与此书的计划

亚里士多德的思想遗产不仅仅是已写入哲学史中的各种学说,更重要的是他提出的问题以及他解决这些问题的方式。当代亚里士多德哲学研究的繁荣便是以此为契机;人们越来越多地意识到亚里士多德提出的某些问题时至今日仍是最具有哲学意义的问题。诚如普特南(H. Putman)和努斯鲍姆(M. C. Nussbaum)所说,亚里士多德的哲学动机起源于两个最根本的问题:一是我们应当如何解释和描述在我们的经验世界中发生的变化和运动?二是我们应当如何回答我们经验到的每个事物"是什么"?① 第一个问题有关事物的"流变",第二个问题有关事物的"持存"。"流变与持存"不只是古希腊哲学最为关心的形而上学问题,也是最根本的哲学问题。

在某种意义上,亚里士多德的整个形而上学就是对这两个问题的回答。简单地说,他用"质料"概念解答了第一个问题,用"形式"概念解答了第二个问题。然而,这两个问题是相互交织的,形而上学最重要

---

① M. C. Nussbaum & Hilary Putnam, "Changing Aristotle's Mind", in *Essays on Aristotle's De Anima*, M. Nussbaum & A. Rorty (ed.), Oxford: Clarendon Press, 1992, pp. 31-32.

的一个问题是"什么是流变中的持存者"或者"流变的事物与持存的事物是何种关系"。与之相关,我们应当追问:变化和运动的一般结构中是否必然有一个不变的东西?如果任何变化中都必然有一个持存者,那么变化自身与这个持存者的关系如何?流变中的持存者是物质性的存在者(corporeality),还是非物质性的?

许多哲学理论认为流变中的持存者是本体论上的"奠基者"——它们是更为基础的实在,而哲学的要义不过是拨开流变之现象,以窥见持存之本质。倘若亚里士多德认为质料是一切变化中的持存者,那么他便有很好的理由认为质料回答了事物"是什么"的问题——或者说它规定了事物的本质,因为那些在变化中恒定不变的东西才是一个对象自身之所是。然而,亚里士多德指出,形式而非质料才能真正回答一个对象"是什么"的问题并规定它的本质。这两个问题之间的张力构成了亚里士多德理论中的许多争论,同时也是最令哲学家困惑和迷恋的地方。

因此,当代亚里士多德形而上学研究中一个特别重要的争论并未出乎我们的意料,即质料在可感实体的生成和毁灭过程中是否持存?这个争论的焦点在于质料是否是实体生灭这一变化中的持存者。我们以这个问题和相关的争论为线索来研究亚里士多德的"质料"概念。

"质料在实体生灭过程中持存"是一个较为流行的观点,在当代的学者中主要以科德(A. Code)、博斯托克(D. Bostock)、吉尔(M. L. Gill)、斯卡尔萨(T. Scaltsas)、刘易斯(F. Lewis)等人为代表。他们认为亚里士多德在《物理学》第一卷第七章中通过"缺失—基体—形式"的变化的三本原,揭示了所有类型的变化都需要一个持存者,这个持存者对于非实体变化(偶性变化、位移运动、生长和萎缩)而言是个体实体,而对于实体生灭而言就是质料。非实体变化是一个实体从缺失偶性形式到获得这个形式的连续的过程,而实体生灭就是质料从缺失一个实体形式到获得这个形式的连续的过程。例如科德说:"'质料'是一个功能性概念,因为无论它具体是什么,它都是那个在变化中持存的基体。"①

然而,这一流行的观点受到了挑战。琼斯(Barrington Jones)于1974年在"亚里士多德对质料的介绍"一文中反驳了"质料持存论者"的观点。他同样从《物理学》第一卷第七章的分析入手,但得出了相反的结论。他指出质料在实体生灭过程中是不持存的,因为质料是存在于成品之先的某物,它变成了那个成品而不再(像之前一样)存在。"质料是实体生成过程的起点,成品从它而来,'从……而来'只具有一种时间顺序上的效力。"②他进一步指出亚里士多德在《论生灭》第一卷第二至四章中讨论实体生灭与偶性变化的区分时,揭示出质料在实体生灭过程中是不持存的。琼斯的论证向我们展示了亚里士多德的文本对待质料在实体生灭过程中的持存问题的模糊性以及做出质料不持存之解释的可能性。查尔顿(W. Charlton)在注释《物理学》第一卷第七章时,亦指出这里的文本并不支持"持存的原始质料"或者"自然物的持存质料"的解释,因此这一章并未为"质料在实体生灭过程中持存"这一观点提供充分的文本证明。③

我们认为对"质料在实体生灭过程中是否持存"这一问题的解答不仅取决于如何解释《物理学》和《论生灭》等关键文本,更取决于如何理解亚里士多德的"质料"概念以及这个概念传达出的形而上学图景。如果没有一个恰当而正确的对亚里士多德"质料"概念的理解,则不可能对这个问题提供有效的回答。所以,我们不仅仅要重新审视《物理学》和《论生灭》的相关文本的解释,更要推进到亚里士多德的"形而上

---

① A. Code, "The Persistence of Aristotelian Matter", *Philosophical Studies: an International Journal for Philosophy in the Analytic Tradition*, Vol. 29, No. 6, 1976, pp. 357-367.

② B. Jones, "Aristotle's Introduction to Matter", *The Philosophical Review*, Vol. 83, No. 4, 1974, pp. 474-500.

③ W. Charlton, *Aristotle's Physics I and II*, Oxford: Clarendon Press, 1970, pp. 76-77.

学"的体系中来考查"质料"概念和"物理学"文本解释的根基。"形而上学"作为第一哲学对"物理学"或"自然哲学"在存在上起着奠基作用。我们并非把《物理学》和《形而上学》的关系简单地看作在时间和发展上的先后顺序,而是以问题的逻辑顺序来考查。

在此书中我将继续发展琼斯和查尔顿的已有观点,并论证"质料在实体生灭过程中不持存"。琼斯和查尔顿对质料持存论者的反驳主要集中在《物理学》第一卷第七章的解释上,他们提供了新的解读,进而认为这里的文本证明了质料在实体生灭过程中不持存。我认为,尽管琼斯对《物理学》第一卷第七章的解释很有洞见,但他持有一个过强的观点。《物理学》第一卷第七章对变化的三本原的分析既不像质料持存论者认为的那样提供了质料持存的文本证明,也不像琼斯解释的那样提供了质料不持存的文本证明,因为亚里士多德在这一章中并未涉及质料持存与否的问题。对质料在实体生灭中不持存的"正面证明"必须考查形而上学中的"质料"概念以及亚里士多德的变化理论,但琼斯和查尔顿并未从这些方面来研究这个问题。我将从《物理学》第一卷第七章的文本解释推进到质料与基体的关系,质料的形而上学地位,质料与潜在存在者的关联,以及质料与变化定义的关系等方面的研究,为质料在实体生灭中的不持存提供正面论证。此外,我将指出实体生灭过程中的持存者不是质料,而是形式;形式是实体生灭过程中的持存的内在本原,即它作为目的因贯穿于实体生成的始终。

此书除第一章(导言)外,在结构上分成两大部分,上半部分主要是驳论工作,我将反驳和瓦解质料持存论者的解释。这些解释主要有三个方面,因此我们分别用三章来分析和做出反驳,这包括了第二章,第三章和第四章。这三章的关系是并列的,即分别从不同的方面反驳质料持存论者的论证。论文的下半部分是立论工作,我将从"质料"概念自身,特别是质料作为潜在存在者的角度入手,研究和澄清亚里士多德"质料"概念的意义,为质料在实体生灭过程中不持存的观点提供四个论证。这四个论证的关系也是并列的,它们从不同的角度来提供证明,这包括了第五章,第六章和第七章。通过这几章的分析,我们认为"质料在实体生灭过程中不持存"这种解释是完全可能的,也是更符合亚里士多德的哲学系统的。在此之后,我们在第八章中回应了一个可能由我们的反对者提出的反驳,并指出实体生灭中的持存者不是质料而是形式。下面是对此书各章的简要介绍。

第二章的工作是对《物理学》第一卷第七章的重新诠释。科德、博斯托克和吉尔等人都认为《物理学》第一卷,特别是第七章对变化的三本原的分析提供了"质料在实体生灭过程中持存"的文本证明。博斯托克说:"根据《物理学》第一卷第七章的学说,任何类型的变化,包括实体生灭,都包含某物,它在变化之前存在,在变化过程中保持,在变化之后留存。"[①]对于实体生灭而言,这个持存的某物就是质料。吉尔说:"质料(在这一章中引入)被看作持续的基体,当质料获得了一个它原先缺失的形式时,一个新的实体就生成了。"[②]然而,我们的反驳针对《物理学》第一卷第七章的这种解释。我们将"缺失—基体—形式"的三本原的模型称为变化的第一模型,与《物理学》第三卷第一至三章的变化定义相区别——我们称后者为变化的第二模型。"缺失—基体—形式"的三本原模型并未为"质料在实体生灭过程中持存"提供证明,而只是说所有的变化都有一个先在的作为变化过程之起点的基体,但并未说基体在所有类型的变化(特别是实体生灭)中持存。此外,第七章末尾对基体本性与质料的类比并非必然得出基体和质料持存的推论。所以,《物理学》第一卷第七章不能为"质料在实体生灭过程中持存"提供充分的文本证明,亚里士多德在这里尚未涉及质料持存的问题。

---

① D. Bostock, *Space, Time, Matter and Form: Essays on Aristotle's Physics*, Oxford: Clarendon Press, 2006, p.25.

② M. L. Gill, "Aristotle's Metaphysics Reconsidered", *Journal of the History of Philosophy*, Vol.43, No.3, 2005, pp.223-251.

第三章讨论质料的持存与变化的连续性的关系。质料持存论者为"质料在实体生灭过程中持存"提供的另一个理由是：变化不是"无中生有"以及"变化是连续的"，这意味着质料在变化中持存。斯卡尔萨说："必然有某物在每种类型的变化中持存，仅仅有作为变化结果的某物是不够的，因为它并不保证变化过程的物理连续性。（Y 从 X 生成），若 X 毁灭，则立即可得 Y 是从无中生成的。"①吉尔说"变化不仅包含了替换，更包含了连续性……变化不是单纯的替换，因为在变化之前的某物有一部分在变化结果中持存。"②然而，变化不是"无中生有"的学说推不出"质料在实体生灭过程中持存"，它只意味着变化不是从绝对的"不存在"或"无"开始的。并且，"质料的持存"与"变化的连续性"是两个分离的命题，它们并不相互预设和推导。在某个连续的变化中，质料可能是不持存的，而质料持存的变化也可能是多个非连续的变化。

第四章是对"质料"概念的初步澄清，主要讨论质料与基体（ὑποκείμενον）的关系以及"先在质料"与"共时质料"的区分。质料持存论者认为"基体"这个概念，特别是质料作为实体生灭变化的基体，意味着在它变化中持存。博斯托克指出，"'站在下面的东西'（ὑποκείμενον）这个表达有双重作用，它既是变化的起点（例如，这个东西变得如何如何），又是变化中的持存者。"③因此，他们认为质料作为实体生灭的基体在变化过程中持存。我们通过分析亚里士多德对"基体"的使用，指出基体的基本意义是主词或主词指示的对象（主

---

① T. Scaltsas, "Substraum, Subject, and Substance", *Oxford Studies in Ancient Philosophy*, Vol. 5, 1986, pp. 215-240.

② M. L. Gill, *Aristotle on Substance: the Paradox of Unity*, New Jersey: Princeton University Press, 1989, p. 7.

③ D. Bostock, *Space, Time, Matter and Form: Essays on Aristotle's Physics*, Oxford: Clarendon Press, 2006, p. 9.

体),基体分为两种类型:个体实体和质料。因此,就做主词而言,质料是基体的一个子类。但是"基体"概念自身并不意味着它在变化中持存。另一方面,"先在质料"与"共时质料"的区分并非是同一质料在实体生成的不同时间段上的区分,而是不同意义上的两种质料,它们的关系是类比性的。我们发现质料不能由某物生成的"从之而来者"来定义,而是与潜在存在者有密切的关联。

第五章的主要工作是以《形而上学》Θ 卷为基础,分析潜在存在者和潜在性的意义,以及如何从潜在存在者的角度来理解质料和质料是否在实体生灭过程中持存的问题。亚里士多德用潜在者来解释某实体的质料,"质料"概念在范畴中是不存在的,它是对存在的另一种划分方式,即潜在的存在方式。我们指出 Θ 卷的"δύναμις"有两种不同的意义:力与潜在性。潜在性既不是可能性,也不是力的某种形态,而是与现实性相对的一种存在方式。潜在者具有本体论上的双重性:它在一种意义上存在而在另一种意义上不存在。潜在者是一个目的论中的概念,即它具有一个唯一的目的上的指向,并必然朝向其目的而运动。潜在者的这些本体论上的性质也是质料的性质,它们表明潜在者与现实者是不能同时存在的,因此质料在实体生灭过程中是不持存的;由此,我们提出质料不持存的第一个论证。

第六章继续了前一章的工作,分析潜在性与现实性的区分及关系,这主要涉及对《形而上学》Θ 卷第六章和第八章的分析。通过解释 Θ 卷第六章中的两组类比,我们指出它们至少揭示了两个共同关系:现实者从潜在者变化而来,现实者是潜在者的目的。此外,各个不同的现实者和潜在者之间只在类比的意义上被称为"现实者"或"潜在者"。通过分析 Θ 卷第八章中现实者对潜在者的三种优先性,我们指出潜在者在生成和时间上优先于现实者,但现实者在本体论上优先于潜在者——即现在者的本质或所是(being)决定了潜在者的本质或所是。潜在者与现实者的本体论关系也是质料与实体的本体论关系。从潜在者的角度,我们把可感实体的质料定义(描述定义)为潜在的实体,进一步澄清了亚里士多德的"质料"概念。我们指出"潜在的可感实体"是"质料"概念的严格意义,其他宽泛意义上的质料与严格意义的质料是类比的关系。由此出发,我们提出了质料在实体生灭过程中不持存的第二和第三个论证。

在第七章中我们分析《物理学》第三卷第一章和第二章的变化定义,称之为变化的第二模型。我们以《形而上学》Θ卷对潜在性和现实性的分析为基础,分析和评价了以罗斯(D. Ross)为代表的、对亚里士多德的变化定义的"过程解释"和以科斯曼(L. A. Kosman)为代表的"状态解释"的得失,进而指出亚里士多德并未将变化定义为潜在者的实现过程,也不是潜在者"放大自身"的某种显现或"构成性完善",①而是变化主体,即潜在者或质料,在"存在"和"目的"维度上的"作为"。变化作为不完备的ἐντελέχεια则意味着变化自身作为过程与变化的目的或结果在存在上是分离的,或者说它们的存在是相互排斥的。从这一点出发,我们建立了质料在实体生灭过程中不持存的第四个论证。

第八章是此书的最后一章,我们通过之前的研究证明了质料在实体生灭过程中是不持存的,但这个观点或许会招致一个反驳:在实体生灭中,被生成的个别实体是不持存的——它是生成的结果,形式是不持存的——它是在生成的最后被"获得"的,现在如果质料也是不持存的,那么在生灭过程中将没有任何东西持存;而这将重新面临"巴门尼德问题"的威胁——即生成是从非存在或绝对的"无"开始的,因此从根本上取消了生灭变化的可能。我们的回应是:实体生灭过程中的持存者不是质料而是形式。因此,我们与质料持存论者的分歧并不在于

---

① L. A. Kosman, "Aristotle's Definition of Motion", *Phronesis*, Vol.14, 1969, pp. 40-62. Especially see p. 50.

实体生灭中必然有一个持存者,而是在于这个持存者究竟是什么。然而,形式并不在"个体的持存"或"类的持存"的意义上作为生灭过程中有形的或物质性的(corporeal)持存者;它是不被生成的内在本原(ἀιτία),以目的的方式"指引"着实体的生成。

第二节 亚里士多德论质料与变化的联系

质料在亚里士多德哲学中是一个极为重要的概念,然而,在当代亚里士多德形而上学的研究中,对质料的研究相较形式或实体的研究显得薄弱。一个可能的原因是不少学者认为现代科学的质料或物质概念可以追溯到亚里士多德,因此"质料"或多或少对于我们而言是清楚的。例如,休柏斯(P. Suppes)在"亚里士多德的质料概念与现代质料概念的关系"一文中说"亚里士多德的质料概念是解释现代质料概念的基础"。①然而,实际情况却要复杂得多。亚里士多德的"质料"概念与我们现代人的"质料"或"物质"概念相去甚远,也很难说它是现代质料概念的"祖先"。我们将看到现代人的质料概念更接近古希腊的原子论者和自然哲学家,而不是亚里士多德的理论。亚里士多德在德谟克利特和柏拉图之间的"中间路线"的哲学立场在他的质料理论中表现得尤为鲜明。②对于他而言,尽管质料不是最终的实在,但它并不是非实在或虚幻,而是某种有限制的实在。

---

① P. Suppes, "Aristotle's Concept of Matter and its Relation to Modern Concepts of Matter", *Synthese*, Vol. 28, No. 1, 1974, pp. 27-50.
② 我并非说亚里士多德是简单的"折中主义"。"中间路线"指的是亚里士多德既不是柏拉图式的观念论者(idealist)也不是德谟克利特式的唯物主义者(materialist),而是区别于这两种的另一种立场。我认为亚里士多德最基本的哲学立场可以表达为:可分离的理念不是真正的存在,原子式的物质也不是真正的存在,真正的存在是驻于质料中的形式。

亚里士多德的"质料"概念与他的变化理论有着非常密切的关系。他常常这样来描述质料:"质料是实体生成的'从之而来者'(1032a17, that from which a substance comes)",或者"质料是潜在存在者"(1042a28,1045b21,1050a15-16),而潜在者是变化的主体。① 我们选取"质料在实体生灭过程中是否持存"这一问题为线索来研究亚里士多德的"质料"概念。

在研究亚里士多德的质料学说之前,我们必须注意到质料和"质料"概念的不同层次。"质料"概念与某些特殊的概念群和思想系统相关。对于某个特殊的研究领域和哲学家而言,他所谓的质料当然是"质料"概念所指的对象。"探究'质料'概念就是在问这个词在某些特定的语境中是如何使用的,这些语境可能是自然语言也可能是技术化的。"②对于现代人而言,我们大概会认为质料是物理学和自然科学史的研究对象,例如现代化学涉及各种元素的原子,因为我们有一个根深蒂固的现代科学中的"质料"概念。然而,现在我们关注的是亚氏哲学体系中的"质料"概念以及这个概念所指的对象。因此,当我们讨论亚里士多德的质料时,无论哪个具体的东西此时被冠名如此,一种符合亚氏哲学本意的解释必须是这个被讨论的对象满足他的"质料"概念。

对于亚里士多德的"质料"概念,我们首先需要澄清它与现代日常意义上的"物体"概念的区分。亚里士多德的"质料"并不等于"可感的、有广延的物体",也并非所有的"物体"都是"质料"。首先,亚里士多德认为有些物体是质料,但并非所有的物体都是质料,因为有些物体是可感实体或可感实体的部分。他说:"实体被认为最显然地属于物体。因此,我们说动物、植物和它们的部分是实体,并且自然的物体,例

---

① 潜在存在者在何种意义上作为变化的主体(ὑποκείμενον,即变化者)将在本书的第七章得到阐释。

② E. McMullin, *The Concept of Matter in Greek and Medieval Philosophy*, Notre Dame: University of Notre Dame Press, 1965, pp. 4-5.

如火、水、土等物体,以及它们的部分和由它们构成的物体(或者由它们的部分或者由整体构成)也是实体,例如天体和它的部分、星辰、月亮和太阳"(1028b9-13)。因此,可感之物既包括可感实体和可感实体的部分,也包括质料。其次,质料不仅仅是可感的和有广延的对象,也可以是不可感的理智对象——它们被称为可思质料。例如,亚里士多德说前提是三段论的质料;字母是音节的质料(195a15);属是种的质料等等。所以,他的"质料"概念并不等于"可感的、有广延的物体"概念,它不是在"可感—可思","物质—心灵"的二元结构下的某个概念。"质料"概念与亚里士多德的哲学系统紧密相关,特别是与他的变化理论和实体学说相关。

对"质料"概念的把握必须依赖于对亚里士多德哲学的全面理解。在《逻辑学》诸篇中并未出现"质料"概念,它是在讨论变化和复合实体时出现的。亚里士多德的"质料"概念与他的变化理论有着十分密切的联系,他把质料描述为实体生成中"从之而来的东西",并认为它是潜在存在者。可以说"质料"概念内在地与变化理论相关,而质料主要是指那些能够成为某物的质料因的东西。

质料因是"四因"之一,亚里士多德认为对自然物的"四因"的探寻回答了某物是什么,为什么如此和如何生成等问题。他说:"知识是我们探寻的对象,人们不认为知道了某物,直到他们抓住了'为什么'是此物的答案,对于生成和毁灭以及任何别的自然运动我们都必须询问'为什么'这样的问题,以便在遇到问题的时候回到这些原因上"(194b19-23)。自然物的"四因"分别是:质料因、形式因、动力因和目的因。质料因是某物"由之而来"的东西,形式因是本质的公式和属,动力因是直接推动变化的原因,目的因是某物和其变化的目的(194b24-33)。对于亚里士多德而言,"四因"不仅是对存在者的某种"解释",更是对存在者之由来、原因以及存在者自身的追问;它们不是某些抽象的事件或事态,而是某个具体之物,这有别于现代科学中的

"原因"。①例如,这块铜是这个铜像的质料因,这个像是铜像的形式因,这个工匠是它的动力因,(成为)完备的像是铜像的目的因。可感实体的质料因是可感之物,但对于不可感实体或非实体而言,质料因却不一定是可感之物。前提和字母能够称为"质料"是因为在一个较宽泛的意义上它们是三段论和字母表"由之而来"的东西。因此,前提和字母是三段论和音节的"可思质料"。亚里士多德主要是在质料因的意义上讨论质料的,既包括可感实体也包括不可感之物,因此也才有可感质料和可思质料之不同。

  本书的讨论限制在可感实体的领域内,我们主要关注的是可感实体的质料——因为可感实体的质料是"质料"概念的首要意义,以及这个概念传达了怎样的形而上学图景。从上面的分析中我们看到"质料"与"变化"具有密切的联系。亚里士多德正是在自然变化和对可感实体生灭的分析中引入四因说的,可以说"质料"概念是在变化,特别是实体生灭的语境中得到定义的。事实上,我们将看到,"质料"概念是亚里士多德回应巴门尼德对变化存在的否定,进而解释变化之存在和实体生灭之可能的基石。换言之,倘若没有"质料"概念,亚里士多德便无法成功地解释变化问题;而倘若变化不存在,则不需要"质料"概念。他说:"实体有生灭变化是因为它们包含质料"(1032a21),这意味着倘若某物没有质料,则它也没有生成和毁灭(1044b29-30)。上帝和永恒实体(天体)没有生成和毁灭是因为它们在某种意义上不包含质料。

  因此,对亚里士多德的"质料"概念的研究无法脱离对他的变化理论的研究,而可感实体的质料又涉及到一类特殊的变化——生成与毁灭,所以,对"质料"概念的研究必须以对亚里士多德的变化理论的研

---

① E. McMullin, *The Concept of Matter in Greek and Medieval Philosophy*, Notre Dame: University of Notre Dame Press, 1965, pp.173-176.

究为背景和依托。在这里我们选取"质料在实体生灭过程中是否持存"这一问题为线索来研究"质料"概念,不仅因为这个问题连接了"质料"和"实体生灭变化",为研究"质料"概念提供了恰当的范围和背景,更因为这个问题是把握亚里士多德"质料"概念的钥匙——即对它的回答取决于我们如何理解质料本身以及亚里士多德的形而上学。所以,此书的目标涉及到两个方面:对"质料"概念的研究和澄清以及讨论质料在实体生灭过程中是否持存的问题;对后者的回答依赖对前者的研究,而对前者的探究以后者为线索。

当下亚里士多德学界有不少关于"质料在实体的生灭过程中是否持存"的讨论,学者们有肯定和否定两种相反的意见①,肯定回答的观点较为流行。在这里我将论证亚里士多德对这个问题的回答是否定的,因为他有一个既不同于柏拉图也不同于古希腊自然哲学家或原子论者的"质料"概念。形象地说,"质料在实体生灭过程中是否持存"这一问题是窥见亚氏质料理论甚至亚氏基本哲学立场的"魔眼"。

"质料在一切变化中持存"这个观点不仅是古希腊自然哲学家和原子论者的共识——尽管他们对什么是质料或始基的意见不一;像泰勒斯的水,阿那克西美尼的气,恩培多克勒的四元素以及德谟克利特的原子都是流变中的持存者。这个观点更是现代人的科学信条——现代人相信万物之生成和毁灭不过是各种基本粒子的聚合和分离。现代人的世界观是"唯物主义"(materialism)全面胜利的果实,而在亚里士多德的时代,这种"唯物主义"对质料的理解充分地表达在《蒂迈欧》的创

---

① 认为质料持存的学者主要有 T. Scaltsas (1985), Alan Code (1976), M. L. Gill (1989), D. Bostock (2006), F. Lewis (1994), J. Whting (1992);一般而言,在传统意义上承认原始质料的学者也认为质料在实体生灭过程中持存。持反对意见的学者主要有 W. Charlton (1970), B. Jones (1974), J. Beere (2009), L. A. Kosman (1994), S. Menn (1994);在较弱的意义上还可以算上 S. Cohen (1996), M. F. Burnyeat (2002)以及 E. McMullin (1965)。

世图景中。① 柏拉图让我们想象一个场景：

> 设想把金子熔化成任何一种存在的形状，然后不间断地把一种形状变成另一种。如果有人指着其中的一个问你："这是什么"，目前你最可靠的回答是"金子"，而绝不是"三角形"或者金子的其他任何形状，因为在你做出这个陈述的时候，它们已经改变了。(50A-B)

在这里，金子作为这个流变世界中持存的东西，它似乎被认为是各种形状的"本质"。正如各种不同形状的东西的"本质"是在变化中持存的金子，世界万千之物的"本质"亦是在流变中持存的质料或始基。因此，物质主义的"质料"是世间万物的"本质"，它是最终的实在和真正的存在者。

然而，"理念论者"的立场恰恰相反。他们认为可感事物和质料以及世界之万千流变不过是虚幻的，或者仅仅是对理念世界的模仿和分有——它们不是真正的存在者。不过理念论者在取消质料之实在的同时也取消了变化之实在，他们要么像巴门尼德一样否认变化的存在，要么如柏拉图那样无法解释分离的和持存的理念是如何引起可感之物的生成与变化的。所以，对于巴门尼德而言，"质料在实体生灭过程中是否持存"是一个伪问题——因为真正的实体，即存在（或"是者"）是没有生成和毁灭的，而对柏拉图而言这是一个细枝末节的问题——因为质料属于流变世界中的"非存在"。

亚里士多德既拒绝了理念论者的观点也不接受自然哲学家或原子论者的立场。变化之实在是亚里士多德的自然哲学的起点，而对变化

---

① 参看 J. Beere, *Doing and Being: An Interpretation of Aristotle's Metaphysics Theta*, Oxford: Oxford University Press, 2009, pp. 266-268。

的成功解释则是他对古希腊哲学做出的最重要的贡献。①对于《蒂迈欧》中的问题,亚里士多德会说"这是金的三角形,那是金的球形";变化所成之物的"本质"并不是其由之而来的质料,而是其因之而成的形式。我们可以说这个球形是"金子制的",但这并不等于说"这球形是金子"。②对他而言,质料不是某种非存在或者对理念的模仿,而是存在者;但它却不是"无限制的"、绝对的存在——这是有别于柏拉图和原子论者的、对存在者和存在方式的新理解,也是亚里士多德最基本的哲学立场。

第三节 问题的提出——质料在实体生灭过程中持存吗?

当代关于"质料在实体生灭过程中是否持存"的争论使我们不得不重新审视质料与实体生灭之间的关系。"质料在实体生灭过程中持存"这一流行观点能否得到有效的辩护,或者质料在实体生灭过程中是不持存的?究竟哪一种解释符合亚里士多德的哲学体系?还是亚里士多德的观点是自相矛盾的?我们来简单梳理在此问题上存在争议的文本,以便更具体地引入这个问题。

亚里士多德在《论生灭》第一卷第一至四章中讨论了变化的几种类型和它们之间的区别。在此,他关注的焦点是实体生灭与其他非实体性变化的区分,特别是偶性变化与实体生灭的区分。

他指出:"变化不是某种在事物之外或之上的东西。它总是要么

---

① 文德尔班说亚里士多德解决了希腊哲学最基本的问题,即在纷繁多样的变化现象背后一个统一的和持存的存在是如何得以理解的——这依赖一个关系概念:发展。参看 Wilhelm Windelband, *A History of Philosophy: Greek, Roman, and Medieval*, Volume 1, New York: Harper Publishers, 1958, pp. 139-140。

② 参看亚里士多德对质料的"形容词"用法的讨论。《形而上学》,Z7(1033a17-20)和 Θ7(1049a20-25)等处的讨论。

就实体而言,要么就数量、性质或位置而言的那个变动者的变化"(200b33-34)。实体、性质、数量和位置是不同的范畴,在它们"之上"没有更大的范畴,因此根据这四个不同的范畴,变化被分成四种类型。这四种类型之上没有一个更一般的、作为属的变化,正如范畴之上不再有更大的、可以囊括范畴的范畴。换言之,这四种类型的变化不可通约,彼此相互排斥。①所以,"变化"不是一个属概念,正如"存在"不是属概念一样。"变化"概念的所指就是部分的或全部的这四种类型。

这四种类型的变化是:生长和萎缩,位移运动,偶性变化和实体生灭。"当变化发生在量上,从对立的一面到另一面,这是生长和萎缩;当变化发生在位置上,这是位移运动;当变化发生在属性或质上,这是偶性变化"(《论生灭》,319b31-33);当变化发生在实体中,即一个物体的生成和另一个物体的消亡,这就是生成和毁灭。前三类变化又称为"非实体变化",后一类又称为"实体生灭"。对于亚里士多德来说,根据范畴的划分所得到的这四种类型的变化构成了"变化"的全部方式。②

有些古希腊哲学家认为亚里士多德对变化类型的区分是错误的,因为他们不承认存在着真正的生成和毁灭,一切变化不过是宇宙始基的偶性变化,或者是原子或元素的混合和离散。米利都学派的一元论者和德谟克利特式的原子论者对于变化的看法都是亚里士多德所要反

---

① 因此,D. Bostock 对亚里士多德的指责——他(亚里士多德)粗心地认为变化的几种类型是相互排斥的——是错误的,因为偶性变化和实体生灭是根据范畴的不同来进行区分的,不同范畴相互排斥,因此它们也相互排斥;一个变化不可能既是偶性变化同时又是实体变化,正如某个存在者不可能既是实体同时又是数量或偶性。参看 D. Bostock, "Aristotle on the Transmutation of Elements in *De Generatione et Corruptione* I. 1-4", *Oxford Studies in Ancient Philosophy*, Vol. 13, 1995, pp. 217-219。

② 也许有人会提出质疑,认为亚里士多德所理解的变化类型是不完备的或错误的,但是我们在这里暂不讨论这种可能性,而只是在亚里士多德的体系内部研究相关问题。

对的。亚里士多德说:"我们必须研究每一种类型的变化是什么,以及偶性变化是否就是实体生灭,还是它们属于不同的变化,有着不同的本质"(《论生灭》,314a5-6)。亚里士多德认为实体生灭不能划归为偶性变化,二者必须得到区分。他指出:"那些认为所有的物体都出自一种元素的人必然认为生成和毁灭是偶性变化。因为他们确信基体总是保持同一;而这样的变化我们称为偶性变化。另一方面,那些认为最终的元素是'多'的人必然认为偶性变化和实体生灭是可以区分的;因为生成和毁灭就是不同种类的元素的混合和分离。这就是为什么恩培多克勒的用语也有这样的效果,他说'没有什么东西生成,一切不过是元素的混合或分离'"(《论生灭》,314b1-9)。然而,恩培多克勒却不能成功地区分偶性变化和实体生灭,因为如果所有变化不过是元素的混合和离散,那么就不能有偶性变化。另一方面,一元论者也不可能实现这个区分,因为如果所有的变化都是始基或单一基体的偶性改变——宇宙中的所有物体不过是水或者气或者"无定"的凝结、蒸腾、分散等等——那么就不可能有实体的生成和毁灭。

这些哲学家无法区分偶性变化和实体生灭的原因在于他们不了解实体生灭的本质,以至于要么取消了它的存在,要么取消了偶性变化的存在。亚里士多德认为偶性变化是可感实体在变化过程中持存,而它的性质改变了;其他非实体变化也是可感实体在变化过程中保持同一,而它的量或位置改变了,例如苏格拉底几天前是白的现在被太阳晒黑了,泰阿泰德从前是瘦的现在变胖了。在这些偶性变化中,苏格拉底和泰阿泰德作为实体持存,但他们的某种属性改变了。然而,实体生灭既不是偶性变化,也不是不同元素的混合和离散,而是一类特殊的变化方式:即一个物体的生成和另一个物体的同时消亡。亚里士多德说:

> ……因为绝对的生成和毁灭并不受混合和离散的影响。当一个物体从"这个"变成"那个",作为一个整体,生成和毁灭就发生了。尽管有人认为这样的变化是偶性变化,但事实上这是不同的。

因为在变化的基体中有一方面对应于定义,另有一方面对应于质料。当变化发生在这些方面中时,这就是生成和毁灭;但是当变化发生在一个物体的性质和偶性上时,这就是偶性变化。(《论生灭》,317a20-26)

生成和毁灭是某物作为整体从"这个"到"那个"的改变,即变化之前的"这个"物体在它的形式方面和质料方面都发生了改变。"这个"作为整体变成了"那个",因此,在生成和毁灭中没有什么东西像从白变黑的苏格拉底那样持存。

可以说,变化中是否有持存的基体是区分偶性变化(以及其余非实体变化)与实体生灭的标准。亚里士多德在总结对偶性变化和实体生灭的区分时说:

> 我们必须区分基体(或主体ὑποκείμενον)和它的属性,这些属性是谓述基体的;因为变化都可能发生在它们之中;当基体是可感的和持存的,变化发生在属性上,这是偶性变化,发生变化的偶性要么是对立的要么是位于中间的。身体,尽管是持存的同一个身体,但它一时是健康的一时是生病的……但是当没有什么可感的东西作为基体持存或保持同一性,并且这个物体作为整体变化了(例如当一颗种子整个地变成了血,或者水变成了气,或者气整个地变成了水),这就是一个实体的生成和另一个实体的毁灭……当变化发生在属性或质上时,是偶性变化;但是在变化的结果中没有什么东西持存,这就是生成,相反的过程就是毁灭。(《论生灭》,319b8-35)

偶性变化中的基体持存,发生变化的是基体的属性;而在实体生灭过程中没有基体持存,发生变化的是作为整体的"这个"物体。亚里士多德的这一区分标准与他根据范畴的不同来划分变化类型的做法是一致的。非实体变化发生在性质、数量和位置这些非实体的范畴中,因为非实体范畴在本体论上依赖于实体,它们的存在必然预设了实体的存在,所以非实体变化必然预设了实体的存在以及它在变化过程中的持存。然而,对实体的生成或毁灭而言,这个过程中没有什么持存的基体(变化的结果中没有什么物质性的东西是持存的),实体自身当然也不可能持存——它要么被生成,要么被毁灭。

所以,亚里士多德在《论生灭》中认为偶性变化(以及其余的非实体变化)和实体生灭的区分是:偶性变化中有持存的基体,这个基体就是变换属性的某个实体,而实体生灭中则没有持存的基体,生灭中的基体在形式和质料方面都发生了改变,它进行的是整体的变化,从"这个"到"那个"的变化。因此,在实体生成之前作为质料因的质料在该实体的生成中并不持存;如果在变化中有某个持存的基体,那么这便是偶性变化或其他非实体性变化。

然而,亚里士多德在《论生灭》中的这个观点似乎与他在《物理学》第一卷考察变化的三本原时的观点背道而驰。在《物理学》的第一卷,特别是在第七章中,亚里士多德似乎认为包括实体生灭在内的所有类型的变化都有一个持存的基体。

《物理学》第一卷第七章的任务是确定变化之本原的数目以及这个数目究竟是二还是三。亚里士多德从希腊语描述变化的几种方式开始考察。他说:

> 我们说这个人变得文雅了,或者不文雅的变得文雅了,或者不文雅的人变成一个文雅的人……当一个简单物体被描述为变成另一物时,在一种情况下它在变化过程中持存,在另一种情况下它不持存。因为当一个人变得文雅时,这个人还是一个人,但是不文雅或文雅自身却不持存,不文雅或文雅与人的复合物也不持存。(《物理学》,190a1-12)

从这些考察中,亚里士多德得出在变化的各种情况中都必须有一个基体,"即那个变化的东西,它在数目上是一,在定义或形式上却不是一"(《物理学》,190a15)。在"不文雅的人变成文雅的人"这个例子中,不文雅的人就是变化的基体,它在数目上是一,但在定义上却包含了"不文雅的"和"人"两个部分。他指出,正如描述变化的语言展示给我们的那样,变化的基体的一部分持存,另一部分却不持存,例如"这个人"在从"不文雅"变为"文雅"的过程中持存着,但是"不文雅"自身却不持存。因此,变化的本原有三个:两个对立面和基体——例如,"不文雅的""文雅的"和"这个人"。基体在对立面的转换中持存。

亚里士多德把从这个例子中得出的变化的本原推广到实体生灭的情况中去,他说:

> 现在除了实体的情况,我们非常清楚的是:变化必须有一个基体,即变化者。因为当一个物体变成这样的数量,或性质,或一种关系、时间、地点时,必然预设了一个主词,因为实体自身不谓述别的主词,而是别的东西谓述实体。但是对于实体的情况也一样,并且对任何没有限制的存在者(也一样),它也是从某个基体生成的……因为我们发现在所有的情况中,被生成者都是从某个基体而生成的;例如动物和植物从种子而生成。(《物理学》,190a33-190b4)

因此,无论是非实体变化还是实体生灭都必然预设了基体的存在,并且所有类型的变化都有三个本原:两个对立面和基体。两个对立面就是形式和缺失,非实体变化中的"形式"在中世纪时期被称为"偶然形式",亚里士多德尽管没有使用这个说法,但我们可以在一个宽泛的意义上把"文雅的"称为"形式",它的对立面"不文雅的"则是形式的缺失。因此,实体生灭的三本原是"实体形式""缺失"和"质料"(或"基体")。

《物理学》第一卷第七章的最后部分对基体和质料所做的类比使

很多学者相信:正如个体实体在非实体变化过程中持存一样,质料在实体生灭过程中持存。变化因而被看作某个持存的基体从缺失状态到获得相应的形式的过程①:非实体变化是某个实体从缺失某个偶然形式到获得它的过程,而实体生灭则是质料从缺失实体形式到获得实体形式的过程。

所以,从《物理学》第一卷第七章对变化的三本原的讨论来看,不少学者认为质料在实体生灭过程中持存。然而,亚里士多德在《论生灭》第一卷中从偶性变化和实体生灭之区分的角度似乎向我们指明:质料在实体生灭过程中不持存。那么,亚里士多德的文本在这个问题上是不自洽的吗?质料在实体生灭过程中究竟是持存的还是不持存的呢?

---

① 参看 M. L. Gill, "Aristotle's Metaphysics Reconsidered", *Journal of the History of Philosophy*, Vol. 43, No. 3, 2005, pp. 223-251。

第二章 《物理学》第一卷第七章的解释
——变化的第一模型

要论证质料在实体生灭过程中不持存,首先需要瓦解那些为"质料持存"提供证明的解释,因此下面的工作是辩驳性质的。我们将逐一反驳质料持存论者的解释,以便证明这些所谓的证据并不能有效地论证质料在实体生灭过程中持存。具体说来,质料持存论者提供的解释和证明主要集中在三个方面,而我们的反驳也主要针对这三个方面。

第一,科德、博斯托克、吉尔等人认为《物理学》第一卷,特别是第一卷第七章对变化的三本原的分析提供了质料在实体生灭过程中持存的证明。他们认为,"根据《物理学》第一卷第七章的学说,任何类型的变化,包括实体生灭,都包含某物,它在变化之前存在,在变化过程中保持,在变化之后留存。"[①]对于实体生灭而言,这个持存的某物就是质料。吉尔说:"质料(在这一章中被引入)被看作持存的基体,当质料获得了一个它原先缺失的形式时,一个新的实体就生成了。"[②]我们的反驳因此主要集中在对《物理学》第一卷第七章的解释上,即我们应当如何理解变化的三本原?亚里士多德是否在这些文本中提供了质料在实

---

① D. Bostock, *Space, Time, Matter and Form: Essays on Aristotle's Physics*, Oxford: Clarendon Press, 2006, p. 25.

② M. L. Gill, "Aristotle's Metaphysics Reconsidered", *Journal of the History of Philosophy*, Vol. 43, No. 3, 2005, pp. 223-251.

体生灭过程中持存的充分证据?

第二,质料持存论者认为质料在实体生灭过程中的持存保证了生灭变化的连续性。质料的持存保证了一切变化(包括实体生灭)不是纯粹的"无中生有",而是"从有到有"。他们认为在每种类型的变化中必须有某物持存,斯卡尔萨(T. Scaltsas)说:"仅仅作为变化结果而存在的某物是不够的,因为它并不保证变化过程的物理连续性。(Y 从 X 生成),若 X 毁灭,则立即可得 Y 是从无中生成的。"①因此,"变化不仅包含了替换,更包含了连续性……变化不是单纯的替换,因为在变化之前存在的某物有一部分在变化结果中持存。"②然而,从变化不是"无中生有"的学说能够推出质料在实体生灭过程中持存吗? 质料的持存与变化的连续性究竟是何关系?

第三,质料持存论者还认为"基体"(ὑποκείμενον)这一概念,特别是质料作为实体生灭变化的基体,意味着它在变化过程中持存。博斯托克说:"我要指出'站在下面的东西'(ὑποκείμενον)这个概念有着双重作用,它既是变化的起点(例如,这个东西变得如此如此),又是变化中的持存者。"③因此,他们说质料作为实体生灭变化的基体在变化过程中持存。然而,我们要问的是"基体"概念与"质料"概念是什么关系? 从"基体"概念的涵义中能够推出质料持存吗? 以及就"质料"概念自身我们应该如何回答"质料在实体生灭过程中是否持存"这一问题?

我们将在第二章,第三章和第四章中分别讨论这三个方面的问

---

① T. Scaltsas, "Substraum, Subject, and Substance", *Oxford Studies in Ancient Philosophy*, Vol.5, 1986, pp. 215-240.

② M. L. Gill, *Aristotle on Substance: the Paradox of Unity*, New Jersey: Princeton University Press, 1989, p.7.

③ D. Bostock, *Space, Time, Matter and Form: Essays on Aristotle's Physics*, Oxford: Clarendon Press, 2006, p.9.

题。然而,在这些讨论开始之前,我们还必须对"持存"一词的意义以及"质料持存"的意义稍做澄清,以便搞清楚在亚里士多德的质料理论中,在哪些意义上对质料持存的解释和讨论才是有效的和值得辩护的。

第一节 对"持存"的意义的澄清

"持存"一词是对希腊阿提卡方言中的动词"ὑπομένω"(190a19)的翻译,相应的英语翻译是"persist"。《牛津高阶英汉双解词典》中与我们的讨论相关的释义词条是:持续存在。从汉语的角度来看这只不过是对这个词的意义进行扩展的一种说法,似乎并未给出解释。或许问题就在于"持续"和"存在"这两个词是自明的,无需也不能再给出解释或定义。然而,这两个词的涵义在哲学家看来却远非自明,尤其是"存在"一词的涵义晦暗难解,更是哲学关注的重要问题。亚里士多德如何回答存在问题并不是在这里能够解决的,但至少"持存"这个词传达给我们的第一印象是"实体对于自身同一性的保持",我们看到亚里士多德也正是在实体范畴中使用这个词的。

我们先来简要分析这个希腊动词传达的意义。"ὑπομένω"是一个不及物复合动词,介词前缀"ὑπο"意为"在之下""通过""被",有经历不同状况或在某种状况下的意义,动词"μένω"意为"保持""留存"。这个词的介词前缀和动词词干显示出它的基本意思是某物"穿过""通过"了某一段时间、空间或者事件的发生而保持原来的状态,或者某物与"穿过"之前的状态一致。因此,这个动词所谓述的主词必然是指能够经历某种变动,而被描述为"穿过"其间而保持自身的东西,如果不存在某种"穿越"和"变动",也就谈不上"持存"。

与我们的讨论相关,这个希腊动词的基本意思暗合之前的分析:"持存"一词的基本意义与变化联系紧密,因为在亚里士多德看来,变化作为一种过程,只有它能够定义时间并被时间测量。① 所以只有在"变化"中我们才能谈论"穿越"一个过程而维持自身的持存者;如果没有能够被时间测量和占据一段时间的变化,就不可能有"持存"的问题。因此,我们对"持存"问题的研究自然地限制在变化的范围中,而具体到质料的持存问题,我们的研究限制在可感实体的生灭变化中。

"ὑπομένω"一词是不及物动词,意味着某物留存和保持自身。在亚里士多德关于存在的十范畴的划分中,实体是存在的首要范畴,而"持存"一词也主要是用来谓述实体的。亚里士多德认为"持存"是实体之为实体的特征之一。在非实体变化中,实体保持着自身的同一性,而它的属性改变了,例如白的苏格拉底变为黑的苏格拉底,而苏格拉底自身没有变。亚里士多德说:

> 实体的一个最显著的特征是在数目上为一,并能够接受不同的对立面。在别的情况中,没有什么数目为一的东西能够接受不同的对立面。例如,数目为一的同一个颜色不会是白的又是黑的,数目为一的同一个行为不会是好的又是坏的;这些情况对于其他非实体来说都一样。但是,一个实体,数目为一的这个实体,能够接受不同的对立面。例如,一个人——数目为一的同一个——在某个时间是苍白的在另一个时间是黑的,一时是热的一时是冷的,或者一时是好的一时是坏的。(《范畴篇》,4a10-21)

实体在对立的不同属性的转换中保持为同一个存在者,即它在变化中维持着自身的同一性,因此,实体能够经历非实体范畴的变化而保持同一。所以,"持存"首先指的是实体,可以说,"持存"是实体的一个

---

① 参看 S. Waterlow, *Nature, Chance and Agency in Aristotle's Physics*, Oxford: Clarendon Press, 1982, pp. 99-100。

显著特征。我们看到无论是在《论生灭》还是在《物理学》中,亚里士多德都认为实体在非实体变化过程中持存;可以说实体的持存,即它对自身同一性的保持乃是实体之为实体的特性之一。

亚里士多德强调在非实体变化中持存的实体"在数目上为一",这个强调提醒我们注意实体持存的方式是作为在数目上为一的个体之物。"这个"黝黑的苏格拉底就是从前"那个"苍白的苏格拉底。如果不能确定变化前后的实体是不是同一的"个体之物",那么也就不能确定该实体是否持存。然而,如何确定变化后的实体与变化前的实体是同一个呢?从亚里士多德形而上学的一般观点来看,这是由实体的形式或本质决定的,实体因为保持着它的形式或本质而维持着它的自身同一性。博斯托克指出,亚里士多德并没有明确地意识到本质与实体在时间中的自身同一性的关联,但是这一点是我们今天理解亚氏"本质"概念的一个重要部分。①弗雷德(M. Frede)也认为实体的形式是它能够在时空中保持自身同一性的原因。②因此,实体在非实体变化中和在时间中的持存是由于它作为一个"个体"保持着它的形式和本质。

所以,"持存"的意义首先是在变化的语境中运用在具体的个体实体上的,它指的是实体在非实体变化和时间中保持个体的同一性,即保持着这个"数目上为一"的实体的形式或本质。

然而,质料既不是"个体"也没有"本质",我们究竟能在何种意义上说它是"持存"的呢?如果在某种意义上我们能够说"质料持存",这也绝对不是在"个体实体持存"的意义上说的。质料不像实体那样是"个体之物",也没有属于它自身的本质,因此我们无法像确定"这一

---

① D. Bostock, *Space, Time, Matter and Form: Essays on Aristotle's Physics*, Oxford: Clarendon Press, 2006, p. 36.

② M. Frede, *Essays in Ancient Philosophy*, Minneapolis: Minnesota University Press, 1987, p. 75.

个"实体那样去确定"这一个"质料,也不可能像认定某个实体有本质或形式一样去认定某个质料。所以,质料的持存方式绝不是像实体那样作为一个保持着自身形式或本质的个体;"质料作为个体持存"是一种不值得辩护的错误解释。

那么"持存"一词能否谓述"质料"呢? 或者说"质料持存"是不是荒谬的? 博斯托克已经注意到这一点,他说:"这看起来是一个荒谬的问题,因为我们已经说过,如果质料自身没有本质,那么它就没有确定自身同一性的标准,因此是不能持存的。"① 当然博斯托克并没有就此止步,而是坚持认为亚里士多德的质料在变化中持存,他探讨了确定质料持存的其他标准。然而,就我们的立场和论证目的而言,我们已经多少看到了"质料持存"这一说法的尴尬。但是这里的问题是:一种值得辩护的"质料持存"的观点究竟是在哪种意义上说的? 因为我们要论证质料的不持存,就必须首先在这种意义上反驳他们的解释。

质料持存论者常用于描述质料在实体变化中持存的一个词是"留存"(或"剩下"),英文为"remain"。韦丁(M. Wedin)直接把在实体生灭过程中持存的质料称为"留存的质料",意为从实体生成之前的质料中留存下来的质料。② 科恩(S. Cohen)和博斯托克都意识到质料不可能作为个体之物在时间中持存,但他们更愿意说质料作为同一种物质保持下来——它保持着时间和空间上的连续性;科恩更是认为质料不仅作为同一种物质持存,而且还维持着相同的量。③ 刘易斯则试图证明

---

① D. Bostock, *Space, Time, Matter and Form: Essays on Aristotle's Physics*, Oxford: Clarendon Press, 2006, p.35.

② M. Wedin, *Aristotle's Theory of Substance: the Categories and Metaphysics Zeta*, Oxford: Oxford University Press, 2000, p.47.

③ S. Cohen, *Aristotle on Nature and Incomplete Substance*, Cambridge: Cambridge University Press, 1996, pp.74-88.

亚里士多德在分析动物的生成时认为母亲提供的血液(月经)是质料，而这种质料留存在动物体中——因为血液也是成熟动物的质料，因此质料作为血液是持存的。① 当然有人可以替刘易斯辩护说"此血非彼血"，因此他并不是在"个体持存"的意义上说质料持存的，而是说质料作为同一种物质持存。吉尔认为质料在实体中"潜在地存在"，即质料在实体中保持着它的特性与能力(dispositional capacity)。②梅金(S. Makin)更区分了"先在质料"与"共时质料"，前者指在实体的生成之先的质料，也就是质料因意义上的质料，而后者指与实体同时存在的、"构成"实体的质料。质料的持存就是"先在质料"与"共时质料"的等同。③例如，一块铜被铸成了荷马的铜像，"这块铜"也是"荷马像的铜"，这就是持存的质料。

　　总而言之，尽管大多数质料持存论者的具体解释之间存在差异，但是他们都认为质料在实体的生成过程中"留存"在被生成的实体中，因此质料在生灭过程中"持存"。这种"持存"不是作为个体的持存，而是作为相同物质的持存，即"先在质料"与构成实体的"共时质料"是等同的。质料在作为同一类物质而保持自身的意义上持存。换言之，在变化之前，我们以何种理由称某物为质料，在变化之后也以相同的理由称其为质料。虽然质料自身没有本质，但是这并不妨碍我们就别的东西或根据某一原则(例如实体，即质料是某个实体的质料)来说质料是什么。因此，"在实体生灭过程之前后保持为同一类物质"是可辩护的"质

---

① 参看 F. Lewis, "Aristotle on the Relation between a Thing and Its Matter", in *Unity, Identity, and Explanation in Aristotle's Metaphysics*, T. Scaltas, D. Charles, and M. L. Gill (ed.), 1994, Oxford: Clarendon Press, pp. 247-278.

② M. L. Gill, *Aristotle on Substance: the Paradox of Unity*, New Jersey: Princeton University Press, 1989, p. 173. 我们将在第五章中讨论 M. L. Gill 的解释，并指出她的观点的错误之处。

③ S. Makin, *Aristotle Metaphysics Book Θ*, Oxford: Clarendon Press, 2006, pp. 139-140. 我们将在第四章第二节中讨论"先在质料"与"共时质料"的区分。

料持存"的意义。像斯卡尔萨认为的那样——即质料作为物质基体在变化中保持"数目上为一"的同一性,是一种不值得辩护的"质料持存"的解释,因为他从一开始就与亚里士多德的基本立场相冲突了。①

所以,"持存"一词的意义首先是在变化的语境中运用在个体实体上的,亚里士多德认为持存是实体的基本特征之一,即实体在非实体变化中保持"在数目上为一"的自身同一性。在一种衍生的意义上我们说可辩护的"质料持存"的意义是指质料在实体生灭变化的前后保持为同一类物质,而我们的反驳也针对这个意义上的质料持存。在下面的讨论中,我们说质料持存或不持存都是在质料是否作为同一类物质而维持自身的意义上说的。

第二节 变化的三本原

质料持存论者有一个共识:《物理学》第一卷第七章对变化的三本原——缺失、基体和形式——的分析提供了"质料在实体生灭过程中持存"的文本证据以及解释所有变化类型的基本模型。他们认为亚里士多德在第七章中引入了"质料"概念,通过章末的类比得出了质料持存的结论,并在接下来的第九章中给出了质料的定义。吉尔在回顾最近五十年来亚里士多德形而上学之研究中说:"在《物理学》第一卷第七章中,亚里士多德证明了所有的变化都包括三个本原。质料在这里被引入,它作为持存的基体,而形式是一组对立面中的正方。当质料获得一个它之前缺乏的形式时,一个新的实体就生成了。"②这段话可以看作质料持存论者对《物理学》第一卷第七章的解释的一个总结。

---

① T. Scaltsas, "Substratum, Subject, and Substance", *Oxford Studies in Ancient Philosophy*, Vol. 5, 1988, pp. 215-240.

② M. L. Gill, "Aristotle's Metaphysics Reconsidered", *Journal of the History of Philosophy*, Vol. 43, No. 3, 2005, pp. 223-251.

我们把《物理学》第一卷第七章中描述的变化的三本原称为变化的第一模型，以区别于在本书的第七章将要讨论的《物理学》第三卷前三章中对变化的定义——我们称之为变化的第二模型。我们在这里的任务是瓦解《物理学》第一卷第七章的文本对于质料持存论者的支持；正如查尔顿和琼斯的研究已经揭示的，这一章的文本并不能提供足够的证据说明质料在实体生灭过程中持存，而其中的关键便是能否从变化的三本原模型得出"质料在实体生灭过程中持存"这一推论。

《物理学》第一卷第七章的目标是非常明确的，即确定在最一般的意义上变化的本原以及本原的数目，这也是亚里士多德从前几章中推进的任务。他认为第七章完成了这个任务（191a21），证明了变化的本原在一种意义上是三个，在另一种意义上是两个。第七章的任务并不是"引入"质料概念以及证明质料在实体生灭过程中持存，亚里士多德在这里并没有讨论"质料"概念，更没有对"质料"给出任何规定或说明，他似乎在使用质料来解释别的东西。第七章在两个地方提到了质料：一是实体生成的一种方式是通过变换质料（190b9），二是基体（ὑποκείμενον）的本性可以通过与质料的类比来理解（191a9）。因此，"质料"概念在第七章中被"引入"的观点既得不到第一卷的语境支持又与第七章将质料作为解释项的使用方式相矛盾。所以，我们首先要指出的是，第七章的目的不是引入"质料"概念，而是承接前几章的讨论来确定变化的本原和本原的数目。

在《物理学》第一卷的前几章中，亚里士多德通过证明存在的方式是"多"而不是"一"反驳了巴门尼德否认变化存在的观点，也反驳了阿那克萨哥拉关于变化的本原是无穷多的观点，因为无穷多的本原使我们的认识变得不可能（187b11）。他从前辈自然哲学家那里总结出变化的本原是对立面,并承认一对基本的对立面是变化的本原①,即一物不是任意地从另一物而来,而是从它的对立面而来。

然而,亚里士多德紧接着指出,人们很有必要在作为本原的两个对立面之外再加上第三个本原。为此,他在《物理学》第一卷第六章中给出了三个论证。第一,两个对立面自身不能相互作用,而是作用于与两个对立面都不相同的第三者。他说:"很难想象'密集'有如此的本性以至于它能够以某种方式作用于'稀疏'"(189a23)。第二,对立面自身不能构成任何实体,它们谓述实体或在实体之中,但并不能构成实体。然而,能够作为本原的东西必须是实体,即它自身不再谓述别的东西。因此,如果对立面是本原,就必然出现"本原的本原"(189a31),因为实体才是本原,它在本体论上优先于作为对立面的属性。所以,对立面自身并不是本原,本原必须包含实体。第三,一个实体并不是另一个实体的对立面。那么实体如何从非实体中生成呢?或者非实体如何优先于实体呢(189a34)?如果我们仅仅把对立面作为本原,我们就不得不说实体从非实体中产生,而这是不可能的,因为实体在本体论上优先于非实体。因此,亚里士多德指出,我们必须在两个基本的对立面之外再加上第三个本原。从他的论证上看,第三个本原是《范畴篇》中的实体,不过他在《物理学》第一卷第六章中并没有点明,却又在章末说"本原之数究竟是二还是三"这是个难题。

第七章承接第六章的讨论,要确定变化的本原和本原的数目。但是第七章的研究却是从语言入手的。麦克马林(E. McMullin)指出,亚里士多德在第七章中使用的方法并不像他之前宣称的那样是经验的,

---

① 参看博斯托克对亚里士多德在《物理学》第一卷中如何推出三本原的解释。尽管他认为亚里士多德在方法论上存在错误以及他的观点前后不一致,但这并不是我们此处要研究的问题。我们关注的是亚里士多德在《物理学》第一卷的前几章中的讨论对理解第七章的变化的三原则模型的意义。D. Bostock, *Space, Time, Matter and Form: Essays on Aristotle's Physics*, Oxford: Clarendon Press, 2006, pp. 1-18.

而是从语言和语义学入手的形而上学方法。①

在第七章的讨论伊始,亚里士多德列举了三种言说变化的方式。他说:

> 我们对于简单的或者复合的事物都说一物从另一物而来,还说某物从别的某物而来。我的意思是,我们说①这个人变得文雅,②或者不文雅的变成文雅的,或者③不文雅的人变成文雅的人。对前两种情况——人和不文雅的——我称为简单的,并且它们变成的东西——即文雅,也是简单的。但是当我们说不文雅的人变成文雅的人,变化的东西和变成的东西都是复合的。(《物理学》,189a33-190a4)

亚里士多德称前两种情况为简单事物的变化,后一种为复杂事物的变化。他指出,对于简单的事物变成另一事物,如前两种方式,在一种情况下这个简单事物持存,例如一个人在从不文雅的变成文雅的过程中持存,而在另一种情况下这个简单的事物不持存,例如"不文雅的"在变成"文雅的"过程中不持存。然而,复合的事物在变化中是不持存的,例如"不文雅的人"作为整体是不持存的。亚里士多德接着说:

> 在有些情况中,我们不仅说这个变成如此如此,还说从那个(而来),它变成如此如此(例如,他从不文雅变得文雅);但是并非在所有的情况中我们都如此说,我们不说他从人变得文雅,只说这人变得文雅。(《物理学》,190a5-8)

对于①我们不能用"从什么而来(或变成)"这样的描述方式,但是对于②和③我们既可以说"文雅的人从不文雅的人而来"和"文雅的从

---

① E. McMullin, *The Concept of Matter in Greek and Medieval Philosophy*, Notre Dame: Notre Dame University Press, 1965, pp.194-195.

不文雅的而来"——使用"从什么而来(变成)"这样的描述方式,也可以说"不文雅的人变成文雅的人"——使用"这个变成如此"这样的描述方式。亚里士多德稍后解释到"从什么而来"这种方式更多地用来描述变化中的不持存者;如果某物是持存的,则要用"这个变成如此"这种描述方式。这个人在从"不文雅的"变成"文雅的"过程中持存,所以"从什么而来"这样的方式对①是不适用的。他举例说:"我们说雕像从铜而来,而不是铜变成了雕像"(190a25)。从这里对语言的分析来看,"从什么而来"这种描述方式使用在不持存者上,因此,我们可以认为铜作为雕像的质料是不持存的,至少这种言说方式并不支持铜作为质料持存的观点。

科德在"持存的亚里士多德质料"一文中认为从第七章中得出质料持存的一个关键证据正是这句话(190a25)。他认为这个句子不应当这样翻译,而应当是"我们不仅说雕像从铜而来,而且还说铜变成了雕像"。他的理由是亚里士多德在 190a5-6 中说:"我们不仅说这个变成如此如此,而且还说它从那个(而来)。"①科德提供的这个理由固然没有问题,不过即便这两种描述方式都可以使用,我们也不能确定铜是持存的,因为正如我们既可以说"文雅的(他)从不文雅而来"又可以说"不文雅的变成文雅的",但"不文雅"却不持存。因此,"不持存者"既可以使用"从什么而来"这种描述方式,又可以使用"这个变成如此"这种方式;然而,"持存者"却不能使用"从什么而来"的描述方式。因此,不论这个句子的连词是"是……而不是"还是"不仅……而且",它都不能证明铜是持存者,相反"雕像从铜而来"这个用语恰恰揭示了某个不持存者,而并非强调铜的持存。

在《形而上学》Z7 中亚里士多德对"从什么而来"这个语言表达方

---

① A. Code, "The Persistence of Aristotelian Matter", *Philosophical Studies: an International Journal for Philosophy in the Analytic Tradition*, Vol. 29, No. 6, 1976, pp. 357-367.

式解释到:"当缺失不明显或没有名字的时候——例如铜对于某一形状的缺失,或者砖和木头对于房子之形状的缺失——生成被看成从质料而来……但是如果我们仔细地考虑质料,我们就不会不加限制地说雕像从木头而生成,或者房子从砖而生。因为它的生成意味着它从之而来的那个东西变化了,它是不持存的"(1033a14-21)。因此,如果亚里士多德在《物理学》第一卷第七章中说"雕像从铜而来"的准确的意思是"雕像从不成形的铜而来",那么这个用法与第三种情况,即复合物之变化的情况是类似的。简单项——"不成雕像之形"不持存,复合项——"不成形的铜"也不持存。

或许有人会指出铜自身是持存的,正如质料持存论者试图论证的那样。然而,不带有任何形状的铜自身是什么呢?无论怎样的一块铜被铸成了雕像,这块铜都有某个形状。这种形状的一块铜显然是不持存的。琼斯因此说质料作为一块具有形状的铜,它生成了雕像而不再存在;因此质料是先在于实体之存在的个体,它在实体生灭中不持存。①琼斯的洞见在于:他看到了质料不是铜自身,而是具有某个形状的、在雕像生成之前就存在的物体。我们将在后面指出铜自身并不是雕像的质料,而某种情况下的铜才是质料,即铜作为潜在的雕像才是质料。

吉尔把这三种描述变化的方式归纳成:第一,X 变成φ;第二,-φ变成φ;第三,-φX 变成φX。②她想以这种方式突显基体的持存。但这种表达方式是不恰当的:第一种情况中,X 持存,但在形式上却没有表达出来;在第二种情况中φ不持存,但形式上却表达了它的持存。这说明亚里士多德以语言为工具来讨论问题,但他的结论却不是从语言形式上

---

① B. Jones, "Aristotle's introduction to Matter", *The Philosophical Review*, Vol. 83, No. 4, 1974, pp. 474-500.

② M. L. Gill, *Aristotle on Substance: the Paradox of Unity*, New Jersey: Princeton Press, 1989, p. 100.

得到的,而是依赖于某种形而上学理论。这个形而上学理论在《物理学》第一卷第六章的论证中已初见端倪。

在对"不文雅的人变成文雅的人"这个例子和对变化的语言作出分析后,亚里士多德得出这样的结论:

> 通过研究描述变化的各种情况,我们得到这些区分:变化必须有一个基体(ὑποκείμενον),即那个变化者,它在数目上总是为一,在形式上至少不是一("形式"我指的是"解释")。因为什么是一个人与什么是不文雅的是不同的。一个部分持存,另一个部分不持存:不是对立面的部分持存(人是持存的),但不文雅不持存,人与不文雅的复合物也不持存。(《物理学》,190a14-21)

在这里,他指出变化的基体在数目上为一,在形式上多于一;基体是复合的,即可以从不同的方面说它是什么,例如它既是人又是不文雅的。复合基体包含两个部分,一部分持存,另一部分不持存。亚里士多德此后不断强调了基体的复合性(190b14,190b24)。但他有时也把持存的部分单独称为"基体",把不持存部分称为"缺失"。

与《物理学》第一卷第七章前几章的讨论相关,特别是与第六章的论证相联系,我们可以看出这里的形而上学背景是《范畴篇》的本体论。基体作为变化的一个本原是实体与某一属性的复合物,因为属性在本体论上依赖于实体,所以属性作为变化的本原必然要求它所谓述的实体也是本原。亚里士多德在稍后的总结中指出了这一点,而且他明确地指出这里的讨论是关于非实体变化的。他说:

> 现在除了实体的情况,我们非常清楚的是:变化必须有一个基体,即变化者。因为当一个物体变成这样的数量,或性质,或一种关系、时间、地点时,必然预设了一个主词,因为实体自身不谓述别的主词,而是别的东西谓述实体。(《物理学》,190a33-35)

"不文雅的人变成文雅的人"这个例子是典型的偶性变化,亚里士多德对这个例子的分析也是以持存的实体和被替换的属性为模型的。尽管在《物理学》第一卷中他并没有对偶性变化(以及其他非实体变化)和实体生灭作出区分,而是要找出它们共同的特征,但是我们却不能无视或抹煞它们的区别。个体实体的持存是非实体变化的特征,因为这些类型的变化必然要求一个持存的实体。

亚里士多德把在偶性变化的分析中得出的结论推广到实体生灭中去,他说:

> 但是对于实体的情况也一样,并且对任何没有限制的存在者(也一样),它也是从某个基体生成的……因为我们发现在所有的情况中,被生成者都是从某个基体而生成的;例如动物和植物从种子而生成。(《物理学》,190b1-190b4)

显然,实体生灭与非实体变化一样也需要一个基体。然而,我们是否可以推论说实体生灭中的基体也像偶性变化中的基体那样持存?亚里士多德自己在这里并没有做这样的推论,他只说实体生灭也同样有基体,至于这个基体是否持存,《物理学》第一卷第七章并没有提供文本证明。质料持存论者当然认为可以做出这样的推论,他们还认为章末的类比更证实了这种推论,我将在下一节中讨论那个类比。现在我们要指出这个推论是不可靠的。

首先,亚里士多德在《论生灭》中分析非实体变化和实体生灭的区别时指出,基体是否持存是区分二者的标准。非实体变化的基体作为个体实体在变化过程中持存,但是实体生灭的基体在形式和质料方面都发生了变化,它不持存,它作为"这个"整体地变成了"那个"。他说:"当变化发生在属性上时,这是偶性变化;但是在变化的结果中没有什么东西持存,这就是生成或毁灭"(《论生灭》,319b32-35)。值得注意的是,亚里士多德在《论生灭》中用了同一个例子"文雅的人"来说明这个区分,他指出:"文雅的人毁灭了,不文雅的人产生了,这个人作为自身同一者而持存。现在,假若文雅的和不文雅的不是人的属性,那么这些变化就是不文雅的生成和文雅的毁灭;但是,事实上它们是某个持存者的属性,……因此这是偶性变化"(《论生灭》,319b25-30)。虽然非实体变化和实体生灭都包含基体,但是对于前者而言基体是持存的,对于后者而言基体是不持存的。其实这个虚拟的例子——若这变化是不文雅的生成和文雅的毁灭——已经提示我们不文雅和文雅都是不持存的,因此就生成和毁灭而言是没有任何持存的基体的。

博斯托克和科德反对这种观点,他们说基体在实体生灭中也是持存的,关键是把什么作为基体。① 他们认为同一个变化从一方面看是偶性变化,从另一方面看是生成与毁灭。正如上面引用的例子"文雅的人变成不文雅的人",如果人作为基体就是偶性变化,如果把缺失(不文雅)和文雅作为基体就是生成与毁灭。因此实体的生成只是缺失作为基体的毁灭,质料作为基体则是持存的,而缺失和质料都是实体生灭的基体。他们的错误在于亚里士多德绝不会认为同一个变化既是偶性变化又是实体生灭,因为偶性变化和实体生灭是根据范畴的不同来进行划分的,它们相互排斥,正如某一个存在者决不可能既是实体又同时是数量。另一方面,缺失自身绝不可能在任何意义上作为基体(ὑποκείμενον),这一点我们将在第四章中看到。

其次,亚里士多德在这里的例子阻止了"质料在实体生灭过程中持存"这一推论。种子是动物或植物之生成的基体,但是我们很难说种子在动物或植物的生成过程中持存。我们的直观经验是种子是不持存的,橡树从一粒橡籽生成,这一粒橡籽不再存在。因此,对这个例子的直观理解证明了基体在实体生灭过程中不持存,而这一点也与《论

---

① D. Bostock, *Space, Time, Matter and Form: Essays on Aristotle's Physics*, Oxford: Clarendon Press, 2006, pp.19-30. 另外,参看 A. Code, "The Persistence of Aristotelian Matter", *Philosophical Studies: An International Journal for Philosophy in the Analytic Tradition*, Vol.29, No.6, 1976, pp.357-367。

生灭》的学说相一致。

查尔顿指出,如果我们推论说基体在实体生灭过程中持存,那么亚里士多德的论证会因为"种子"这个例子出现一个"惊人的鸿沟"。① 查尔顿批判的是这种错误的推论方式,因为亚里士多德自己不会作出这个推论,他的例子反而阻止了这个推论。博斯托克和吉尔都注意到了"种子"这个例子给质料持存的解释带来的困难。刘易斯和科德还为此辩护说"种子"或"胚胎"并不是植物或动物的"质料",而是植物和动物的生成中的一个阶段,它不持续并不代表质料在生成过程中不持存。动物的生成从母亲提供的血开始,因此血(或肉等质料)在动物的生成过程中是持存的。② 然而,这种辩护方式的问题在于,如果亚里士多德认为质料是实体生灭过程中的基体(《论生灭》,320a4),那么他在这里说"种子是基体"就意味着他认为种子是质料;而且《形而上学》Θ7 对潜在存在者与质料之关系的研究也揭示了种子或胚胎是植物或动物的质料。或许还有人会辩护说种子作为复合基体是不持存的,而是种子中的质料持存,例如支持原始质料学说的人会提供这个辩护。我对此的反驳是:"种子"作为生成中的"复合基体"的方式并不是种子的质料与种子的形式的复合,而是"缺失"与"简单基体"的复合,即种子对于形式的缺失与种子的复合。

第三,在紧接着的下一段中,亚里士多德讨论实体生成的各种方式时说到"(实体生成)靠变化它们的质料"(190b8)。质料在这样的变化过程中不持存,当然此时他是在一种宽泛的意义上谈论"质料"的。我

---

① W. Charlton, *Aristotle's Physics I-II*, Oxford: Clarendon Press, 1970, pp. 76-77.

② A. Code, "The Persistence of Aristotelian Matter", *Philosophical Studies: An International Journal for Philosophy in the Analytic Tradition*, Vol. 29, No. 6, 1976, pp. 357-367. 另外,参看 F. Lewis, "Aristotle on the Relation between a Thing and Its Matter", in *Unity, Identity, and Explanation in Aristotle's Metaphysics*, T. Scaltas, D. Charles, and M. L. Gill (ed.), Oxford: Clarendon Press, 1994, pp. 247-278。

引用麦克马林使用过的"化石"的例子,①一块木头变成了化石,它的形状保持不变,变化的是质料,"木质"变成了"石质",木头在化石的生成过程中显然不持存。

因此,从"实体的生灭变化需要一个基体"并不能推论出"这个基体持存"。《物理学》第一卷第七章的文本并不支持这个推论,亚里士多德在这里只是说所有类型的变化都需要一个基体,至于这个基体(即简单基体)是否持存并不是第七章能够决定的问题,而这个问题在《论生灭》第一卷的前几章中有着细致的分析。《物理学》第一卷第七章的目的是确定所有类型的变化的本原和本原之数目,因此亚里士多德的目的是分析所有变化类型的共同之处(《物理学》,189b32)。这个共同之处就是它们都由"变化者"生成"某物"或"成品";变化者称为基体,它是复合的,成品是拥有形式的个体。他说:"因此,从我们所讨论的内容来看,生成者总是复杂的。一方面是所成者,另一方面是变化者——后者有两个意义,一是基体,一是缺失"(《物理学》,190b12-13)。因此,所有类型的变化的本原是三个:缺失、基体和形式;如果把缺失和基体看作数目为一的复合物,那么变化的本原之数为二。

简单基体作为变化的本原之一,它对于持存的问题是中立的,"缺失—基体—形式"三本原的解释方式也才能应用于所有类型的变化:在非实体变化中,个体实体作为基体持存;而在实体生灭中,质料作为基体不持存。然而,复合基体——即简单基体与缺失的复合体,无论对于非实体变化还是实体生灭,都是不持存的。复合基体是所有类型的变化之起点,它是成品的(即变化的结果)"由之而来者"。例如,不文雅的人是这个人变得文雅的起点,种子是橡树之生成的起点。每一变化都必须以某个基体为起点,这正是亚里士多德所承认的巴门尼德的

---

① E. McMullin, *The Concept of Matter in Greek and Medieval Philosophy*, Notre Dame: Notre Dame University Press, 1965, pp. 194-195.

洞见:变化不是"无中生有";因此变化总是从某个存在者开始。我们看到《物理学》第一卷第七章得出的变化的三本原的模型乃是应对巴门尼德的存在论的挑战以及对早期自然哲学家的"对立面是变化之本原"的观点的回应和继承。

所以,无论从语言分析的角度还是从理论架构的角度来看,《物理学》第一卷第七章都没有提供足够的证据说明基体在实体生灭的过程中持存。亚里士多德的变化的三本原的模型并不能推论出质料作为基体是实体生灭过程中的持存者,而只是说所有类型的变化都有一个先在的作为变化过程之起点的基体。

在这一节的最后我们简略地来看看亚里士多德在《物理学》第一卷第九章中对质料给出的一个规定(192a31-32),质料持存论者认为亚里士多德的这个"定义"明确地指出了质料的持存。我们将在后文中讨论质料的定义,暂且把这里的陈述称为"规定",因为亚里士多德在这里并未使用"定义"一词。这段文本的意义是富有争议的,它并未确证质料的持存。希腊原文如下:λέγω γὰρ ὕλην τὸ πρῶτον ὑποκείμενον ἑκάστῳ, ἐξ οὗ γίγνεταί τι ἐνυπάρχοντος μὴ κατὰ συμβεβηκός.

对这段文本的翻译存在着非常大的分歧,我对照使用两个英文译本。其一是 J. Barnes 编辑的牛津版,由哈迪(R. P. Hardie)和盖伊(P. K. Gaye)翻译,他们这样说:"我对质料概念的定义是这样——它是每一物的原初的(πρῶτον, primary)基体,该物从它生成,并且它不是偶然地留存(ἐνυπάρχοντος, remain)在成品中。"这种译法采用的是"质料在实体生灭过程中持存"的解释。其二是琼斯的翻译,他这样说:"我说质料的意义是,每一物的第一(πρῶτον, first)基体,该物从它生成,并且它不是偶然地存在于(ἐνυπάρχοντος, inhere)成品中。"这种译法并不表达质料的持存。这里有两个有翻译争议的希腊词,一是"πρῶτον",二是"ἐνυπάρχοντος",罗斯认为第一个词应当翻译为"最初的",即最基础的,意为"原始质料";而查尔顿认为应翻译为"最近的",意为"最近质料"。我倾向于采纳查尔顿的意见,因为亚里士多德在《物理学》第一卷第七章至第九章中使用的例子都是"最近质料"(例如木头和铜),并未提及原始质料。第二个词"ἐνυπάρχοντος"被质料持存论者认为是"留存"和"持存"的意义。但是在这句话中,"ἐνυπάρχοντος"作为分词,修饰关系代词"οὗ",它在希腊语中的基本意义是"开始""开始(如此)存在",我把这个句子翻译为"我说的质料是每一物的最近的基体,某物从它生成,并且它并非偶然地开始如此(存在)。"在这里,"ἐνυπάρχοντος"并未明确表达"持存"的意义,而是强调"起始"。琼斯解释说这个词不是"持存"的意义,而可以理解为质料进入成品的存在状态而不再是原先的质料。[①]亚里士多德在这里强调的仍然是实体生成的动态过程,质料作为先在的基体进入到另一种存在状态,即它已然成为实体。

第三节 《物理学》第一卷第七章的类比论证

质料持存论者认为亚里士多德在《物理学》第一卷第七章末尾运用质料与基体本性的类比,论证了质料在实体生灭过程中持存。我们下面来考查这个类比,看它是否是"质料持存论"的一个证明。

我们首先来分析"类比"作为一种方法应当如何理解。类比源于数学中的比例概念,它是关于两组数的比例,即第一个数与第二个数的比例与第三个数和第四个数的比例相同。"亚里士多德扩展了这个数学概念,把它发展为一个语义概念。"[②]他常常用类比的方法来解释很多重要的概念,比如变化的基体的本性(191a9-11),现实性概

[①] B. Jones, "Aristotle's Introduction to Matter", *The Philosophical Review*, Vol. 83, No. 4, 1974, pp. 474-500.

[②] J. Beere, *Doing and Being: An Interpretation of Aristotle's Metaphysics Theta*, Oxford: Oxford University Press, 2009, pp. 180-181.

念（1048a35-1048b9），所有物体的本原（999b24-1000a3），伦理学中善的概念（1096b25-29），生物学中动物的某些特征（653b33-37），等等。

对于亚里士多德而言，类比中的各个类比项之间的关系，既不像同一个种之下的不同个体具有相同的形式——因此可以对这些个体给出同一个定义，也不像"核心意义"关系中的个体——它们的意义都关联到一个核心意义上。类比项之间只具有一种因类比而来的、松散的统一性。这种统一性不是"形式上的一"，也并非包含"一个核心意义"。亚里士多德指出，有些事物根据类比而具有相同性，有些事物是因为它们是同一个种（的个体），有些事物是因为它们是同一个属（的个体）（《形而上学》，1016b31-35）。换言之，尽管类比项之间的差异很大，它们的关系也非常松散，但是它们依旧存在共同之处。正因为这共同之处，才使这些对象具有可以进行类比的理由。然而，它们的共同之处既非种或属上的"一"，也非核心意义上的"一"，当然也更不可能是本质上或数目上的"一"。我们不禁要问类比显示的共同之处究竟是什么？

从类比的数学源头来看，它们的共同之处是数对的比例。对于亚里士多德扩展了的用法而言，类比的共同之处是类比项之间的某些共同"关系"。这里我是在一种宽泛的意义上使用"关系"一词，既不是亚里士多德《范畴篇》中的关系，也不是现代语言哲学中讨论的关系，毋宁说这种关系是所有类比项之间显示的某种图示。

显示这些关系或图示需要一定的结构，我们来看几个例子以便分析类比的结构。亚里士多德说："陆生动物的骨头类比于鱼的刺，因为它们都是用来保护身体的柔软的部分"（《动物的部分》，653b33-37）。"章鱼的中心类比于其他动物的心脏，因为它们在身体中的位置相同"（《动物的部分》，681b29-32）。"正如视力之于身体，思想之于灵魂，某一物之于另一物"（《尼各马可伦理学》，1096b29）。因此，形成一个类比至少需要两对概念,当然也可以有两对以上。类比具有这样的结构:正如 A 之于 B,C 之于 D。亚里士多德在《形而上学》中总结过这个结构,他说:"正如这一个之于这另一个,那一个也之于那另一个"(《形而上学》,1048b7)。我把类比中的每一对称为一个类比项。每一对中的单个事物不能形成类比,例如,我们说视力类比于思想,这只是一种"比喻"的修辞,它并不显示一种共同的关系或图示,因此无法形成类比。所以,类比的结构是"复式的"或"二阶的",它是对与对之间的关系,即它是关于单个事物的"关系的关系"。"在这个关系中显示的关系仍然是关系,从它的原初意义上讲,类比是关系的关系。"①而我们要寻找的类比项之间显示的图示就是这个共同的"二阶关系"。

这个共同的二阶关系可以是好几个方面,也可以仅仅是一个方面,这被称为"类比的程度"。类比的程度越大,类比项之间的相同关系越多,反之则越少。然而,一个类比要成立,类比项之间至少有一个相同的关系。②

让我们回到《物理学》第一卷第七章的类比。这个类比显示了一个怎样的共同图示或二阶关系呢?亚里士多德的目的是要通过类比来解释基体的本性,因此我们首先需要明白这个类比提供的共同图示或关系是什么,根据这个共同关系才能理解基体的本性。这个类比与《形而上学》第九卷第六章解释现实性概念的类比在目的上并不相同。这里的类比是为了解释基体的本性,正如我们已经知道了数对的比例和其中的三个数来求证第四个数,而解释现实性概念的类比则是从共同图示中归纳出关系的一方是现实性而另一方是潜在性,正如我们已

---

① M. Heidegger, *What is a Thing*? Barton and Deutsch trans., Chicago: Henry Regnery, 1967, p.227.

② Mary B. Heese, "On Defining Analogy", *Proceedings of the Aristotelian Society*, Vol. 60, 1959-1960, pp. 79-100.

经知道了数对,要求证它们的比值。①

亚里士多德在阐述《物理学》第一卷第七章的类比之前曾说:"我们现在已经讨论了能够生灭的自然物体的本原"(《物理学》,191a2),他在类比中也没有使用"不文雅的人变成文雅的人"这样的偶性变化的例子。这些都表明他在这里关注的是实体的生成与毁灭,这也说明了亚里士多德自己非常清楚第七章的论证是从偶性变化推进到实体生灭的。库克(K. C. Cook)甚至说:"亚里士多德在这里解释自然物体生灭的基体,这将区别于人造物之生灭的基体,他用'自然本性'一词指示了这个关切。"②但是亚里士多德在《物理学》第一卷中还没有涉及"自然"的概念,因此我倾向于认为这里并未强调自然物和人造物的区分,不过可以肯定的是:这个类比关注的只是实体生灭,而并不涉及非实体变化。我把这个类比写成:

$$\frac{基体}{(这个)实体} :: \frac{这堆木头}{这床} :: \frac{这块铜}{这雕像} : \frac{在先的质料和这不成形者}{带有形式的东西}$$

罗斯校编的文本在第四项的上半部分删除了"质料"只剩下"不成形者",但是从第七章前面的论述来看,亚里士多德反复强调基体是复合的,它不能仅仅被描述为"缺失",因此罗斯的删除可能是不恰当的。不过这个细节却提醒我们注意这个类比中所说的基体是复合物。"木头"和"铜"都应当考虑为带有某种缺失的木头和铜,它们具有某种形状,尽管这个形状还不是床和雕像。因此我把它们写成"这堆木头"和

---

① 我认为 W. Charlton 的解释并不完全正确,因为亚里士多德的目的并不是把这个类比中的一方归纳为"基体"概念。但是 Kathleen C. Cook 对他的批评也不正确,因为"类比的结构"是一样的,只是运用类比的目的是不一样的。参看 W. Charlton, *Aristotle's Physics I and II*, Oxford: Clarendon Press, 1970, p. 79; 以及 Kathleen C. Cook, "The Underlying Thing, the Underlying Nature, and Matter: Aristotle's Analogy in *Physics* I. 7", *Apeiron*, Vol. 22, 1989, pp. 105-119。

② Kathleen C. Cook, "The Underlying Thing, the Underlying Nature, and Matter: Aristotle's Analogy in *Physics* I. 7", *Apeiron*, Vol. 22, 1989, pp. 105-119。

"这块铜"。另外在第四项中,亚里士多德强调了一个介词"先于"(πρό),与基体类比的是"先于形式的质料和不成形者"。琼斯否定了把"先于"理解为一种逻辑意义,而强调说它的意思是时间上的在先。因此,亚里士多德的这个类比包含着对实体生成过程的动态理解,即基体是在时间上先于被生成的实体而存在的。

结合第七章的分析,我们看到这个类比显示的共同图示和关系是:类比项的上半部分的对象是复合基体——它是下半部分的对象之生成的起点。因此,基体是在时间上先于实体的复合物,它是实体生成的起点。正如这块铜是这个雕像生成的起点,这些不成形的质料也是具有形式的实体之生成的起点。因此,通过这个共同关系,我们可以确定对于某一特定的实体而言,生成它的起点之物是什么——即它的基体是什么。这便是亚里士多德借助这个类比要达成的目的。

然而,质料持存论者却认为这个类比揭示了质料和基体的持存,因为木头和铜在床和雕像中显然是持存的。我对这个观点的反驳有两点。首先,如果这个类比中的基体是复合的,而不是简单的,那么它是不持存的。但是亚里士多德通过"不成形者"这个词组已经提示我们这里的基体是复合的,即这堆木头和这块铜在床和雕像的生成中不持存。质料持存论者至少必须接受复合基体是不持存的,即便他们坚持认为从"非实体变化的简单基体之持存"可以推论出"实体生灭的简单基体是持存的"。因此,我们至少可以明确这个类比中的"复合基体"是不持存的。至于实体生灭中的"简单基体",亚里士多德并没有在这个类比中作出说明,我们也无法判断它是否持存。

其次,即便我们接受木头自身和铜自身在床和雕像的生成过程中持存,我们也不能推论说持存关系必然是这个类比所显示的图示或相同关系,因为类比显示的共同图示必须对所有类比项都适用。尽管持存关系对于第二项和第三项适用,对于第四项和第一项可能并不适用。然而,如果共同图示或关系只是"先在的复合物作为实体生成的起点",那么这个类比仍旧可以成立。这便是类比的程度的问题,我们完全可以认为这个类比并不包含"持存关系"而只包含"生成与其起点的关系";即便是程度稍小的类比,它也仍然成立。所以,从这个类比自身来看,由它并不能必然得出"基体和质料在实体生灭过程中持存"这一结论。

支持原始质料学说的研究者认为这个类比不仅说明了基体的持存,更证明了原始质料是自然实体之生灭的基体;他们指出,恰恰因为原始质料自身什么也不是,所以只能用类比的方式来解释它。在古代评注者中,菲洛珀诺斯(Philoponus)是这一观点的代表,他在《物理学》第一卷的评注中说:"另一种了解质料的方式就是类比……它奠基于所有的东西之下,它自身没有任何实体形式,但是能自然地接受所有的形式。同样,我们这样思考质料,说它并非是任何一种自然形式,而是奠基于所有形式之下的。"① 然而,《物理学》第一卷第七章的文本并未对"原始质料"进行任何讨论,这里的类比论证并不涉及原始质料的问题,铜和木头显然不是原始质料。琼斯认为,在这里,"原始质料"是一种不可能的解读,亚里士多德并没有说"雕像从铜而来","铜又从某物而来",而"某物"又从"原始质料"而来。库克也指出:"这里有相当少的证据证明亚里士多德说的是原始质料,'不成形'并不代表没有任何形状或者是不带有任何规定性;说原始质料是所有实体的基体或质料,就是在无视亚里士多德不断申明的观点:质料是相对的概念,对于不同的实体而言,其质料是不同的。"②

原始质料论者认为,原始质料在实体生灭过程中持存,因为一切自然物体之生成都是从它开始并由它构成的,但它自身什么也不是,只是

---

① Philoponus, *On Aristotle Physics* I. 4-9, Catherine Osborne trans., London: Duckworth, 2009, p.104.

② K. C. Cook, "The Underlying Thing, the Underlying Nature and Matter", *Apeiron*, Vol. 22, 1989, pp. 105-119.

"纯粹的潜在性"。在这里,我无法深入讨论"原始质料是纯粹的潜在性,虽然自身什么也不是,但是能够成为任何现实者"①这种观点的不自洽性。不过我要指出的是,"纯粹的潜在性"对于亚里士多德而言是一个虚假的概念,任何潜在存在者从另一方面来看都是某个现实存在者。例如,这块铜是现实者,但它可以是"潜在的雕像"。近些年来,亚里士多德学界对传统的原始质料论的批评表明,纯粹潜在的和完全不确定的、"光秃秃"的"原始质料"概念与亚里士多德的"质料"概念并不相容。②正如科恩指出的那样,我们最多可以说原始质料是在四种元素转化中的基体,但是这个基体并非没有任何规定性。③我认为这种"光秃秃"的原始质料倒是很像普遍的"物"或"物体"概念,毕竟无论是可感实体还是质料都是某"物"。难怪索拉布其(R. Sorabji)认为占据空间的"广延"概念是对原始质料的一个极有吸引力的解释。④菲洛珀诺斯(Philoponus)所说的自身没有任何形式、却能够接纳所有形式的原始质料正是具有三维空间的广延。⑤这个传统是从中世纪到笛卡尔的路线,不过倒更像柏拉图《蒂迈欧》中的"容器"或"空间"概念,反而离亚里士多德的形而上学图景比较远。

---

① 关于这个观点的表述,参看 E. Zeller, *Aristotle and the Earlier Peripatetics*, Vol. 1, Costelloe and Muirhead trans., London: Longmans, Green, and CO. 1897, p. 247。

② 近些年对传统的原始质料理论的批判,参看 W. Charlton (1970), M. L. Gill (1989)。

③ S. Cohen, "Aristotle's Doctrine of the Material Substrate", *The Philosophical Review*, Vol. 93, No. 2, 1984, pp. 171-194。

④ R. Sorabji, "Analysis of Matter, Ancient and Modern", *Proceedings of the Aristotelian Society*, Vol. 86, 1985-1986, pp. 1-22。

⑤ 作为新柏拉图主义者的 Philoponus 认为"原始质料"就是《蒂迈欧》中的"容器"。参看 *On Aristotle Physics* I. 4-9, Catherine Osborne trans., London: Duckworth, 2009, pp. 97-99。

第四节　变化的第一模型的两个问题

从以上的分析我们看到,亚里士多德在《物理学》第一卷第七章中对变化的三本原的研究并未提供质料在实体生灭过程中持存的证明。他的结论只是:所有类型的变化都需要一个基体,这个基体作为复合物是变化过程的起点。至于"实体生灭过程中的基体是否持存"并不是第七章关注的问题,我们也不能从变化的三本原的模型中得出"质料在实体生灭过程中不持存"的充分证明。亚里士多德在《物理学》第一卷第七章的讨论结束后,在第八章中简洁地论述了变化在何种意义上既是"从无到有"又是"从有到有"的过程,并预示了解决变化和生成问题的另一条道路。他说:"另外一条解决问题的道路在于指出同样的事物既能根据潜在性来描述又能根据现实性来描述"(《物理学》,191b28-29)。我们对质料不持存的证明将从这里所说的另一条道路入手,这是此书的第二部分(即第五、六、七章)的内容。

在这一节里,我想指出与"缺失—基体—形式"这个变化的三本原的模型相关的两个问题,以便呈现出第一模型在回答"质料在实体生灭过程中是否持存"这一问题上的局限性。

首先,对于实体生灭而言,"缺失"与"形式"具有什么样的关系?"缺失"和"形式"在变化的第一模型中作为一对对立面是变化的两个本原。对于非实体变化,亚里士多德在一种宽泛的意义上使用"形式"一词,例如"文雅的"可以被认为是某种"形式",不过严格来说它不是实体的性质,中世纪的亚里士多德传统把这种形式称为"偶性形式"(accidental form)。然而,对于实体生灭,形式当然不是某种性质,而是在严格意义上使用的,它被称为"实体形式"(substantial form)。亚里士多德在《形而上学》中说形式是实体,尽管有学者认为形式作为实体与《范畴篇》中的可感个体作为实体有着不同的意义①,但是亚里士多德与柏拉图的最大区别在于,他认为形式之存在并不独立于或分离于个体之物,因此在严格意义上形式的缺失或者形式的对立面即等于个体实体的缺失和它的对立面。但是《范畴篇》却说实体自身是没有对立面的(3b24)。

如果亚里士多德并非自相矛盾,那么我们应当如何理解变化的三本原在运用于实体生灭时所涉及的"实体形式的对立面"呢? 博斯托克和麦克马林都指出亚里士多德从《物理学》第一卷第五章和第六章中考查对立面作为变化的本原推进到第七章的论述时,"对立面"的意义发生了变化,它们不再是"黑与白""热与冷""爱与恨"这些相对者,而是相互否定的两方——即更多的是一种概念上或逻辑上的相互否定的两方。②因此,对于实体生灭,我们应当把"缺失"理解为"非实体"或"非形式"。缺失是对形式或实体的否定,所以亚里士多德指出,"对立面甚至在某种意义上具有相同的形式,因为缺失的实体就是实体的反面。例如健康是疾病的实体,因为疾病是健康的缺乏,并且健康是灵魂中的公式和知识"(《形而上学》,1032b2-5)。

然而,亚里士多德在考查早期自然哲学家对于变化之本原的观点中得到的一个洞见是:变化之结果不是从任何"非结果"中产生的,而是从某些"非结果"中产生的,这些有限制的"非形式"与形式是相对的,前者也被称为后者的"缺失"。因此,尽管形式的缺失是"非形式",但是并非所有的"非形式"都可以作为该变化的本原。橡树从橡籽生成,橡籽不包含橡树的形式,橡籽对橡树之形式的缺失是这个生成的本

---

① 参看陈康:《陈康哲学论文集》,江日新、关子尹编,台北:联经出版社,1985年,第157—197页。

② E. McMullin, *The Concept of Matte in Greek and Medieval Philosophy*, Notre Dame: University of Notre Dame Press, 1965, pp. 194-195. 另外,参看 D. Bostock, *Space, Time, Matter and Form: Essays on Aristotle's Physics*, Oxford: Clarendon Press, 2006, pp. 19-30.

原之一;玻璃不包含橡树的形式,它也是对这个形式的否定和缺失,但是橡树并不能从玻璃生成。因此,"形式的缺失"与"形式"不仅仅是逻辑上相互否定的关系,并且它们作为"对立面"或"相对者"还具有某种本体论上的关联。这种本体论上的关联恐怕要落实在基体与形式的关系上,而基体或质料与形式或实体在变化中的关系才是我们回答"质料是否持存"这一问题的关键。不过《物理学》第一卷第七章的三本原模型几乎没有关注这个问题,它关注的焦点是变化的本原之数。不过,对于变化的"本原之数",亚里士多德的态度似乎有些犹豫不决。

第二个问题正是关于这个"本原之数"的,亚里士多德说变化的本原在一种意义上是两个,在另一种意义上是三个(《物理学》,190b29-30)。那么,"二本原"与"三本原"的关系究竟如何呢?①他说:"在某种意义上本原的数目并不比二个对立面多,它似乎是二个,但严格说来不是二个,因为在本质上不同,它们是三个。因为人的本质与不文雅的本质是不同的,不成形与铜的本质也是不同的"(《物理学》,190b35-191a2)。

当我们把复合基体分成简单基体和缺失时,本原的数目是三个,即"缺失—基体—形式";当我们把复合基体看作"一"时,本原的数目是两个,即"复合基体—形式"。"三本原"是概念上或本质上的三个,而"二本原"是数目上的二个。然而,"二本原"其实才是《物理学》第二卷和第三卷关注的重点。从第二卷的四因说和第三卷对变化的定义来看,它们都是在"本原之数为二"的意义上被讨论的;形式因、动力因和目的因在自然物的生成中是同一的,因此严格来说只有形式因和质料因的区分;而变化定义中也只有两项:潜在存在者和现实性。

---

① 这里可以参考 Philoponus 的注释,他认为"二本原"是指质料和形式,而"三本原"是指缺失,质料和形式;质料,就其自身而言(per se),是变化的原则,但缺失,只在偶然的意义上(per accidens),是变化的本原。On Aristotle Physics I. 4-9, Catherine Osborne trans., London: Duckworth, 2009, pp. 102-103.

"二本原"中的基体是"复合物",不过它与可感实体是"复合物"的意义不同。可感实体作为复合物只包含一个定义,即它只有一个本质、它是严格的统一体;但是复合基体却包含两个定义,即它包含两个本质,例如"文雅的人"包含了"文雅的"和"人"两个定义。然而,考虑实体生灭的情况,特别是自然物的生成,复合基体如何包含两个完全不同的定义或本质?

亚里士多德说基体与缺失在数目上为一,但基体自身并不等于"缺失"。一方面根据生成的目标,基体被描述为"缺失",正如这个人可以描述为"不文雅的",另一方面基体自身被描述为某个存在者,例如这个人是人。在非实体变化中,这两种描述是可以被区分开的:人的本质与文雅的或不文雅的本质不同。然而,在实体生灭中对基体的这两种描述似乎并不能够被区分开来。种子从树的角度说是"缺失"或"非树",但从自身的角度说是"种子",但是在这里"非树"与"种子"是本质不同的两个东西吗?我们已经指出,并非任何"非树"都能生成树,"非树"在这里的所指不就是"种子"吗?一堆石头是"非树",但这里的"非树"(即种子)并不意谓石头。琼斯指出,在自然实体的生灭中缺失和基体是同义词。①因为对于实体生灭而言,基体因其自身而是形式的缺失,例如,种子因其自身而非其他原因是树之形式的缺失。然而,对于非实体变化,基体却并非因为自身的原因而是偶性形式的缺失,不文雅的苏格拉底并非因为作为人而是不文雅的。换言之,在实体生灭中,缺失与基体的关系不是偶然的,基体自身就意味着对形式的缺失;而在非实体变化中,缺失与基体的关系是偶然的,它们在本质上并不等同。

因此,严格说来,"变化的三本原"最能恰当地解释非实体变化,但

---

① B. Jones, "Aristotle's Introduction to Matter", *The Philosophical Review*, Vol. 83, No. 4, 1974, pp. 474-500.

对于实体的生成和毁灭似乎只有"二本原"能够恰当地解释它。正是这种实体生灭与非实体变化在结构上的差异,使得亚里士多德在第七章的末尾犹疑不决地反复陈述"变化的本原之数,在一种意义上是二,在另一种意义上是三"。

　　如果说"缺失"在变化中不持存,并且实体生灭中的"基体"与"缺失"并不像"人"与"不文雅"那样有完全不同的本质,那么说"缺失"不持存是否意味着"基体"不持存呢?由于亚里士多德并未在三本原的模型中澄清这个问题,我们暂不能在这里提供质料不持存的正面论证。所以,《物理学》第一卷第七章中关于变化的三本原的模型既不能为"质料在实体生灭过程中持存"提供证明,也不能为"质料在实体生灭过程中不持存"提供正面论证。我们将从质料与潜在存在者的关联以及变化定义的角度来论证"质料在实体生灭过程中不持存"。

第三章　质料的持存与变化的连续性

质料持存论者相信"质料在实体生灭过程中持存"的一个重要理由是：变化的连续性要求质料的持存，而质料的持存也保证了实体生灭（这一变化过程）的连续性；因此质料的持存与变化的连续性是相互预设和相互蕴含的。他们还指出，亚里士多德认为变化不是"无中生有"，实体不可能从绝对的"无"或"非存在"中生成，并且变化是连续的，因此在这个连续的过程中，没有绝对的"无"——而质料的持存保证了实体的生灭过程中不出现绝对的"无"；反之，若质料不持存，那么生成便是从绝对的"无"而来的。

第三章的任务主要是提出针对这个理由的反驳论证。我要指出的是，质料的持存与变化的连续性是两个分离的命题，它们并不相互蕴含，由"变化是连续的"并不能推导出"质料是持存的"，同样，"质料的持存"并不保证"变化是连续的"。另一方面，亚里士多德的"变化不是'从无到有'"的学说并不能论证质料在实体生灭过程中的持存。根据质料持存论者论证的侧重和方向的不同，这一章分为两节；第一节讨论"变化不是从无到有"的学说与质料的持存问题，第二节讨论变化的连续性与质料持存之关系。

第一节　"无中生有"与质料的持存

斯卡尔萨与吉尔都认为由亚里士多德的"变化不是从绝对的'无'

开始"以及"变化是连续的"学说可以推出质料在实体生灭过程中持存。斯卡尔萨说:"亚里士多德并不相信从'绝对的无'开始的生成,或者一个物质实体的彻底湮灭。无论是实体生灭还是偶性变化,将变化与无中生有和彻底湮灭区分开来的是这样一个事实:在变化中有某物一直存留下来。显然,实体并不能完成这个任务,因为在生灭过程中实体并不持存。但是在每一变化中必须有某物持存。变化的结果是一个物体,这是不够的,因为这个作为结果的物体并不保证变化过程的物理连续性。(Y 从 X 生成),若 X 毁灭了,则立即可得出结论说 Y 是从无中生成的。"① 根据斯卡尔萨的观点,质料的持存既保证了变化过程的物理连续性,又保证了一个实体的生成不是从"绝对的无"或"非存在"而来的。换言之,包括实体生灭在内的任何变化都是始终包含着物质存在的连续的过程;如果没有这一持存的某物,变化就不是连续的,生成也可能是"无中生有"。吉尔从变化不是"无中生有"的方面强调了这种观点。她说:"巴门尼德否认变化的可能性,因为在他看来,变化如果发生,就是从无中生有。亚里士多德在这一点上与他的前辈意见一致,他承认没有绝对的无中生有。但是他坚持认为,尽管变化包含了替换,但也包含了连续性。因此他避免了这样的反驳:当一个变化发生时,先在的物体湮灭为'无',它被另一个作为变化结果的物体替换。因为先在之物的一部分存留在变化的结果之中,所以变化才不是单纯的替换。"② 她认为"无中生有"相当于作为变化结果的物体对先在之物的单纯的替换,而要避免这一点就必须承认先在之物的某个部分在变化中持存,因此在实体的生灭中质料是持存的。

质料持存论者认为"变化是连续的"——亚里士多德的这个观点

---

① T. Scaltsas, "Substratum, Subject, and Substance", *Oxford Studies in Ancient Philosophy*, Vol. 5, 1986, pp. 215-240.

② M. L. Gill, *Aristotle on Substance: the Paradox of Unity*, New Jersey: Princeton University Press, 1989, p. 7.

是没有争议的,与变化(包括实体生灭)不是"无中生有"这两个学说进行合取的一个必然结论是:质料在实体生灭过程中持存。然而,我们真的可以推出这个"必然结论"吗？我把他们的论证概括为:

条件1:所有变化,包括实体生灭,都是连续的。

条件2:变化不是"无中生有"。

中间结论:变化从始至终,即变化的起点,中间过程和结果,都不包含绝对的"无"(即非存在者)。

结论:所有变化从始至终必须有某物持续存在。

推论:质料在实体生灭过程中持存。

我们要证明这个论证是不成立的,不仅因为质料持存论者对"条件1"的理解是有问题的,还因为从"中间结论"推不出"结论"和"推论"。

首先,对于"条件1",斯卡尔萨与吉尔所说的变化的连续性并不是亚里士多德所说的变化的连续性。如果我的理解是正确的话,那么斯卡尔萨说的"变化过程的物理连续性"和吉尔说的"变化包含连续性"的意思是指变化从始至终都发生在物体上,换言之,变化中没有"物质真空"。因为他们强调在变化的过程中,无论是变化的起点还是任何中间历程,都不可能包含绝对的非存在者。然而,这个意义上的连续性并不是亚里士多德所说的变化自身作为过程的连续性——变化自身的连续性是关于变化之量的问题,而不是发生变化的物体的物理连续性。我们将在下一节中阐述亚里士多德对变化的连续性问题的讨论。在这里,我想指出的是,他们的"条件1"混淆了亚里士多德所说的变化自身的连续性和变化中的物质连续性。尽管亚里士多德说:"变化不是在事物之外或之上的某种东西。它总是要么就实体而言,要么就数量、质量或位置而言的那个变动者的变化"(《物理学》,200b32-34),但发生变化的物体具有的物质连续性与变化自身的连续性是两码事。亚里士多德所说的变化的连续性并不是指变化中的物质的连续性,更不能由此推论出质料的持存。

另一方面,如果斯卡尔萨所说的变化的物理连续性意味着某种物质作为始基充满了宇宙,而所有变化都是发生在这些物质之中,因此变化在物理上是连续的,正如他自己描述的,宇宙是"无间隙的充满时空的物质虫洞",那么,这在亚里士多德看来显然是一个错误。亚里士多德已经指出,一元论者将单一的物质或元素作为宇宙的本原,他们无法区分偶性变化和实体生灭,因为他们认为一切变化不过是始基的偶性变化。他说:"那些认为所有的物体都出自一个元素的人必然认为生成和毁灭只是偶性变化。因为他们确信基体总是保持同一;但是这样的变化我们称为偶性变化"(《论生灭》,314b1-3)。如果宇宙中只有一种物质作为本原,尽管它的持存保证了变化中的物质的连续性,但这些变化都不可能是实体的生成或毁灭。因此,"单一始基"意义上的"变化的连续性"无法解释实体生灭,更不能由此推论说"质料在实体生灭过程中持存"。

或许与斯卡尔萨持相同观点的人会辩护说:这里只是指变化中的物质连续性,并不意味着只有一个本原;虽然变化中的本原可以是多个,例如水、土、火、气,但变化中总有连续的"物质"。这种辩护的错误在于,亚里士多德不可能承认一个独立于和超越于所有本原或元素的"物质",正如没有独立的和可分离于可感实体的形式一样。这种抽象的、超越的"物质"概念正是亚里士多德要反对的,它似乎更接近我们现代人的世界观。因此,说变化中总有物质的连续性仅仅是说变化始终发生在"物体"上,而并不等于说变化中的某物持存或保持自身同一性——无论它是个体的同一还是类的同一。

其次,质料持存论者的论证从两个条件和"中间结论"推不出"结论"和"推论"。亚里士多德承认巴门尼德关于变化不是"无中生有"的观点,这也是希腊自然哲学家们的共识。不过,这里只说了一半的真理,变化既不是"无中生有"也非"有中生有",亚里士多德指出这个观点使得爱利亚学派否定了变化的存在以及存在的多样性。他说:"……所以,他们(爱利亚哲学家)说没有什么东西生成或毁灭,因为被生成的东西要么是从'非存在'而来,要么从'存在'而来。但两者都不可能。因为'存在'(what is)已经是某物——它不可能生成(它自己),'非存在'(what is not)不是某物——从它不可能生成别的东西"(《物理学》,191a27-30)。然而,亚里士多德认为这个所谓的变化和生成的难题根源于爱利亚学派夸大了的结论,在一种意义上变化既非"无中生有"也非"有中生有",但是在另一种意义上变化既是"无中生有"也是"有中生有"。

我们在上一章中已经看到,亚里士多德说所有类型的变化都有一个基体,变化从这个基体开始,因此变化是从某个存在者开始的,不是从绝对的虚无或"非存在者"开始。所以,变化是"有中生有",但这并不是绝对的"有中生有",变化之起点的"有"不是变化之结果的"有"。变化之结果的"有"在偶然的意义上从变化之起点的"有"而来,变化在这个意义上是带有限制的"有中生有"。

另一方面,亚里士多德澄清说变化在偶然的意义上也是"无中生有",因为作为变化之开端的基体是"复合的",它包含了"缺失"。所以,变化也是从这种"不是"和"缺失"开始的,在这个意义上它是"无中生有",即带有限制的"无中生有"。

变化的基体是"某物"又是"非实体"(或实体的缺失),变化是从这两个方面开始的。所以,变化是带有限制的或在偶然意义上的"无中生有"和"有中生有",并非绝对的"无中生有"和"有中生有"。亚里士多德对此解释说:

> 我们同意他们的观点,即没有什么东西是无限制地从非存在而生成。但是我们也说某物在有限制的意义上是从"非存在"而来,即偶然的意义上。因为某物从缺失而来,缺失的本性就是"非

存在"……同样,我们也说没有什么东西从存在而来,除非是在偶然的意义上……例如,从狗生成狗,从马生成马。(《物理学》,191b13-20)

作为变化之开端的复合基体既是一种有限制的"有",也是一种有限制的"无"。这个"有"不同于作为生成结果的实体的"有",而这里的"无"也不是绝对的"非存在"。亚里士多德在《物理学》第一卷第八章中指出变化在有限制的和偶然的意义上既是"无中生有"又是"有中生有"的解释之后,预示了我们也可以从潜在性和现实性入手来解决这个问题,因为潜在者自身在一种意义上存在,而在另一种意义上不存在。我们将在第五章中讨论质料和潜在存在者的问题,在这里,我想指出的是:潜在者已然是某个存在者,但它"尚未是"实体或现实存在者。亚里士多德指出,"必然有某物在(实体生成)之先存在着,它是潜在者,但不是现实者;这个先在之物既能说是存在的又能说是不存在的"(《论生灭》,317b17-18)。①

回到质料持存论者的论证,我们认为从变化不是绝对的"无中生有"和"有中生有"的学说推不出质料在实体生灭过程中的持存。即便我们在斯卡尔萨与吉尔所说的意义上理解"条件 1",即变化具有物质连续性——亚里士多德也承认这一点,因为他说变化总是存在者的变化(即发生在存在者中的变化),由条件 1 和条件 2 推出中间结论是没问题的,但问题却在于从中间结论推不出结论。根据存在的范畴结构,在非实体变化中可感实体保持自身同一性,发生变化的是实体的属性。但是对于实体生灭,从"变化从始至终没有绝对的'无'"推不出必然有

---

① Sean Kelsey 对《物理学》第一卷第八章的解读使我意识到第一卷第七章中的单纯基体作为一个不同于被生成实体的东西,它对于该实体的生成来说是偶然的,也正是在这个意义上,亚里士多德说在偶然的意义上变化和生成是从"有"开始。参看 Sean Kelsey 对亚里士多德解决"无中生有"之难题的两种方式的出色分析,"Aristotle Physics I. 8", *Phronesis*, Vol. 51, 2006, pp. 330-363。

某物在变化中保持自身同一性——无论它是作为个体的同一还是作为类的同一。

我们只需保证在实体的生灭过程中没有"物质真空",即整个过程都发生在存在者上,就满足了"中间结论"。至于这一过程中的存在者是否保持自身的同一性,却不是"中间结论"能够保证的。假设实体 Y 从某物 X 生成,斯卡尔萨认为,"若 X 毁灭,则立即可以得出 Y 是从无中生成的。"然而,"X 的毁灭"可以有两种理解:一是 X 从一个存在者湮灭为虚无,它从存在者变成了彻底的非存在者;另一种是 X 变成了另一个存在者,它变成了"非 X"但并不是"非存在"。若采用前一种理解,则得出斯卡尔萨的结论;若采用后一种理解,则恰恰是亚里士多德的观点。实体 Y 从某物 X 生成,因而 Y 的生成不是从绝对的"无"开始的,但 X 在生成 Y 的过程中成为非 X,因此 X 不再持存。这个过程的起点是 X,终点是 Y,中间过程是一个存在者 X 向另一个存在者 Y 的转化,在这个转化过程至始至终都不包含任何"物质真空",但 X 在变化的终点成了非 X,它是不持存的。一粒种子长成了橡树,一份食物变成了人身上的肉,种子和食物都不持存,但究竟有谁会认为在这些过程中存在"物质真空"呢?

亚里士多德指出,一物的毁灭同时是另一物的生成,而不是该物湮灭为虚无。他说:

> 如果被毁灭者湮灭为虚无和非存在——既不是实体也不是性质、数量和位置等,那么,什么是持续不断的生成的源泉呢?——这是十分令人困惑的。如果有些物体不停地消失,那么宇宙为什么不会被消耗殆尽而消失呢——假如宇宙的物质是有限的……为什么生成没有停止?不就是因为这个物体的毁灭是另一个物体的生成,而这个物体的生成是另一个物体的毁灭吗?(《论生灭》,318a15-25)

因此，我们说实体 Y 从先在的某物 X 生成，Y 的生成过程同时是 X 的毁灭过程。X 是实体生成的起点，即基体，而亚里士多德说实体生灭中的基体就是质料（《论生灭》，320a4）。所以，在这个过程中，Y 的生成并非"无中生有"，但作为质料的 X 是不持存的。从生灭过程中没有"物质真空"的"中间结论"并不能推出质料在生灭过程中持存。

或许有人会反对我说"不持存"的只是"缺失"，并不是作为质料的 X。然而，"缺失"不是"物体"，只是这个物体的"非实体"的状态。亚里士多德说一物的毁灭是另一物的生成，这个被毁灭的某物不可能只是"缺失"，而应当是被描述为带有某种缺失状态的物体。

或许还有人会反驳我说，X 并非整个地持存，而是 X 的一部分持存，而另一部分变成了 Y。①不过，这样一来，生成的结果就并非是作为个体实体的 Y，而是 X（即 X 的部分）与 Y 的某种复合物。

吉尔对于"若质料不持存，则 Y 是对 X 的'单纯替换'"的辩护也是不成功的。因为 Y 的生成同时是 X 的毁灭，X 和 Y 不能同时存在，但它们绝非"替换"关系，而是具有本体论上的紧密关系。具体说来，X 是 Y 的存在和生成的原因之一：即质料因。设想，我们可以把桌上的一张红桃牌替换为方片牌，再把方片替换为红桃，但是一粒种子长成了树，这棵树还能"替换"成原来的种子吗？

综合上面的分析，我们看到质料持存论者从变化的连续性和变化不是"无中生有"的学说来对"质料在实体生灭过程中持存"这一观点

---

① 例如，F. Lewis 和 C. A. Freeland 就认为 X 作为在实体生成之先存在的质料，X 的一部分在生成过程中持存，它存留在被生成的实体中。对于动物的生成而言，这个持存的部分是母亲提供的血液（经血）。参看 F. Lewis, "Aristotle on the Relation between a Thing and Its Matter", in *Unity, Identity, and Explanation in Aristotle's Metaphysics*, T. Scaltas, D. Charles, and M. L. Gill (ed.), 1994, Oxford: Clarendon Press, pp. 247-278；以及 C. A. Freeland, "Aristotle on Bodies, Matter and Potentiality", in *Philosophical Issues in Aristotle's Biology*, Allan Gotthelf and James G. Lennox (ed.), Cambridge University Press, 1987, pp. 392-407.

进行论证的策略是不能成立的。不仅因为他们混淆了亚里士多德说的变化自身的连续性与变化之中的物质连续性,更因为他们错误地认为变化中的物质连续性保证了质料的持存。我们在此书的开篇就澄清过"质料"并不等于"物质",变化中没有"物质真空"并不等于说某物作为质料在实体生灭的过程中保持着自身的同一性——无论是作为个体的同一还是作为类的同一。

此外,抛开质料持存论者的这个论证,从亚里士多德的变化不是绝对的"无中生有"和"有中生有",而是带有限制的"无中生有"和"有中生有"的学说来看,作为生灭变化之基体的质料也是不持存的。变化是有限制的"无中生有",基体从变化之结果的角度被描述为"无""缺失",它"不是"实体。但它在变化的终点变成了实体,这个"无"和"缺失"不持存。从变化是有限制的"有中生有"来看也一样,有限制的"有"乃是变化的起点,尽管它是某个存在者,但它并非变化之终点的实体之所是,变化之过程正是从"此有"到"彼有"的转变。倘若变化之起点的"有"持存,那么变化是不可能发生的。

第二节 "变化是连续的"与质料的持存

我们指出斯卡尔萨和吉尔认为,从"所有类型的变化都是连续的"这个毫无异议的亚里士多德的观点出发可以证明质料的持存,但他们说的"变化中的物质连续性"与亚里士多德说的"变化是连续的"完全是两回事。他们产生错误观点的原因在于对这两者的混淆;而博斯托克的观点在这个问题上更具有代表性。

博斯托克认为,质料在实体生灭过程中的持存可以由变化在时间和空间上的连续性推导出来。尽管他很有见地地指出质料自身没有本质,因而不可能像实体那样由本质或形式来确定它自身的同一性,但是他却认为质料的持存,即质料的自身同一性,可以通过变化在时空中的连续性来确定。变化在时空中的连续轨迹确定了质料自身的连续性,因此它在变化过程中是持存的。他说:"我们和亚里士多德都认为变化是连续的。其中核心的思想乃是边界的连续运动……对于物体而言,我们非常容易理解它在时空上的连续性……如果我们从'变化是连续的'这个前提出发,一个明显的结论是同一质料沿着一条在时空上连续的轨迹运动,所以我们至少可以说这是确定质料自身的同一性(identity)的开端。"①

在这里,博斯托克所说的"变化的连续性"是指变化中的质料或物体的"边界的连续运动",似乎指的是位移运动中那个边界确定的连续的运动物体,然而,这与位移运动作为一种连续的变化是两回事。在这里,他的错误与其他质料持存论者一样:混淆了变化自身的连续性与变化中的物质连续性,并认为实体生灭过程中的这种物质连续性就意味着质料的持存。然而,亚里士多德的"变化是连续的"学说并未预设质料的持存。我们要指出的是:"变化的连续性"与"质料的持存"是两个分离的问题,它们并不相互预设或蕴含。

首先,在亚里士多德看来,"变化的连续性"与"质料的持存"是关于存在的不同范畴的问题。变化的连续性是关于变化的量的问题,因为连续性首先是对"量"而言的,它并不是关于变化自身和变化的本原的问题。因此对变化的连续性的研究顺序自然地排在对变化自身和变化的本原的研究之后,只有明白了变化和变化的本原是什么之后,才能弄清变化的量的问题。这个研究顺序是由本体论上的优先性所决定的,连续性不是变化自身的特征而是依赖于变化而存在的量的特征。所以,这个研究顺序首先是变化自身,然后才是连续性、无限、位置和时间等等。亚里士多德在《物理学》第三卷的开篇对变化下定义之前澄

---

① D. Bostock, *Space, Time, Matter and Form: Essays on Aristotle's Physics*, Oxford: Clarendon Press, 2006, pp. 37-43.

清了这个研究顺序,他说:

> 当我们在定义了运动之后,必须试着以同样的方式来考察接下来的问题。现在,运动好像是属于连续的东西,而首先出现在连续中的是无限——这就是无限的概念常常被用在连续性的定义中的原因;因为无限可分的东西是连续的。除了这些,位置、虚空和时间被认为是变化的必要条件。(《物理学》,200b15-21)

另一方面,"变化中的质料是否持存"的问题是关于变化自身和变化之本原的问题,因为质料是产生变化的原因之一。"变化的量"与"变化的本原"这两个问题在本体论上属于不同的存在范畴。所以,变化具有量上的连续性并不必然意味着变化的本原自身也具有连续性。

第二,"变化是连续的"与"质料在实体生灭过程中持存"并不等价,换言之,这两个命题不能相互推导:质料在连续的变化中可能不持存,而质料持存的变化也可能是不连续的。此外,变化的连续性并不仅仅取决于变化在时间和空间上的连续性,博斯托克用时空的连续性来确定变化的连续性是不恰当的。我们来考虑几个例子。例子之一:一棵树燃烧,最后变成了灰烬。从直观上讲,我们认为这个实体毁灭的过程是连续的,然而,倘若木头是树的质料,则质料是不持存的,因为变化的结果是灰烬,有谁会认为"灰烬"也是树的质料呢?或许原始质料论者会说这里持存的东西是原始质料,不过一种纯粹潜在的、自身什么也不是的质料怎样才能被确认为是持续的存在者呢?除非我们假设在变化的"物质连续性"的意义上,原始质料就是这个持存的、抽象的"物质"。例子之二:一位制琴高手看中了一块木料,想把它做成一把大提琴,他开始了这个制作过程,不料却发现木料的侧边有一条裂缝,他只好把做了一半的大提琴改制成一把小提琴。在这个过程中,木头作为质料是持存的,整个制作过程在时间和空间中也没有中断,但是我们却并不认为制作大提琴的过程是连续的,因为变化的最后并没有得到这个成品。例子之三:一位建筑师盖一栋房子,他用砖石和木头做了地基,休息了一天,又修了墙,休息了一月,最后盖了房顶,房子建成了。在较弱的意义上我们可以说"盖房子"这个活动是连续的,砖石等建筑材料在这个过程中持存,但是这个变化却并没有占据一段连续的时间,而是在间断的时间中完成的。① 亚里士多德会说,在严格的意义上,这个变化是不连续的,尽管这是同一个变化主体朝向同一个形式的变化,但是它包含了时间的间断,因此并不是严格单一的和连续的变化。例子之四:一个不会说希腊语的人,通过两年的学习,变得会说希腊语了。这个变化是连续的(对于非实体变化并没有质料持存的问题),不过我们如何能够在某种意义上说这个偶性变化占据了一段连续的空间呢?例子之五:四人组的火炬接力赛进行了十分钟。整个比赛占据了一段连续的时间,但我们并不认为这是一个连续的运动,而是由四个不同的运动组成的。亚里士多德会说,这是因为有四个不同的主体在进行运动,所以这是四个不同的变化,而非单一的变化。

  从这几个例子我们看到,变化的连续性与质料是否在其中持存无关,也不仅仅取决于变化是否占据了一段连续的时间和空间。D. 博斯托克所认为的、变化的连续性是质料或物体在"时空中的连续的轨迹"只不过是位移运动的连续性特征,而非变化自身的连续性的本质。不同类型的变化具有不同形态的"连续性",而一般的变化之连续性并不仅仅是由时空的连续性决定的。对于亚里士多德而言,时间和空间在本体论上依赖于变化,因此它们的连续性并不是变化之连续性的原因。那么,变化自身的连续性是由什么决定的呢?

  我们必须将变化的连续性的"原因"与"变化的连续性是什么"区

---

  ① 亚里士多德会说这个例子中的"盖房子"不是无条件的连续,因为它包含了时间的间断,但它可以在有限制的意义上是连续的,因为它是一个变化主体向着同一个形式的变化。参看亚里士多德在《物理学》第五卷第四章对变化在何种意义上是"一"的讨论。

分开来。前者指出是什么决定了某一变化是连续的,而后者说明变化的连续性意味着什么。对于它的"原因"问题无法在这里深入讨论,不过亚里士多德认为,"在本质和数目上为一"的变化必然是连续的(228a21)。毕竟,自身同一的东西在最严格的意义上是连续的。亚里士多德说:"在原初的意义上被称为一的东西是那些实体是一的东西,这要么是指它是连续的,要么是指它在形式上为一,要么是指它的公式为一"(《形而上学》,1016b7-9)。因此,某一变化是否是连续的取决于它是否在"本质和数目上为一"。《物理学》第五卷第四章讨论了如何判定本质和数目为一的变化,亚里士多德说:

> 对于变化而言,有三个因素联合决定了变化的"一":什么、何处与何时。我的意思是必须有某个物体在运动,例如,某人或某块金子,并且它必须在某处运动,例如,在位置中或者在状态中,并且它必须在时间中(因为所有的变化都发生在时间中)。在这三者中,"何处"使变化成为同一属和同一种,"受动者"使变化有同一个主体,时间使变化是连贯的;但是这三者的联合才使得变化在严格的意义上是一。(《物理学》,227b22-29)

这里的"何处"指的是变化发生的范畴,例如,偶性变化和位移运动是不同属的变化,而变白和变黑是同一个属的两种变化。因此,在本质和数目上为一的变化是由三个原因联合决定的,即它是在一段连续的时间中同一个变化主体(受动者)在一个确定的范畴的同一个种中的变化。[①]

因此,变化的连续性取决于变化是否是本质和数目上的"一",而本质和数目上为一的变化又取决于变化主体、变化的范畴和时间是否同一。换言之,从"变化是连续的"我们可以推导出变化的主体是单一

---

① 关于在本质和数目上为一的变化的讨论,参看 M. L. Gill, "Aristotle on the Individuation of Changes", *Ancient Philosophy*, Vol. 4, 1984, pp. 9-22.

的,变化的范畴是同一个以及变化发生的时间是不间断的;但是我们并不能推导出实体生灭这一变化中的质料是持存的。相应地,"质料的持存"也并不能决定变化是单一的和连续的。

第三,亚里士多德对连续性的定义的讨论,即对"变化的连续性是什么"这一问题的回答为我们提供了对质料持存论者的又一个反驳。因为从连续性的定义来看,"变化是连续的"并不能证明质料的持存。

亚里士多德在《物理学》第五卷第三章中对"连续性"下了定义。"连续性"是与"相继""相连"两个术语一起讨论的。他说:

> 不同东西的边界粘合在一起,我们说它们相接触……一个物体与另一个物体是相继的,如果某物在某一位置、形式或别的方面处于起点之物以后,在它和作为起始点的东西之间没有与它们同类的东西……如果一个物体与另一个物体相接触并且相继,那么它们是相连的。而连续是相连的一个子类:物体被叫作连续的,当它们接触的界限重合为"一",正如这个词显示的,融合彼此的界限——如果这界限是两个,则它不可能是连续的。(《物理学》,226b21-227a14)

"连续者"是指它能够被划分成多个部分,并且这些部分的边界重合为"一"。根据"连续的"和"相连的"定义,亚里士多德认为任何连续的东西都不可能由不可分的东西(indivisible)组成(《物理学》,231a24)。因为不可分的东西自身不可能划分成不同的部分,倘若它有不同部分的区分,那么它就是可分的了;它也没有界限和非界限(不同部分)的区别。所以两个不可分的东西没有重合为一的界限,甚至也不可能有"相连的"界限——除非它们完全重合,但这样一来它们就不可能组成不同于自身的东西了。①

---

① 关于这个问题的更多讨论,参看拙文:"亚里士多德与芝诺悖论中的时间问题",载《武汉大学研究生学报》(人文社科版),2010年第2期,第8—14页。

所以,连续者的一个本质特征是它不可能由"不可分者"组成,而是无限可分的。因此,有些学者也把"无限可分"作为亚里士多德对连续性的定义。①尽管对于亚里士多德而言,连续者必然是无限可分的,但他却不是从无限问题和无限可分入手来定义连续性的。连续性的问题是边界重合为"一"的问题,因而它不仅涉及部分的边界,还涉及这些边界是否属于同一类或者同一事物。难怪亚里士多德在定义这几个术语后转而讨论变化在什么意义上是"一"(《物理学》,227b3)。

根据连续性的定义,我们知道"变化是连续的"意味着变化的不同部分,即变化自身作为过程的不同阶段的边界"重合为一";而连续的变化也是无限可分的。这个"变化的连续性"定义与质料是否在实体生灭过程中持存的问题无关。变化的连续性只取决于变化的不同阶段的边界是否"重合为一",因此,只要变化的不同阶段有一个共同的边界——即上一阶段的结束亦是下一阶段的开始,这个变化就是连续的,反之,它就是间断的。例子之三和例子之五都不是连续的变化,因为它们的不同部分的边界没有"重合为一",不过它们的差别却是:"盖房子"的不同阶段被时间的"休止"间隔,未能"重合",而"火炬接力"比赛的前一程与后一程是不同主体的运动,这两个部分虽然在时间上"重合"但却不是同一的。

因此,从亚里士多德对连续性的定义以及"变化是连续的"学说无法推出质料在实体生灭过程中持存,而质料是否持存也并不能决定变化是否连续。质料的持存与变化的连续性是不相关的两个命题,它们并不相互预设或蕴含。所以,质料持存论者从变化的连续性推出质料在实体生灭过程中持存的论证是失败的。

---

① D. Bostock, "Aristotle on Continuity in Physics VI", in Aristotle's Physics: A Collection of Essays, Judson Lindsay (ed.), Oxford: Clarendon Press, 1991, pp.179-212.

第四章 "质料"概念的初步澄清

质料持存论者认为质料是实体生灭的"基体"(ὑποκείμενον)①，而"基体"概念本身就意味着它在变化过程中"持存"；因此，质料在实体生灭过程中是持存的。斯卡尔萨(T. Scaltsas)认为非实体变化和实体生灭在结构上是平行的，非实体变化是某一可感实体作为基体由缺失某一属性到获得该属性的过程，而实体生灭则是质料作为基体由缺失实体形式到获得实体形式的过程。他把非实体变化的基体称为"实体基体"(substantial substratum)，把实体生灭的基体称为"质料基体"(material substratum)，以便显示这种平行和差异。②在他看来，所有变化的基体都持存，只是可感实体和质料是不同的变化类型的基体。博斯托克(D. Bostock)则明确地指出，如果某物作为基体，那么它同时也是

---

① 在这一节中，我将论证"ὑποκείμενον"的意义并不含混，无论是用于谓述还是变化，它的意思都是主词和主词指示的对象。在汉语中没有在字面和词源上对应的词条。用于谓述时，我用"主体"和"主词"来翻译，强调它作为实体在本体论上的优先性和对非实体的"主宰"，这在汉语中也是比较自然的。在用于变化时，我用"基体"来翻译，强调它是变化的基始；没有选用"主体"来翻译变化的ὑποκείμενον是因为"变化的主体"自然地使人联想到"变化的主宰"和"变化的主导"等等，以及容易使人们错误地把它和"主体-客体"的术语意义联系起来。在亚里士多德的语境中，将质料理解为"变化的主体"或"变化的主宰"是不恰当的，甚至是误导性的；形式因和目的因才是变化的主宰，质料只在服从于形式的意义上是变化的主体和原则。

② T. Scaltsas, "Substraum, Subject, and Substance", *Oxford Studies in Ancient Philosophy*, Vol. 5, 1986, pp. 215-240. 中世纪哲学家把这个区分中的前者称为"主体"(Subject)，后者称为"载体"(Substratum)。

在变化中的持存者。他说:"我要指出'站在下面的东西'(或基体)这个表达有双重作用,它既是变化的起点(例如,这个主体变得如此如此),又是变化中的持存者。"①因此,质料作为实体生灭的基体就意味着它在变化过程中是持存的。

我们并不反对将非实体变化的基体和实体生灭的基体区分开来。但问题的关键并不是给予这两种基体某种可被区分的名称,而是确定它们之间是什么关系。是什么原因使得它们都被称为"基体"?"基体"概念自身意味着持存吗?

我们在这一章的主要任务是考查"基体"概念和"质料"概念的关系,反驳从"基体"概念可以推论出质料持存的观点;而要回答"质料是否在实体生灭过程中持存"这一问题则必须研究"质料"概念本身。这一章分为三节,第一节讨论基体和质料的关系,第二节分析"先在质料"与"共时质料"的区分,第三节是从"质料因"和"从之而来者"的观念对"质料"概念进行澄清。

第一节 基体(ὑποκείμενον)与质料

博斯托克在论述"基体概念意味着它在变化过程中持存"的时候,注意到"ὑποκείμενον"这个词的含混性。他说:"在逻辑学中,说 X 是 Y 的基体意指 X 是 Y 的主词。在偶性变化中,持存者也是这个意义上的基体;例如,人是两个属性——苍白和黝黑——的主词。但是在物理学中,这个词具有另外的意义,因为 Y 的基体也可能是 Y 从之而来的东西,即 Y 是从它生成或 Y 是由它构成的。例如,铜像是由铜构成的……亚里士多德的学说指出,在任何类型的变化中总有某物既作为

---

① D. Bostock, *Space, Time, Matter and Form: Essays on Aristotle's Physics*, Oxford: Clarendon Press, 2006, p.9.

基体又是持存者。"①这个词的"含混性"使他认为变化中的基体有不同于主词的其他意义——即它不仅是谓述的主词，还是变化中的持存者。我们的问题是：亚里士多德究竟是不是在含混不清的多种意义上使用"ὑποκείμενον"一词呢？还是这是一个统一的概念？以及"基体"概念自身是否有"持存"的涵义？

亚里士多德在《物理学》第一卷第七章中讨论变化的"基体"时，使用的"ὑποκείμενον"一词与《范畴篇》中讨论的"主词"是同一个，在《形而上学》第七卷第三章中讨论"基体是否是实体"的时候用的也是这个词。"ὑποκείμενον"是带有介词"ὑπο"的复合分词，它具有动词的意义，但是它在语法功能上却是一个中性的名词化的形容词，在英语中相当于动名词。

《范畴篇》中的"ὑποκείμενον"通常被翻译为"主体"或"主词"。亚里士多德首先是在语法意义上使用这个概念的，即在主谓结构的句子中，主词被称为"ὑποκείμενον"。不过亚里士多德在《范畴篇》中并未区分词（主词）和词所指的对象（主体），它们是严格对应的。主词和谓词表示着现实世界的不同存在者，而主词和谓词的关系也是存在者在本体论上的关系。他在这里提到的主词的例子是：灵魂、（语法知识在灵魂中，或者灵魂是有语法知识的）、物体表面（白色在物体表面上，或者物体表面是白色的）、个体的人（《范畴篇》,1a20-1b5）。

亚里士多德用与主词相关的两个标准来定义什么是实体：一个是——是否谓述主词，另一个是——是否在主词之中。某个词能谓述另一个词又分为两种情况：一是不仅它的名字可以做谓语，而且它的定义也可以做谓语，例如"苏格拉底是人"，"人"这个名字和它的定义都可以谓述苏格拉底；二是它的名字可以做谓语，但它的定义并不谓述主

---

① D. Bostock, *Space, Time, Matter and Form: Essays on Aristotle's Physics*, Oxford: Clarendon Press, 2006, p. 31. D. Bostock 用 "what underlies" 翻译 "ὑποκείμενον"。

词,例如"苏格拉底是白色的",但"白色"的定义不能谓述苏格拉底。"是否谓述主词"这个标准表明终极主词是个体,只有个体不能作谓词。"在主词之中"是指"在其中,但不是作为部分,离开在之中的东西,它不能存在"(《范畴篇》,1a24-25)。这个标准表明主词是不依赖于其他东西的独立存在者,在主词之中的东西是依赖主词而存在的。对于如何理解这个"在之中",亚里士多德学界存在不少争议:在主词中的属性究竟是只属于这个特定个体的特殊属性,还是在个体上得到例示的普遍属性?①且不论这里的争论,亚里士多德从这两个标准得出了他的实体定义,他说:

> 实体,在最严格的、原初的和首要的意义上,是既不谓述主词又不在主词之中的东西,例如,这个人和这匹马。第一实体所属的种称为第二实体,种所属的属也是(第二实体)。(《范畴篇》,2a13-16)

《范畴篇》中定义的第一实体是不在其他主词之中、也不谓述其他主词的终极主词所指示的对象。第一实体是其他非实体的存在基础,亚里士多德说:"其他所有的东西要么谓述作为主词的第一实体,要么在主词之中。所以如果第一实体不存在,那么其他的东西也不可能存在"(2b4-5)。这个实体定义被一些学者称为实体的主体(主词)标准。

从《范畴篇》的描述来看,"ὑποκείμενον"的基本意义是非常明确的。它指的是句子的主词和主词指示的对象;当这个主词满足既"不谓述其他主词"又"不在其他主词"之中时,它就指实体,并且这个实体

---

① 普遍属性说以 M. Frede 为代表,特殊属性说以 S. Cohen 为代表。参看 S. Cohen, *Aristotle on Nature and Incomplete Substance*, Cambridge: Cambridge University Press, 1996, pp. 10-11. 另外,参看 M. Frede 和 G. E. L. Owen 与 trope theory 的争论,M. Frede, "Individuals in Aristotle", in *Essays in Ancient Philosophy*, Oxford: Clarendon Press, 1987, pp. 60-61.

是可感的个体之物,例如苏格拉底和赤兔马。

《范畴篇》提出的实体的主体标准在《形而上学》第七卷中重新得到检验。亚里士多德在考查"实体是什么"的时候列举了四个备选项,ὑποκείμενον是其中之一。《形而上学》Z3 的目标是要回答ὑποκείμενον是不是实体,而篇末的结论则是:与质料和(质料与形式的)复合物相比,形式更是实体。亚里士多德学界对这一章的解释历来是众说纷纭,莫衷一是。有的解释者认为这一章揭示了最终的主体是原始质料,但由于原始质料不是实体,因此实体的主体标准在《形而上学》中不再适用,这里的"这一个"和"分离性"成为判断实体的标准。①这种解释证明了亚里士多德在《形而上学》中否认了早期《范畴篇》中的观点。但是也有别的解释指出实体的主体标准并未被否定,只是得到了重新澄清,因为满足主体标准的对象也满足"这一个"和"分离性"的标准;因而亚里士多德在 Z3 中讨论的质料问题并不是他自己的观点。②我们在这里不能详述这些争论的始末,只讨论与"ὑποκείμενον"相关的问题。

亚里士多德在《形而上学》Z3 的开篇重复了ὑποκείμενον在《范畴篇》中的主词和主体意义:ὑποκείμενον是别的东西都谓述它,但它自身不再谓述别的东西(1029a1),并且申明了实体首先被认为是"主体"。不过与《范畴篇》不同的是,他说:"现在我们在一种意义上说质

---

① 例如陈康持有这样的观点,参看他对于"终极主词"作为实体标准在《形而上学》第七卷中不再适用的论述。《陈康哲学论文集》,江日新、关子尹编,台北:联经出版社,1985 年,第 157—197 页。

② 例如,M. L. Gill 认为实体的主体标准在 Z3 中并未被抛弃,Z3 的批判对象是柏拉图的"容器"概念,而非亚里士多德自己的质料概念。参看 Aristotle on Substance: The Paradox of Unity, New Jesery: Princeton University Press, 1989, pp. 31-38. 另外 M. Frede 也认为主体标准在《形而上学》中未被抛弃,但实体除了必须满足主体标准之外,还要满足"这一个"和"可分离"的标准。参看 M. Frede, "Substance", in Essays in Ancient Philosophy, Oxford: Clarendon Press, 1987, pp. 73-79。

料是主体,在另一种意义上说形式或形状是主体,在第三种意义上说形式和质料的复合物是主体"(《形而上学》,1029a2-3)。在这里,无论是质料、形式还是形式质料的复合物都被称为"ὑποκείμενον",它们似乎都不是《范畴篇》中所说的第一实体。形式和质料的复合物作为主体似乎与《范畴篇》中的意义一致,但是个体实体在那里并未被称为形式和质料的"复合物"。韦丁(M. Wedin)对此解释说,亚里士多德在《范畴篇》中还未对可感实体作出结构上的分析,因此并不说它们是复合物,而他在《形而上学》中要研究的是可感实体的内部结构,是什么使个体实体成为实体,即什么是"实体的实体"。①

无论亚里士多德在什么不同的意义上把质料、形式和复合物都称为"主体",他在这里对"ὑποκείμενον"之意义的界定与《范畴篇》是一致的,其最基本的意思仍然是谓述结构中的主词和主体,只不过质料、形式和质形复合物在不同的意义上可以是谓述结构中的主词。这一点,他在开篇就言明了,并且在把这三者列为"主词"之后又加以重申(1029a9-10)。

《形而上学》Z3 的主要论证显示的是主词意义上的"ὑποκείμενον"。这个论证是被称为"还原论证"或"剥离论证"的一个思想实验。它验证了质料不是实体,因为它不满足"这一个"和"分离性"的标准。且不论"剥离论证"中的质料是原始质料还是亚里士多德反对的柏拉图的"容器"概念,或者是他自己的"质料"概念的某种表达②,在这里,主导这个剥离论证的思想实验的结构是主词和谓词的关

---

① M. Wedin, *Aristotle's Theory of Substance*: *The Categories and Metaphysics Zeta*, Oxford: Oxford University Press, 2000, p.157. Wedin 指出 Z 卷将形式作为实体与《范畴篇》将具体的可感个体作为实体,这里并不矛盾,相反, Z 卷是对《范畴篇》的实体理论的完善,即进一步探讨是什么使可感实体成为实体。

② 我认为 Z3 是亚里士多德对自己的"质料"概念之意义的论证和指明。"剥离论证"其实是"反证",证明质料不能独立存在,因此不满足"可分离"和"这一个"的标准,所以不是实体。参看拙文:"《形而上学》Z3 的解释困境与剥离论证",载《哲学门》,第 24 辑(2011 年 12 月),北京大学出版社,第 154—165 页。

系,即主词必然是不同于谓词的别的东西。倘若把所有的谓词或能够描述主词的东西都剥离掉,那么最后这个主词是什么?亚里士多德指出,如果把偶性、产物和潜能,以及长、宽、高都剥离掉,最后剩下的是"什么也不是的质料"——它既不是十范畴的任何一个,也不是它们的否定。亚里士多德说:

> 这里有某个东西,其他的东西都可以谓述它,因此它的存在不同于任何谓述它的东西的存在;因为所有不是实体的东西都谓述实体,而实体谓述质料。(《形而上学》,1029a22-24)

非实体范畴谓述实体,而实体自身可以谓述质料。Z3 提出的这两种谓述关系在《形而上学》Z13,1038b5-7 和 Θ7,1049a27-36 中再次得到了阐明。实体和质料都可以作为主词,但它们和各自的谓词的关系是不同的,这两种谓述形式不能通约。亚里士多德说:"它在两个意义上作为主词(ὑπόκειται),要么是个体之物,例如动物是它的属性的主词,要么是质料作为现实性的主词"(Z13,1038b5-7)。在 Θ7 中他说:"ὑποκείμενον有两种,要么是个体之物,要么不是。例如,人、身体或灵魂是有教养的和白色的主词……而当它不是这种情况时,谓词就是形式或个体,而主词是质料"(Θ7,1049a27-36)。因此与《范畴篇》不同的是,主词在《形而上学》中分为两种情况:一是可感的个体作为主词——这与《范畴篇》一致,也是《范畴篇》中主词的唯一意义,另一种是质料作为主词——这是在《范畴篇》中没有的。如果个体实体做主词,那么它的谓词是非实体范畴的存在者;如果质料作为主词,那么它的谓词是形式或现实性。

《形而上学》Z3、Z13 和 Θ7 中谈到质料作为主词的时候并没有给出进一步的解释,亚里士多德的其他文本似乎也没有提供质料作为主词的例子。① 有人认为亚里士多德并没有真正坚持这个观点,但是我倾向于认为他已经提供了质料作为主词的例子,这就是"质料是潜在的实体",毕竟质料的谓词只能是现实性(或实体),而不是任何非实体范畴的存在者。佩奇(C. Page)指出:"只有在潜在性的意义上,我们才能真正理解质料自身如何作为形式的主词。"② 难道我们说"这颗种子是一株潜在的橡树"时,不是质料作为主词而现实性作为谓词的例子吗? 只不过这个主词与谓词的关系并非实体与偶性的关系罢了。③

现在,我们看到无论是在《范畴篇》中还是在《形而上学》中,"ὑποκείμενον"的基本意义都是主词和主词指示的对象(即主体),只不过《范畴篇》中只有可感实体作为主词的情况,而《形而上学》中增加了质料作为主词的情形。至于 Z3 还说到,形式也在一种意义上被称为"ὑποκείμενον",亚里士多德在 H1(1042a29)中也说形式是主词,弗雷德(M. Frede)对此提供了一个解释。他认为形式在本体论上优先于形式与质料的复合物,因此个体实体作为主词的情况实际上是形式作为主词,因而各种属性描述的真正对象是复合物中的形式。④

因此,可以说在《范畴篇》和《形而上学》中,"ὑποκείμενον"的意义并非含混不清,尽管亚里士多德区分了不同的两种类型,但它们都因

---

① J. Owens, "Matter and Predication in Aristotle", in *The Concept of Matter in Greek and Ancient Philosophy*, E. McMullin (ed.), Notre Dame: University of Notre Dame Press, 1965, pp. 79-95.

② C. Page, "Predicating Forms of Matter in Aristotle's 'Metaphysics'", *The Review of Metaphysics*, Vol. 39, 1985, pp. 57-82.

③ 吴天岳提醒我说,"这堆血肉骨头是有理性的"这样的句子也可以理解为质料做主词的谓述,这似乎并不是从潜在性的角度来理解的。如果这个句子为真,那么这堆血肉骨头必须是活着的,这就相当于说"苏格拉底是有理性的",因为活着的血肉骨头必然属于一个活着的人。这样一来,这个句子就不是真正的质料做主词的谓述形式了。

④ M. Frede, "Substance", in *Essays in Ancient Philosophy*, Minneapolis: Minnesota University Press, 1987, pp. 75-76.

为可以在谓述结构中作为主词而被称为"ὑποκείμενον"。所以，"ὑποκείμενον"的意义就是主词和主体，但它分为两种：个体实体和质料。在讨论变化的时候，亚里士多德说所有类型的变化都有一个"ὑποκείμενον"，这与《范畴篇》和《形而上学》中所使用的是同一个词，之前我们把它译为"基体"。那么，在讨论变化时，这个词是不是在另一种不同于主词的意义上使用的呢？例如博斯托克所说的它还有变化中的持存者这样的意义？对此，我们的回答是否定的。

《形而上学》中提及的两种主词——个体之物与质料，与非实体变化和实体生灭的ὑποκείμενον是相对应的。如果亚里士多德在讨论变化时是在另一种意义上说"ὑποκείμενον"，他为何对此没有任何说明，而是在很明确的主词意义上使用这个词。希腊语表示谓述的系动词"ἐστι(ν)"与表示变化的谓词"γιγένεται"（变成）在搭配使用主词时具有相同的语法结构——即它们都使用名词与格（即名词第三格），似乎为这个观点提供了一个旁证。

我们看到《物理学》第一卷第七章指出所有类型的变化，包括实体生灭，都有一个ὑποκείμενον，它是变化过程的起点，可以被描述为"复合的"或者"简单的"，例如"不文雅的人变成了文雅的人"或者"这个人变成了文雅的人"。亚里士多德对"不文雅的人变成文雅的人"的例子中的"ὑποκείμενον"解释说："变化必须有一个ὑποκείμενον，即那个变化者，它在数目上总是为一，在形式上至少不是一（'形式'我指的是'解释'）。因为什么是一个人与什么是不文雅的是不同的。"（《物理学》，190a15-17）。这里对"ὑποκείμενον"的第一个说明是"变化者"，我们难道不是把变化所谓述的主词称为"变化者"吗？在这个例子中"不文雅的人"是主词，即它是"变成如何如何"这个主谓形式的主词——"不文雅的人变成文雅的人"。亚里士多德其实在这一章中指明了这个意义，他说："现在除了实体的情况，我们非常清楚的是：变化必须有一个基体，即变化者。因为当一个物体变成这样的数量，或性质,或一种关系、时间、地点时,必然预设了一个主词,因为实体自身不谓述别的主词,而是别的东西谓述实体"(《物理学》,190a33-35)。在这个段落中,后一个句子作为对前一个句子的解释明确地指出非实体变化的ὑποκείμενον是在主词这个意义上说的。

事实上,在《范畴篇》中,"变动"和"被动"属于非实体范畴,而所有的非实体要么谓述实体,要么在实体之中。"变动"和"被动"显然可以谓述个体实体,例如,我们说"苏格拉底被晒伤了(被动)","这个人变成了文雅的人(主动)"。因此,《范畴篇》中主词意义上的ὑποκείμενον正是《物理学》中非实体变化的基体。

把非实体变化的基体解释为主词有一个好处:它能够解释为什么亚里士多德在讨论变化时把个体实体与某一属性的复合物称为"ὑποκείμενον",但无论在《范畴篇》中还是在《形而上学》中"ὑποκείμενον"的所指都不是实体与属性的复合物。原因在于"ὑποκείμενον"指的是主词,而主词在不同的情况中由不同的东西承担。亚里士多德在"不文雅的人"的例子中区分过简单词和复合词的情况,复合词和简单词都可以做主词,对于复合词我们说:"不文雅的人变成文雅的人",对于简单词我们说"这个人变成文雅的"。所以,简单词和复合词都可以做非实体变化的主词。因此在非实体变化中,亚里士多德既把复合物,即个体与属性的复合物,也把简单物,即个体实体,称为"ὑποκείμενον"。如果像质料持存论者那样,把变化的ὑποκείμενον看作变化中的持存者,那么就无法解释亚里士多德为何多次强调变化的ὑποκείμενον是复合物——它在数目上为一,但在形式上至少不是一(190b14,190b24),因为复合物作为复合物在任何类型的变化中都是不持存的。

不仅如此,在实体的生成和毁灭中,亚里士多德也是在主词的意义上说"ὑποκείμενον"的,只不过这里的主词所指的是质料而不是个体实体。《范畴篇》尚未指出质料作为主词的情况,但在《形而上学》中我们看到质料是与个体实体不同的另一种主词——即它的谓词不是非实体范畴,而是形式或现实性。我们说"种子长成了大树","这堆砖头变成了房子",种子和砖头难道不是实体生成这一变化所谓述的主词吗?质料作为实体生灭的基体仍然是在主词的意义上被界定的。

因此,所有类型的变化的基体都是在主词和主词所指示的对象(即主体)的意义上被界定的。"ὑποκείμενον"的意义就是主词,在讨论变化时这个词也是指变化谓述的主词而不是其他的意义。我们在第二章中指出,基体是变化的起点,并且它在时间上先于变化而存在,而变化谓述的主词所指示的对象恰恰是变化由之开始的东西,它在变化开始之前就存在着,它就是那个变化者。

质料持存论者把变化的ὑποκείμενον解释为变化由之开始的起点,变化中的持存者和变化结果中留存的东西,他们似乎认为变化从始至终需要某个"承载者"或"站在下面的东西"。如果ὑποκείμενον是从变化的起点到终点维持自身不变的某种东西,那么变化的发生倒像是与它无关的或超越于它;正如一个盒子里装载着空气,这个"承载者"支撑着变化,空气的流动与盒子无关,而"承载者"并不参与该变化。倘若这个持存的"承载者"所具有的自身同一性与发生在它"之上"的变化无关,那么我们以什么理由判断说它是这个变化的起点以及它是处于变化"之中"的和变化的一个本原呢?[1]亚里士多德恰恰是要反对这种"超越的变化"的观点的。他指出,变化不是在存在者之外或超越于存在者的东西,也不存在"变化的变化",而是"要么就数量,要么就性质或位置而言的,那个变动者的变化"(《物理学》,200b33-34)。

所以,"ὑποκείμενον"的意义并非含混不清,无论在《范畴篇》《形

---

[1] S. Kelsey 指出,变化中总有某个持存的和不变化的东西,这一观念与"这个东西处于变化之中"的观点是矛盾的。参看"Hylomorphism in Aristotle's Physics",*Ancient Philosophy*, Vol. 30, 2010, pp. 107-125。

而上学》中还是《物理学》中,这个词的意思都是主词和主词所指的对象。只不过主词的情况分为两种:个体实体和质料。另一方面,人们既可以谓述处于静态中的主词,也可以谓述处于动态中的主词。

质料持存论者所谓的"变化的ὑποκείμενον之持存"并不是由这个概念自身得来的,而是由非实体变化自身的结构得来的。在非实体变化中,ὑποκείμενον是个体实体,而个体实体的一个特征就是能够在不同属性的替换中保持自身同一性。因此,非实体变化的基体在变化过程中持存并不是由"基体"概念自身决定的,而是因为这里的"基体"是个体实体,即主词为个体实体的情况。然而,当"基体"是质料时,它在变化中就是不持存的。因此,"ὑποκείμενον"(在变化中译为"基体")这一概念自身并不包含持存的意思,它指的是主词和主词所指示的对象。而主词与谓词的关系有两种不同的情况——个体实体与偶性以及质料与现实性。所以,我们并不能由ὑποκείμενον概念自身推导出质料在实体生灭过程中持存。实体生灭这种变化需要基体并不意味着这个基体在变化中是持存的。斯卡尔萨对"实体基体"和"质料基体"所做的区分不过是对这两种主词的区分;而博斯托克的错误在于,他把非实体变化的某个结构特性——即个体实体在非实体变化中持存——投射到"基体"概念上去,并认为这是"基体"概念自身包含的要素。

所以,"ὑποκείμενον"概念就是"主词"概念,它所指的就是能够做主词的对象;而能做主词的对象又分为两类,一是可感的个体实体——这是《范畴篇》中的第一实体,另一类是质料——这是在《形而上学》中被指明的。因此,就作为主词而言,质料是某种类型的ὑποκείμενον,即质料是实体生灭的基体,而个体实体是非实体变化的基体。换言之,质料,就可以做主词这个方面而言,是ὑποκείμενον的一个子类。然而,就其他方面而言,质料的一些特征并非被主词或主体分享,它们并不等同。因此,"基体"概念并不能定义质料,除了说质料可以做主词或主体之外,它未能解释质料本身"是什么"。

第二节 "先在质料"与"共时质料"的区分

我们在上一节中分析了亚里士多德的"基体"概念以及基体和质料的关系,并指出从"基体"概念自身推不出质料在实体生灭过程中持存。我们将在这一节中讨论一个与质料的持存问题密切相关的区分:"先在质料"与"共时质料"。

我们在本书的第二章第一节曾提到梅金(S. Makin)做过这个区分,他认为"先在质料"(pre-existing matter)是实体从之而生成的东西,它在实体生成之先存在;而"共时质料"(concurrent matter)是与实体同时存在的东西,它是实体的构成成分。质料在生成过程中的持存就是"先在质料"与"共时质料"的某种等同,或者说原先的"先在质料"现在是"共时质料"。例如,从一块铜铸成铜像,铜既是"先在质料"又是"共时质料",因此,铜在雕像的生成过程中持存。他还认为亚里士多德的"质料"概念主要是指实体的构成成分,即"共时质料",例如动物的"共时质料"是血和肉。[①]

"先在质料"与"共时质料"的关系不仅对质料持存论者的论证是非常重要的,而且对于我们反驳"质料持存论"也是关键的。梅金认为"先在质料"与"共时质料"的等同证明了质料在实体生成过程中持存。然而,一个显而易见的困难是:亚里士多德认为动物(或植物)是从种子或胚胎生成的,但它们的"构成成分"却不是种子或胚胎,因而"先在质料"与"共时质料"是不同的。刘易斯和弗里兰(C. A. Freeland)为此辩护说"种子"和"胚胎"并不是严格意义上的"先在质料",它们只是实体生成过程中的一个阶段,而母亲提供的血液才是"先在质料",

---

[①] S. Makin, *Aristotle Metaphysics Book Θ*, Oxford: Clarendon Press, 2006, pp. 139-140.

血液也是构成动物的"共时质料",因此质料在自然物的生成过程中是持存的。① 还有一些质料持存论者采取了另一种解释策略,比如吉尔和查尔斯(David Charles)②,吉尔承认"先在质料"与"共时质料"并非是完全的等同(identical)关系,但它们也存在某种相同关系,即"先在质料"的某些性质和潜能保持在"共时质料"中,换言之,"先在质料"潜在地存在于被生成的可感实体中,因此质料在这个意义上是持存的。我们将在第五章中指出吉尔的这种解释是不可行的,因为"先在质料"对潜能和性质的保持并不意味着先在质料作为潜在者的持存。

现在,我们用 PM 表示"先在质料"(pre-existing matter),用 CM 表示"共时质料"(concurrent matter),那么,质料持存论者认为质料在实体生灭过程中的持存的理由可以概括为"PM(或 PM 的部分)等同于 CM"(PM is identical with CM)。③

---

① F. Lewis, "Aristotle on the Relation between a Thing and its Matter", in *Unity, Identity, and Explanation in Aristotle's Metaphysics*, T. Scaltsas, D. Charles, and M. L. Gill (ed.), Oxford: Clarendon Press, 1994, p.759. 另外,参看 C. A. Freeland, "Aristotle on Bodies, Matter and Potentiality", in *Philosophical Issues in Aristotle's Biology*, A. Gotthelf and J. G. Lennox (ed.), Cambridge: Cambridge University Press, 1987, pp.392-407。

② M. L. Gill, *Aristotle on Substance: the Paradox of Unity*, New Jersey: Princeton University Press, 1989, pp.148-150. 另外,参看 David Charles 对这种解释的评价,"Actuality and Potentiality in *Metaphysics* Θ", in *Being, Nature and Life in Aristotle: Essays in Honor of Allan Gotthelf*, James G. Lennox and Robert Bolton (ed.), Cambridge: Cambridge University Press, 2010, pp.171-172。

③ "PM 的部分等同于 CM"也是质料持存论者的一种解释,他们认为 PM 的一个部分在实体中持存(这个持存的部分就是 CM)——这是可感实体的"构成性质料",而可感实体还由另一部分质料构成,也就是"功能性质料"。"功能性质料"不能与实体分离而存在,但是"构成性质料"的存在独立于实体。参看 J. Whiting 对"功能性质料"和"构成性质料"的解释,"Living Bodies", in *The Essays of Aristotle's De Anima*, M. Nussbaum and A. Rorty (ed.), Oxford: Clarendon Press, 1992, pp.75-91. 以及我对这种解释的反驳,参看拙文:"亚里士多德的形式—质料关系与功能性质料和构成性质料的区分",载《世界哲学》,2012 年第 2 期,第 233—246 页。

然而,这个相等关系是不成立的。首先,从亚里士多德的例子来看,"先在质料"和"共时质料"是不同的东西。种子或胚胎是潜在的动物,因此是动物的先在质料(《物理学》,190b4;《形而上学》,1049a3),但是它们却并非动物的"构成成分",它们与成熟的动物显然不是"共时的"。刘易斯和弗里兰的辩护也很难绕开种子和胚胎的例子,在《形而上学》Θ7中,亚里士多德指出质料是潜在的实体,尽管"土"和"精子"在一系列的变化中生成了人,但是它们并非潜在的人,只有"胚胎"才是潜在的人,即人的质料。如果亚里士多德不认为精子是人的质料,那么母亲的血液自然也不是人的质料了,因为精子作为动力因作用于母亲的血液才生成胚胎。

查尔顿在这个问题上发现了"质料"概念的不自洽,他说:"亚里士多德对自然实体之质料的处理是有问题的,我们说一个人由精子或者胚胎生成,但是通常说人是由肉和骨头构成的,而不是由精子和胚胎构成。所以,如果亚里士多德一方面认为质料是实体从之而来者,另一方面又认为质料是实体的构成成分,那么至少对自然实体而言,质料概念是不一致的。"①然而,这究竟是因为亚里士多德的"质料"概念是不一致的,还是因为"先在质料"与"共时质料"并非相等的关系,而是在不同的意义上被称为"质料"?

根据亚里士多德的论述,我们发现"先在质料"与"共时质料"并非在相同的意义上被称为"质料";它们的区分不是同一种质料在实体生成的时间顺序上的先后区分,而是不同种类的区分。这一点在自然实体中表现得相当明显,"能变成"自然物的先在质料与自然物的构成成分是不同的东西;但在人造物中这个区分容易被模糊和误解,例如,铜似乎既是铜像的"先在质料"又是"共时质料"。产生这个误解的根源

---

① W. Charlton, *Aristotle's Physics I and II*, Oxford: Clarendon Press, 1970, pp. 76-77

主要有二点：其一，铜作为铜自身不是铜像的"先在质料"，铜作为"潜在的雕像"才是"先在质料"；其二，人造物不是严格意义上的实体，因为它并非严格的统一体，即铜是可以独立于雕像之形而存在的，因此，严格地说，铜并非与雕像是"共时的"。

梅金的"先在"与"共时"这两个标记已经隐藏着他对同一质料处于生成的不同时间段的理解。然而，亚里士多德自己并未做出"先在质料"与"共时质料"的区分，他主要是在"先在质料"，也就是质料因或实体生灭的基体的意义上来讨论质料的，所谓的"共时质料"并不是他的质料概念的主要所指。我们略举一些例子。

在《物理学》第一卷讨论变化的本原时，质料被认为是实体生灭的基体，即实体"从之而来"的东西。在《形而上学》第七卷第七章至第九章（Z7-9）中，亚里士多德说："实体由之生成的东西，我称为质料"（1032a17）。他还说："如果没有什么东西事先存在，那么生成是不可能的。显然，成品中的某个部分必然是先在的，因为质料就是一个部分，它出现在生成过程中，并且生成了某物"（1032b30-33）。为了解释为什么有些实体是自动生成的，有些是人工制作的，他说："（这里的）原因是在有些情况中，质料——作为生成或实体的制作过程的起点，成品的某些部分已经在其中了——能够发动自身的运动，而在另一些情况下，它不能（发动自身的运动）"（1034a11-13）。这些段落都是在"先在质料"的意义上谈论质料的，质料是"先于"被生成的实体的。另外，亚里士多德用现实性和潜在性概念来解释形式和质料的关系时说："正如正在看的之于有视力但闭着眼睛的，已经从质料中分离（分辨）出来的之于质料，已经被完成的东西之于还未完工的东西"（1048b2-5）。这里也是在"先在质料"的意义上讨论质料的，最后一个例子表现得尤为明显。

亚里士多德自己对质料的一个区分——"最近质料"（proximate matter）与"较远质料"（non-proximate matter）——也是在"先在质料"或

者实体的"从之而来者"的意义上进行的。在《形而上学》H4中,他说:

> 对于可感实体,我们必须注意到,即便所有的东西都是从相同的第一本原而来,并且如果所有的东西都有相同的和作为第一本原的质料,但是每一个实体都有属于它的特定的质料,例如"甜的东西"和"粘的东西"是树脂的最近质料,"苦的东西"是胆汁的最近质料,尽管树脂和胆汁都是从同一种质料来的。(《形而上学》,1044a15-20)

我们来考虑一个例子:玻璃房的质料是玻璃,而玻璃的质料是石英,石英的质料是土;玻璃、石英、土在某种意义上都是房子的质料,只不过玻璃是"最近质料",其他的东西是"较远质料"。因此,倘若有人问一个实体的质料是什么,我们应该寻找它的"最近质料",因为它才是这个实体生成的直接原因(1044b1)。正是在"最近质料"的意义上,亚里士多德才说:"质料是一个相对的东西,因为有不同的形式就有不同的质料"(《物理学》,194b9)。

对于"共时质料",亚里士多德言之甚少。他说可感实体是由质料和形式复合而成的,以及身体和灵魂构成了一个动物(413a2)。根据梅金的观点,"共时质料"指的是与可感实体同时存在的"构成成分",它不能与实体分离而存在,例如,活的身体是动物的共时质料,它不能与灵魂相分离而存在。

如果我们说"先在质料"是实体的质料因,是实体生成的起点和基体,而"共时质料"是与实体同时存在的"构成成分",那么二者并不在同一种意义上被称为"质料"。PM与CM并不等同,PM是"能变成"实体的东西,而CM是现实实体的"成分";它们并非同一种质料在实体生成的不同时间段的称谓,而是不同意义的两种质料。PM作为实体生成过程中的质料并不持存,而CM作为与现实实体"共在"的成分,并不涉及实体生灭的过程,因此质料持存论者用"PM等同于CM"来证明质料持存的努力是失败的。

实际上,"先在质料"与"共时质料"只在类比的意义上被称为"质料",但它们作为质料的方式和意义是非常不同的。亚里士多德在《形而上学》Θ6中用类比的方式给出"现实性"和"潜在性"概念,因为不同类型的潜在存在者和现实存在者只具有类比意义上的统一性;"先在质料"和"共时质料"是不同类型的潜在者,所以它们只在类比的意义上作为"质料"。"先在质料"是潜在的实体,从它生成了可感实体,而"共时质料",如身体,它是各种生命活动(即目的在自身之中的活动)的承载者。我们将在第六章第四节中详细分析这一点。

此外,我们需要对质料持存论者的"共时质料"概念做一点简要分析,以便看出他们对"共时质料"的理解为何是不得当的。梅金的"共时质料"概念的内涵似乎是构成(composing)可感实体,即共时质料"构成"实体,而实体是"被构成"的。然而,"构成"的意思是非常不清楚的。我们说砖头和木头"构成"了一栋房子,或者地板、墙和天花板"构成"了房子,也说一个一个的人"构成"了人类社会。如果我们说面粉和鸡蛋是饼干的构成成分,这是在"先在质料"的意义上说的,那么"共时质料"意义上的"构成"似乎是部分构成整体。然而,质料与实体的关系并不是部分与整体的关系。

"共时质料"概念的外延是实体的构成成分,它与实体同时存在,即它们在时间上是同步的。共时质料作为实体的构成成分,而实体没有哪个部分不是由它的成分填充的,因此,无论从整体上看或从局部上看,共时质料与实体或实体的部分在空间上都是不可分的。如此,在时间和空间上都不能区分的两个物体实际上是同一个。因此,"共时质料"的外延与可感实体或可感实体的部分是无法区分的。

因此,倘若亚里士多德说可感实体在"共时意义"上是由"形式与质料复合而成"的,他也绝不是在某种"部分构成整体"的意义上说的。形式和质料的复合方式既不是各个物质部分的组合——因为形式不是物质或元素而是"本原",也不像属性那样在实体之中——因为可感实体是统一体,只有一个本质和定义,而拥有属性的实体不是只有唯一本质的统一体。因此,质料作为复合实体的"成分"既不是实体的组成部分,也不是某个抽象出形式后剩余的载体。然而,梅金等人正是在一种抽象出实体形式后剩余的载体的意义上谈论"共时质料"的。他说:"复合的核心意义是由亚里士多德对质料作为载体这个一般特征来揭示的,构成一座雕像的质料就是'是雕像'这个性质的载体……"①

我们在上一节中已经指出ὑποκείμενον是主词和主词所指的对象,而不是某种抽象出来的,能够装载形式、属性等东西的容器或载体。形式和质料的复合方式既非不同成分的"混合",也不是质料像某种容器一样"装载"形式,而是它们共同作用(即作为实体的不同本原)生成了实体。如果有人强调可感实体是形式与质料的"共时复合物",那么形式与质料的区分只是本体论概念上的区分,它们指涉的是同一个对象。②"共时质料"作为活动的承担者(或活动的能力)与活动自身是同一个存在者的两种存在方式,在自然实体中,这两种存在方式可以是"共时的"。

亚里士多德用潜在性和现实性来解释质料与形式的关系,而可感实体如何由形式和质料"复合"而成,也必须从潜在性与现实性的关系中得到理解。这涉及到如何解释亚里士多德的"质料—形式理论"和"复合实体"概念,因而是一个宏大而复杂的议题,我们将在本书的结尾给出刍议;但目前所做的分析足以说明"先在质料"与"共时质料"的区分并未证明质料在实体生成过程中持存。

---

① S. Makin, *Aristotle Metaphysics Book Θ*, Oxford: Clarendon Press, 2006, p.139.

② 形式与质料是不可分离的,形式是某一实体的形式,而质料是某一实体的质料,换言之,形式和质料是同一个实体的不同存在方式。参看 Theodore Scaltsas, "Substantial Holism", in *Unity, Identity, and Explanation in Aristotle's Metaphysics*, T. Scaltsas, D. Charles, and M. L. Gill (ed.), Oxford: Clarendon Press, 1994, pp.119-123。

第三节 "从之而来者"与"质料"概念

在本书的开篇,我们指出要回答"质料是否在实体生灭过程中持存"这一问题,就必须研究亚里士多德的"质料"概念,并且我们对质料的考察限制在可感实体的范围内——不考虑可思质料的情况。从上面的分析中,我们看到"先在质料"和"共时质料"区分的是对两种不同质料的区分,而亚里士多德主要是在"先在质料",即质料因的意义上来讨论"质料"概念的。

他经常这样解释质料:"实体由之生成的东西,我称为质料"(1032a17),或者"我说的质料是指每一物的最近的基体,某物从它生成"(《物理学》,192a31-32)。质料作为实体生成的起点,先在于作为生成结果的实体;被生成的实体从它而来。换言之,质料是实体的"从之而来者"。现在,我们的问题是:对于可感实体而言,质料是否能够由实体生成中的"从之而来者"而"定义"?我们回答是否定的。因为,虽然可感实体的质料是实体的"从之而来者",但"从之而来者"这个观念自身却不能定义质料。我们的理由包含如下几个方面。

首先,实体的"从之而来者"这个观念不能涵盖亚里士多德在某些时候所说的质料。例如,他说活着的身体是动物的质料。"卡里亚斯和苏格拉底在质料上不同,但在形式上是等同的"(《形而上学》,1034a6-7)。这些地方说的"质料"显然不能用实体生成中的"从之而来者"解释。动物的活的身体并非先在于动物的生成。把卡里亚斯和苏格拉底区分为两个不同个体的质料从直观上看也不是"先在质料"。我们将在第六章第四节中讨论"活的身体"在什么意义上被称为"动物的质料"。

其次,"从之而来"的语义是多重的,而质料只涉及其中一种意思。在《动物的生成》第一卷第十八章中讨论精子的作用和地位时,亚里士

多德区别了某物从另一物而来的四种不同意义。他说:

> 我们在多种意义上说某物从另一物而来;一种意义是我们说黑夜从白昼而来或者一个成年男子从男孩而来,意思是一物在另一物之后。第二种意义是如果我们说雕像从铜而来,床从木头而来,那么当我们说这个被制作的东西是从某个材料制成的,意思是这整个东西是从某个先在的东西那里形成,即先在的那个东西被赋予了形式。第三种意义是一个人从文雅的变成不文雅的,从健康的变成生病的。一般说来,这个意思是指某物从它的对立面而来。第四种意思是,正如在"埃庇卡摩斯的高潮"中;愤怒来自诽谤,而打斗从愤怒而来,这个意义上的"从什么而来"是指它的动力因。(《动物的生成》,724a20-31)

从这段文本中,我们看到质料是在第二种意义上作为可感实体的"从之而来者",其他三种意义的"从之而来者"指的都不是质料。第三种和第四种意义上的"从之而来者"比较容易与质料相区分,可感实体的质料是某个物体,因此当然不会作为对立面的某种状态或属性;另外,动力因是变化的启动者,例如,亚里士多德认为精子是生成动物的动力因。然而,第一种意义上的"从之而来者"却不太容易与质料相区分,因为第一种意义的"从之而来者"也是时间上在先的,白昼在时间上先于黑夜,男孩在时间上先于成年男子;而质料作为实体生成的起点在时间上先于被生成的实体。因此,第一种意义和第二种意义都包含着时间上的在先。我们来考虑种子的例子,"植物从种子而生成"是在第二种意义上说的,但是这个例子也满足第一种意义。那么,究竟是什么原因使我们从"时间上在先"中又区分出第一种意义的"从之而来"和"质料"的意义呢?质料是时间上先于实体的,但是却并不仅仅因为时间上在先而成为某实体的质料。

第三,亚里士多德认为质料自身是不确定的($ἀριστος$),不可分离的和不可知的。如果"质料"的定义是"实体的从之而来者",那么我们在什么意义上能够说质料是不确定的、不可分的和不可知的?例如,这个雕像是从一块铜而来,究竟有谁会认为这块铜作为质料是不可知的、不确定的和不可分离的?支持原始质料的学者会说亚里士多德用这些特性描述的是原始质料,而不是一般质料,但是这种说法难以成立。这里试举两个例子,亚里士多德在《形而上学》Z10 中说:"质料自身是不可知的。一些质料是可感的,一些是可思的(intelligible);可感的,例如铜、木头和一切能变化的质料;可思的是指在可感之物中但并未就可感的方面来说,例如数学对象"(1036a8-11)。这里所说的不可知的质料显然不是"原始质料"。《形而上学》Θ7 中有另一个例子,亚里士多德说:"对于一个实体'是什么的'(这种形容词用法),属性和质料都应当被描述为这样的形容词,因为它们都是不确定的"(1049b1-2)。对于质料的形容词用法,他的例子:是箱子不是"土"或"土制的",而是"木制的"(1049a24)。这里说质料是不确定的,但是绝非在"原始质料"的意义上说的。

所以,对于可感实体而言,尽管质料在某种意义上是实体的"从之而来者",但是这个观念自身却不能"定义"可感实体的质料。我并不是在亚里士多德所说的定义是"本质的公式"或者"属加种差"的意义上说"质料的定义"的,因为质料自身没有独立的本质,因此更谈不上定义;而是在"描述定义"的意义上来讨论"质料的定义"的。描述定义给出被定义项的意义,并使这个意义能够充分涵盖被定义项的所有使用方式。①定义项和被定义项属于同一个逻辑范畴,并且它们能够互换而使包含其句子的真值不变。因此,对于质料的描述定义,我们要寻找一个能够充分涵盖和解释亚里士多德对"质料"概念的使用方式的意

---

① 参看《斯坦福哲学百科全书》对"定义"的解释,http://plato.stanford.edu/entries/definitions/。

义，可以说这个"意义"给出了"质料是什么"的回答。所以，无论"基体"还是"从之而来者"都不是质料的"定义"，因为它们未能涵盖和解释亚里士多德对质料的所有使用方式和意义。

我认为是"实体的潜在存在者"这一概念定义了可感实体的质料。动物的活的身体相对于各种生命活动而言是潜在存在者，因此亚里士多德才在某种意义上（即类比的意义上）把它称为"质料"。"潜在者"在生成过程中在时间上先于作为"现实者"的实体，因此它是先在之物，是实体的"从之而来者"；我们说一粒种子是一颗潜在的树，但是白昼并不在这个意义上是潜在的黑夜。潜在者自身是不可知的，因为它在认知上以现实者为前提；它也是不确定的和不可分的，因为它在本体论上依赖于相应的现实存在者。

我们将在下面三章中从潜在存在者的角度研究亚里士多德的"质料"概念，以便能够正确回答"质料是否在实体生灭过程中持存"这一问题。

第五章 质料与潜在存在者

在本书的第二章至第四章我们分别从变化的三本原模型、质料的持存与变化的连续性以及质料与基体的关系三个方面对"质料在实体生灭过程中持存"这一观点进行了反驳。我们基本结束了驳论部分，瓦解了质料持存论者的解释。在对"质料"概念的分析中，我们发现可感实体的质料与潜在性有着密切的关系，因此要从潜在存在者这一角度才能定义"质料"概念；而对质料的恰当定义和正确理解则保证了我们对"质料在实体生灭过程中是否持存"这一问题的有效回答。因此，接下来我们将从潜在性和现实性的角度对"质料"概念进行探讨，以便建立质料在实体生灭过程中不持存的四个论证，第五、第六和第七章是我们的立论部分。

第五章分析潜在性概念及其与质料概念的关系，指出潜在性与现实性作为某个存在者的两种存在方式是相互排斥的，由此我们提出"质料在实体生灭过程中不持存"的第一个论证。第六章讨论潜在性和现实性的关系，从潜在者在时间和生成上优先于现实者以及现实者在本体论上优先于潜在者的角度提出第二个和第三个论证。第七章分析变化的第二模型——即《物理学》第三卷第一至二章的变化定义，建立第四个论证。

第一节　质料的形而上学地位和存在的两种方式

我们必须注意到"质料"概念在亚里士多德的形而上学中的地位问题。一些读者也许会惊讶地发现在亚里士多德的逻辑学著作中没有这个概念,①但"质料—形式"却是物理学和形而上学中最基本的一对概念。抛开争论不议,"εἶδος"一词在逻辑学中已经出现了,亚里士多德用它来表示"种",但"εἶδος"这个词在形而上学中通常指的是"形式"。在逻辑学中与"种"相对的是"属"(γένος),而不是"质料"。"质料"(ὕλη)一词从未在逻辑学中出现过。②倘若我们问"质料是什么",那么根据对"是什么"的十范畴的划分,这个问题是无解的。在存在的十范畴中并没有质料的地位。换言之,质料并不是范畴中的存在者,亚里士多德关于范畴的本体论图景中并不包含质料。

亚里士多德的逻辑学并不包含"质料"概念,这里的原因不仅对于理解他的整个哲学体系是重要的,正如格雷厄姆(D. Graham)和克雷斯韦尔(M. J. Cresswell)所指出的,这是因为逻辑学中并未考虑、也未触及实体生灭这类变化的问题③,而且对于我们理解亚里士多德的"质料"概念本身也是重要的。我要强调的是:质料不是任何范畴的存在者;如果质料是某种存在者,而不是"非存在",那么它之所是并不是存在的诸范畴能够容纳和揭示的。

---

① 参看 D. Graham, *Aristotle's Two Systems*, Oxford: Clarendon Press, 1987, pp. 152-154。

② 参看 R. Dancy 对"质料"概念与"逻辑学"的关系的说明,"On Some of Aristotle's Second Thoughts about Substances: Matter", *The Philosophical Review*, Vol. 87, pp. 372-413。

③ D. Graham 指出,在《物理学》第一卷讨论变化,特别是讨论实体的生灭时,才出现了"质料"概念,参看"Aristotle's Discovery of Matter", *Archive der Geschichte der Philosophie*, Vol. 66, 1984, pp. 37-51。另外,参看 M. J. Cresswell, "The Ontological Status of Matter in Aristotle", *Theoria*, Vol. 56-58, 1990-1992, pp. 116-130。

事实上,质料的形而上学地位并不在存在的范畴划分中,"质料是什么"这一问题也不能由范畴之所是来回答。亚里士多德的"质料"概念并非常识的物体或物质概念,而是通过思虑发现的本体论上的概念。

存在不仅可以在范畴的意义上进行讨论,也可以在潜在性和现实性的意义上进行讨论。亚里士多德指出,有四种对"存在"的划分方式,在《形而上学》第五卷第七章中,他说:"'存在'意味着(1)偶然存在;(2)根据自身的存在……(3)某物是真的或假的……(4)潜在存在和现实存在"(1017a8-1017b9)。其中(2)又被分为十个范畴,这是《范畴篇》的主旨。偶然存在与真和假在讨论存在自身的问题上是次要的,因此亚里士多德重点讨论了(2)和(4)。《形而上学》Z(第七)卷被认为是对根据自身的存在者(per se beings)的研究,而 Θ(第九)卷的主题则是潜在存在和现实存在。

惠特(C. Witt)指出,潜在存在和现实存在与范畴是相互独立的、对存在之意义的不同划分,因而潜在性和现实性的区分可以应用于任何一个范畴。例如,不仅实体可以被分为潜在的实体和现实的实体,质可以是潜在的质或现实的质,量也可以是潜在的量或现实的量。为了区别这两种独立的存在的意义,惠特称范畴的划分为"存在的种类",而潜在性和现实性的划分为"存在的方式"。[①]我同意惠特的这个观点,并采用她的"存在的种类"和"存在的方式"的术语。

质料的形而上学地位不在"存在的种类"中,却在"存在的方式"中。质料不是存在的种类,而是存在的一种方式。因此,质料自身不是"这一个",也不是"质""量"或其他范畴(《形而上学》Z3,1029a21-22),而是潜在存在者,它与现实存在者相对应。所以,"质料是什么"和质料的定义问题必然与潜在性以及相应的现实性相关。

---

① C. Witt, *Ways of Being: Potentiality and Actuality in Aristotle's Metaphysics*, NY: Cornell University Press, 2003, pp. 2-3.

潜在性和现实性的区分是对"存在"的两种方式的区分,而不是对"非存在"和"存在"的区分。潜在存在者已是某物、某质或某量,它并非什么也不是。亚里士多德常用的例子是:某人拥有知识但并未运用知识时,他是潜在的知者,当他运用知识时,他是现实的知者;一位拥有建房技艺的人是潜在的建筑师,当他正在建房时,他是现实的建筑师。门恩(S. Menn)指出,"知者"和"建筑师"是亚里士多德解释潜在性和现实性之区分的重要例子,因为"拥有某一能力"和对"能力的运用"是亚里士多德最初的、也是从柏拉图那里继承来的对潜在性和现实性的理解,尽管这个区分在亚里士多德成熟的思想中有了更为丰富和深入的运用。①

亚里士多德在《形而上学》第五卷第七章对于潜在性和现实性的区分解释到:

> 我们既称潜在地看见又称现实地看见的人为"见者",同样,我们也称能思的和正在思考的人为"思者"……同样的,对实体而言,我们说赫尔墨斯在石头中,半条线段在一条线段中,还未成熟的东西我们称为种子。(《形而上学》,1017b3-7)

石头是潜在的赫尔墨斯,一条线段是潜在的半条线段,种子是潜在的植物。然而,这些例子并未清楚地说明潜在性和现实性的区分是什么以及它们各自应如何理解。亚里士多德紧接着指出,我们必须在别的地方来讨论某物什么时候是潜在存在者,什么时候不是(1017b8)。这个"别的地方"应当指《形而上学》Θ卷。在下面的几节和第七章中,我们将围绕Θ卷来讨论潜在性和现实性的区分及它们的意义。

---

① S. Menn, "The Origins of Aristotle's Concept of ἐνέργεια: ἐνέργεια and δύναμις", *Ancient Philosophy*, Vol. 14, 1994, pp. 73-113. 他认为,亚里士多德最开始对潜在性和现实性进行区分的模型是"能力的拥有"和"能力的运用",这体现在他的早期著作《劝勉篇》(*Protrepticus*)中,并且这是他从柏拉图的《欧叙德谟》和《泰阿泰德》中继承来的(参看 *Euthydemus* 280b5-282a6 以及 *Theaetetus* 197a81-b1)。

第二节 δύναμις的两种意义:力与潜在性

"潜在性"和"现实性"是亚里士多德哲学的一对基本概念,亚里士多德用它们来解释质料和形式的关系,定义变化概念、灵魂概念,解释感知、施动和被动的关系,理解可朽实体和永恒实体等等,但是他对这对概念详细的和独立的讨论是在《形而上学》Θ卷。因此,我们对于潜在性和现实性的分析和讨论将以Θ卷为基础,并且认为Θ卷提供了它们的"标准意义",尽管我们并不否定从其他文本中得到的结论,但是这些都将以Θ卷的分析为准绳。

亚里士多德在《形而上学》Θ卷第一章中说:

> 现在,我们要清楚地理解潜在性和现实性;首先是δύναμις,在这个词的最严格的意义上,尽管这个意义对我们目前的研究不那么有用。因为潜在性和现实性的意义延伸到变化的范围之外。当我们讨论了前一种意义上的δύναμις之后,我们将讨论现实性,此后另外意义的δύναμις也能解释了。(《形而上学》,1045b34-1046a3)①

这个开场白十分重要,但却令人费解。一方面,它宣称"δύναμις"有"两种意义",一种是最严格的意义,它与变化相关但对目前的研究不那么有用,另一种是延伸到变化之外的意义,并且对目前的研究更有用,但亚里士多德并未说明这个意义是什么。另一方面,它指出我们对

---

① 我依据 S. Makin 的英文翻译为中文。希腊文原文参看 1045b34-1046a3: διορίσωμεν καὶ περὶ δυνάμεως καὶ ἐντελεχείας, καὶ πρῶτον περὶ δυνάμεως ἣ λέγεται μὲν μάλιστα κυρίως, οὐ μὴν χρησιμωτάτη γέ ἐστι πρὸς ὃ βουλόμεθα νῦν. Ἐπὶ πλέον γάρ ἐστιν ἡ δύναμις καὶ ἡ ἐνέργεια τῶν μόνον λεγομένων κατὰ κίνησιν. Ἀλλ᾽ εἰπόντες περὶ ταύτης, ἐν τοῖς περὶ τῆς ἐνεργείας δηλώσομεν καὶ περὶ τῶν ἄλλων.

潜在性和现实性的研究要采用"间接路线"的策略,即先讨论严格意义的δύναμις,进而推进到"对我们目前的研究有用的意义"上。"Δύναμις"的严格意义在 Θ1 中得到了定义,它一般被称为"力"或"能力",我们将在下一节中分析它。但是,"对目前的研究有用"的"δύναμις"的意义是什么?这个意义与严格意义的δύναμις(即"力")是什么关系?以及亚里士多德为何要采用"间接路线"来解释潜在性和现实性?这些问题是相互关联的,它们是 Θ 卷中的核心问题,也是最具有争议的问题。

目前,亚里士多德学界对这几个问题的主流解释分为两派。一派认为 Θ 卷中的"δύναμις"有两种不同的意义:第一种意义是"力",它被定义为在其他物体中引起变化的本原,或者在自身之中引起他者方面(产生变化的本原)(1046a11),这是与变化有关的严格意义,它在 Θ 卷前五章中得到讨论;第二种意义是"潜在性",这是对存在的研究有用的、新的意义,在 Θ 卷的后半部分得到讨论。罗斯、博尼茨、查尔顿、门恩、科斯曼、惠特等人是这一派的代表。他们的共识是:"δύναμις"有两种不同的意义——"力"和"潜在性",但是他们的分歧在于"潜在性"自身应当如何理解,即它究竟是什么。我们先来考查这一派的意见和分歧。

罗斯认为"对目前的研究有用的δύναμις"的意义,即"潜在性",指的是"实体能够使自身进入到某种新状态的能力"——即自然。[1]然而,正如其他批评者(弗雷德、惠特、科德)指出的,罗斯对潜在性的这种理解是错误的,因为亚里士多德也把一块未成型的木头看作潜在的赫尔墨斯,但木头不能自己成为赫尔墨斯像。

博尼茨把"潜在性"看作"纯粹可能性"(弗雷德语)。然而,不仅"可能性"本身的意义非常含混,因为我们不明白亚里士多德究竟是在

---

[1] D. Ross, *Aristotle's Metaphysics*, Vol.1, Oxford: Clarendon Press, 1936, p.134.

哪种意义上说"可能性",而且他在 Θ7 中阐述的"潜在性"的意义明显比"可能性"狭窄得多,例如,土可能变成苏格拉底,但它却不是潜在的苏格拉底。艾德(H. Ide)指出,亚里士多德早在 Θ5 中讨论"理性的力"时就拒绝了将潜在性等同于可能性的观点。①

查尔顿和门恩也认为潜在性就是指可能性,但他们说的"可能性"并不等于逻辑上的纯粹可能性,惠特称之为"自然可能性"。查尔顿认为 Θ 卷前五章中讨论的是"能运用的力",而新的意义的"δύναμις"和"ἐνέργεια"是"可能存在"和"可能存在之实现"的区分。他用"画圈"和"画这个圈"来解释这个区分,即现实性是相应的潜在性的一个例示(instantiation),"画圈"是一种可能性,而"画这个圈"就是这个可能性的实现和一个例示。②

门恩追溯了亚里士多德的早期作品《劝勉篇》(Protrepticus)中的"δύναμις"和"ἔργον"的意义,他认为"能力"和"(能力的)运用"是这两个词的最初含义,也是后来它们在 Θ 卷中的严格意义,这个意义也是《论灵魂》中区分的第二潜在性和第二现实性。不过亚里士多德在《形而上学》中对这个词的严格意义进行了扩展,因而"δύναμις"的新意义是指一个实体的可能存在:即一个可能存在但尚未存在的实体是从拥有"力"的别的实体中产生的——从实体的质料因和动力因中产生的。③因此,对于门恩来说,Θ 卷的"变化范围之外的"、新意义的"δύναμις"与"ἐνέργεια"的区分是一个实体在它的质料因和动力因中的可能存在与已生成的实体之间的区分。

尽管查尔顿和门恩对于"δύναμις"作为"可能性"的理解不同于博

---

① H. Ide, "Dunamis in Metaphysics IX", Apeiron, Vol. 25, 1992, pp.1-26.

② W. Charlton, "Aristotle and the Uses of Actuality", Proceedings of the Boston Area Colloquium in Ancient Philosophy, Vol.5, 1991, pp.1-22.

③ S. Menn, "The Origins of Aristotle's Concept of Energeia: ἐνέργεια and δύναμις", Ancient Philosophy, Vol. 14, 1994, pp.73-114.

尼茨将潜在性理解为"纯粹可能性"。然而,"可能性"或"可能存在"之解释的困难却在于,亚里士多德在《形而上学》Θ5 中已经拒绝了将"δύναμις"的意义做模态上的理解。"可能性"是关于事态的,而"潜在性"是关于实体的存在方式的。我们将在下一节的分析中阐明"潜在性"不是"可能性"。

科斯曼认为,"δύναμις"的新意义(即"潜在性")是 Θ 卷第六章之后讨论的、与目的在自身之中的活动相关的"能力",因而这两种关于"δύναμις"的意义的区分对应于变化(κίνησις)与活动(ενέργεια)的区分。①在科斯曼看来,第二种意义的δύναμις"并不涉及变化,而是先验的、深层次的存在结构的一个方面:即存在的能力;借用《论灵魂》中的一句话来说,它一会儿是隐藏的,一会儿是显现的"。②因此,他认为未被运用的知识是"潜在性"的最明确的例子,当它被运用时,是显现的,未被运用时,就是隐藏的;《论灵魂》中提出的第二潜在性与第二现实性才是 Θ 卷探讨的目标,才是亚里士多德说的"对我们目前的研究有用"的意义。③因此,科斯曼认为这个意义上的潜在性和现实性——

---

① 有的学者(如 A. Code)也把这种区分称为"δύναμις for change"(变化的潜在性或变化的潜能)和"δύναμις for being"(存在的潜在性或存在的潜能),但 A. Code 自己是反对这种区分的。D. Ross 在讨论《物理学》第三卷第一章的变化定义时也把δύναμις区分为这两种,并认为变化定义中用的是前者。对 Ross 的反驳,参看 L. A. Kosman, "Aristotle's Definition of Motion", *Phronesis*, Vol. 14, 1969, pp. 40-62;以及 T. M. Penner, "Verbs and Identity of Actions—A Philosophical Exercise in the Interpretation of Aristotle", in *Ryle: A Collection of Essays*, O. P. Woods and G. Pitcher (ed.), New York: Doubleday, Anchor Books, 1970, pp. 390-460。

② L. A. Kosman, "Substance, Being, and *Energeia*", *Oxford Studies in Ancient Philosophy*, Vol. 2, 1984, pp. 121-149.

③ S. Menn 在这一点上的看法似乎恰恰与 L. A. Kosman 相反。他认为活动与能力是亚里士多德的"ενέργεια"和"δύναμις"的最初意义,而第二潜在性和第一现实性则是由最初意义衍生来的。因此对 S. Menn 来说,"能力"不可能是δύναμις在 Θ 卷中的新意义。同样的原因,他们在第六章中关于ενέργεια和δύναμις的对比例子的解释上也恰恰相反:S. Menn 认为后两对例子是新意义,而 L. A. Kosman 认为前三对例子是新意义。

即能力和活动——是同一个存在;潜在性在它的现实性中被保存,但与变化相关的潜在性却在变化中毁灭了。然而,问题在于科斯曼对于"δύναμις"的两种意义的理解取决于变化与活动的非此即彼的对立。如果 Θ 卷对潜在性和现实性的区分与变化和活动的区分无关,甚至变化和活动的对立并非亚里士多德在 Θ 卷的本意,那么将潜在性理解为仅仅与"活动"相关的"能力"就是错误的。正如伯恩耶特(M. F. Burnyeat)所证明的,将κίνησις与ενέργεια的非此即彼的对立"读入"Θ 卷是错误的。① 科斯曼发现按照他自己的解释,亚里士多德在 Θ6 的类比中提供的例子是"交错的",并且最困难的问题是如何解释"盖房子"这个典型的"变化"是"活动"。

惠特认为"潜在性"是存在的一种方式,它与"ενέργεια"作为存在的另一种方式相对应,它们是本体论上的一对概念。潜在者和现实者之间的关系是目的论上的依存关系,即潜在者"为了"现实者而存在;这个关系不是机械原因上的产生和被产生,也不能用力的性质分析(dispositional analysis)来解释,而是一个力在未运用时和运用时(即变化)的区分,是质料和实体的区分,是能力和活动的区分②,也是不成熟、不完善的实体和完善的实体的区分。

对 Θ 卷中的"δύναμις"意义的另一种解释以弗雷德等人为代表,他们认为在这里,"δύναμις"并非有两种完全不同的意义,并且"δύναμις"的所指也不是两个种类。"δύναμις"的新意义(弗雷德也称之为"潜在性")不是区别于"力"的另外的东西,而是对"力"的某种理解方式和使用方式;新意义的所指与"力"的所指是相同的。

弗雷德说:"这些不同种类的力能够用这种方式来理解:在类比的

---

① M. F. Burnyeat, "*Kinesis vs. Energeia*: A Much-Read Passage in but not of Aristotle's *Metaphysics*", *Oxford Studies in Ancient Philosophy*, Vol. 34, 2008, pp. 228-300.

② C. Witt 指出,κίνησις和ενέργεια的区分与潜在性和现实性的区分是不相关的,因此她避免了 L. A. Kosman 遇到的解释上的困难。

意义上,与相应的现实性相比,它们都使它们的承载者(bearer)获得了某种程度的现实性;只要我们这样来理解某个力,我们就是把它看作潜在性。"①因此,"潜在性"只是对各种"力"的一种新的使用方式,它的所指和意义包含了 Θ 卷前五章中讨论的与变化有关的各种力。在弗雷德看来,各种力之间的关系是"核心意义"的关系,即被动的力和自然是以"核心意义"的主动的力为基础的衍生,因此潜在性也是从主动的力这个"核心意义"中衍生来的。所以,他认为亚里士多德在 Θ 卷的前五章中就已经包含了对潜在性的讨论,前五章与后几章的关系是一个整体。惠特因此称弗雷德一派的解释为"整体论"。②

科德和弗雷德一样,认为潜在者之为潜在者是因为它是某种"力"或"自然"的承载者,Θ 卷讨论的 δύναμις 并非有两种不同意义和种类的区分。但他批评弗雷德,说他使潜在性成为"核心意义"——即"主动的力"——的衍生意义,但不同的潜在性之间的关系是类比性的。因此,科德认为前五章中讨论的"主动的力"和其他种类的力与第六章往后讨论的"自然"的关系是类比性的。③梅金(S. Makin)也采用了弗雷德的主张,并持有和科德相似的观点,他认为 Θ 卷前五章中讨论的、与变化有关的力与第六章之后讨论的潜在性是类比的关系,而这个类比由 Θ 卷第六章的两类例子,即"力与变化"和"质料与实体"得到指明。④

---

① M. Frede, "Aristotle's Notion of Potentiality in *Metaphysics* Theta", in *Unity, Identity, and Explanation in Aristotle's Metaphysics*, T. Scaltsas, D. Charles, M. L. Gill (ed.), Oxford: Oxford University Press, 1994, pp.174-193.

② C. Witt, *Ways of Being: Potentiality and Actuality in Aristotle's Metaphysics*, NY: Cornell University Press, 2003, p.11.

③ A. Code, "Changes, Powers, and Potentialities", in *Desires, Identity and Existence*, N. Reshotko (ed.), Kelowna, B.C.: Academic Printing and Publishing, 2003, pp.251-271.

④ S. Makin, *Aristotle's Metaphysics Book Theta*, Oxford: Clarendon Press, 2006, pp. 18-19.

贝赫(J. Beere)也采取了弗雷德的基本观点,不过他认为 Θ 卷前五章讨论的"力"与第六章之后讨论的"潜在性"有部分是重合的,亚里士多德在第六章之后把"力"的意义延伸到了"自然"和与(目的在自身之中的)活动相对应的"能力"的意义上去。潜在者就是各种力的承载者,他说:"所有种类的力,无论它具体是什么,都使得它的承载者成为潜在者。"①因此,力——包括核心意义上的和各种衍生意义上的——是某个潜在者之为潜在存在的基础和源泉。不过,贝赫强调说,只有当力的承载者拥有这些力但并未运用它们时,它才是潜在者。但是他仍然不能看到——力的承载者与潜在者是不同的本体论概念。

我们拒绝"整体论"的解释,而是认为"δύναμις"有两种不同的意义:力和潜在性。亚里士多德用名词"δύναμις"指称"力",而用"δύναμις"的"与格"作副词修饰系词分词的方式,即用"τὸ δυνάμει ὄν"指称"潜在性"。②我们属于第一派解释者的阵营,不过我们并不认为潜在性指的是自然、可能性或与活动相应的能力。潜在性是一种存在方式,但它究竟是怎样的一种存在方式呢?对这些问题的分析将是下面几节和第七章的工作。现在,我们拒绝"整体论"解释的理由包括如下几个方面。

首先,"整体论"者的解释存在不一致的地方。弗雷德强调说"潜在性"只是对"力"的某种使用方式,而并不指涉与"力"相区别的另一种对象,换言之,他认为"力"和"潜在性"是"δύναμις"一词的两种使用方式,但它们的所指(referent)是同一个对象。然而,弗雷德至少要承认"δύναμις"一词有两个"意义"——因为它有不同的用法,即便这

---

① J. Beere, *Doing and Being: An Interpretation of Aristotle's Metaphysics Theta*, Oxford: Oxford University Press, 2009, pp. 24-25.

② 参看 M. F. Burnyeat 对"δύναμις"和"τὸ δυνάμει ὄν"这两个词的使用的统计说明,亚里士多德试图用这两个术语来区分两种不同的意义。M. F. Burnyeat, *Notes on Books Eta and Theta of Aristotle's Metaphysics*, Oxford: Sub-faculty of Philosophy, 1979, p.49.

两个意义的所指是同一对象,但它们也是两种不同的用法。因此,"潜在性"是不同于"力"的另一种"意义"或"用法"。另一方面,科德和梅金认为"力"与"潜在性"的关系是类比性的,但这与他们的"整体论"立场相矛盾,因为"类比"的关系是最弱意义上的整体和统一体。若"潜在性"与"力"只在"类比"方式中具有统一性,那么前者就不可能是后者的某种使用方式。

其次,亚里士多德在 $\Theta 1$ 中定义了"核心意义"的"主动的力",即它是在其他物体中引起变化的本原,或者在自身之中引起他者方面(产生变化的本原)(1046a11)。其他种类的力以"主动的力"为核心而衍生,例如被动的力和阻挡被损坏的力。这里还有其他类型的划分,例如:理性的力和非理性的力;天生的力和后天获得的力,等等。无论力有多少种类,根据定义,它们有一个共同的特点:作用于他者或被他者作用。因此,力的运用必然要求"他者"的在场,而"潜在性"的实现却并不必然要求"他者"在场。例如:睡着的人,闭着眼睛的人和男孩都是潜在存在者,当他们由潜在者变成现实者时并不涉及"他者"。因此,"力"和"潜在性"不可能是等同的。

第三,"力"可以被认为是实体的某种性质,它属于"质"的范畴,而"潜在性"是一种存在方式。它们属于对"存在"意义的不同划分,彼此独立。我们已经在上一节中讨论过这一点。在《范畴篇》第八卷中,亚里士多德说:"另一种质是这样的,因为它,我们称某人为拳击手、长跑者或者健康的或者生病的——总之,我们因某一自然的能力或无能来称谓他……因为拥有某一自然的能力他可以轻松地做某事或不被影响"(9a14-19)。在这里,"力"或"能力"被认为是某种"质",但"潜在性"并不是"质"的范畴,而是在本体论上依赖于现实性的存在方式。惠特批评"整体论者"混淆了作为实体的性质和变化的机械原因的"力"和作为存在方式的"潜在性",因为潜在性并不满足"性质分析",

但力却是实体的某种性质。因此,"作为潜在的 X 并不等于作为某种力。"①力的承载者是潜在者并非因为它拥有的力,而是因为它与现实者在本体论和目的论上的关系。

第四,根据"整体论"的解释,潜在存在者就是"力的承载者",但这是不成立的。一方面,有些潜在存在者不是力的承载者,例如,亚里士多德认为"无限"是潜在存在者,但它显然不是某种力的承载者,也许有人会说"能被无限分割的东西"拥有被分割的能力,但被分割的东西自身并不是"无限"。"无限"处在分割的进程中,它不可能是力的承载者。类似地,"虚空"也被称为潜在存在者,它也不可能是力的承载者。另一方面,有些力的承载者不是潜在存在者。当一位建筑师正在盖房子时,他是现实存在者,但他并未丧失"盖房子的能力",即他仍旧是力的承载者。不动的动者当然有能力推动别的实体,但他自身绝不是潜在存在者。将"力的承载者"与"潜在存在者"相等同的做法使得弗雷德错误地认为,砖石在现实地构成房子之后仍然是潜在的房子,因为它们仍然保留和承载着与建造之前相同的"力"。②然而,亚里士多德说:"现实性作为某物的存在方式不是我们说的潜在性"(1048a31)。当砖石已经构成房子时,它们就是现实的房子,这时说它也是潜在的房子,就是矛盾的。因为,当砖石构成房子时,它仍旧保留着建造之前的某些能力,但它已经失去了潜在者的本体论意义。潜在者之为潜在者并非因为它是力的承载者,而是因为它在本体论中与现实者的关系。"整体论"者的这个错误在我们下面的分析中会看得更清楚。

---

① C. Witt, *Ways of Being: Potentiality and Actuality in Aristotle's Metaphysics*, NY: Cornell University Press, 2003, p.48.

② M. Frede, "Aristotle's Notion of Potentiality in *Metaphysics* Theta", in *Unity, Identity, and Explanation in Aristotle's Metaphysics*, T. Scaltsas, D. Charles, M. L. Gill (ed.), Oxford: Oxford University Press, 1994, pp.174-193.

第三节　力、可能性与潜在性

单单说"δύναμις"有两种不同的意义——即"力"和"潜在性"——是远远不够的。对于亚里士多德而言,"力"应当如何被理解?"潜在性"作为一种存在方式又应当如何被理解?"力"和"潜在性"的关系是什么?它们的关系问题又涉及 Θ 卷的"间接路线"策略。所有认为"δύναμις"具有两种不同意义的解释者都面临这个问题:亚里士多德为什么要用半卷的篇幅来讨论"力"的问题,而它却并非是对存在的研究有用的意义?惠特指出,未运用的力与它的运用是潜在性和现实性的核心例子,因此对力的讨论能够帮助我们理解"潜在性"和"现实性"这对本体论概念。①力和力的运用是潜在性和现实性的一个例示,这在《形而上学》Θ6 中被指明了。惠特的看法没错,但是她的解释是不充分的。我们将会看到,力和力的运用只有在某种本体论视野下才是潜在性和现实性。在这一节中,我们来分析亚里士多德在 Θ 卷中有关"力"的讨论以及与之相关的"可能性"问题。

在《形而上学》Θ1 中"核心意义"上的"力"被定义为:在其他物体中引起变化的本原,或者,在自身之中引起他者方面(产生变化的本原)(1046a11)。因此,核心意义的力又被称为主动的力。其他种类的力的意义是从这个意义中衍生来的,主要包括被动的力,阻挡被损坏的力,出色地做某事的能力以及这些力的"缺失"——即"无能力"。这些力以"主动的力"为核心形成了"核心意义家族"。与这个分类相独立,亚里士多德在 Θ2 中又区分了"理性的力"和"非理性的力",前者存在于灵魂的理性部分中,它能够产生截然相反的两种运动,例如,医术既

---

① C. Witt, *Ways of Being: Potentiality and Actuality in Aristotle's Metaphysics*, NY: Cornell University Press, 2003, p.7.

能治病亦能杀人;后者与理性灵魂无关,它只能产生一种运动,例如,火只能加热物体却不能使其冷却。所有的实用技艺和科学都是理性的力(1046b3)。此外,亚里士多德还区分了"天生的力"和"后天获得的力",前者是在我们出生时就拥有的,例如感知(能力),后者是通过学习和训练得到的,例如建房子的技艺。亚里士多德对力的这三种区分采取了不同的标准,因此它们彼此独立,不能相互划归。理性的力既可以是主动的力,例如建房子的技艺,也可以是被动的力,例如学习一门外语的能力(被训练的能力)。后天获得的力既可以是主动的,例如演奏钢琴,也可以是被动的,例如拳击手通过训练获得的更好的承受击打的能力。①

《形而上学》Θ3 和 Θ4 两章有时被认为是"插入"这一卷的,因为这两章的内容突然从对"力"的讨论转换到对"可能性"的研究。这给读者这样一种印象:力的承载者,即"有能力者"似乎是"可能者"。尽管这种语词上的联系在汉语中并不明显(或者它们都是"能者"),但在希腊语中,"τὸ δύνατον"(即"力的承载者"或"有能力者")与"δύνατον"(即"可能的")有着相同的词根。有人认为亚里士多德正是在"力的承载者"作为"可能性"的模态意义上(即可能的)对麦加拉学派提出第四个反驳论证的。②然而,将"力的承载者"看作"可能者"在 Θ 卷中得不到前后一致的解释,特别在 Θ5 中讨论力的运用时,亚里

---

① W. Charlton 试图将力划分为"质料的力"和"形式的力",前者对应于被动的力和非理性的力,而后者对应于主动的力和理性的力。然而,这是不能被接受的,不仅因为亚里士多德并未作出"质料的力"与"形式的力"的区分,更因为 Charlton 对力的分类理解是错误的。参看 William Charlton, "Aristotelian Powers", *Phronesis*, Vol. 32, 1987, pp. 277-289。

② 参看 C. Witt 对麦加拉学派的反驳论证的解释。*Ways of Being: Potentiality and Actuality in Aristotle's Metaphysics*, NY: Cornell University Press, 2003, pp. 28-30. 另外 H. Ide 认为在亚里士多德对麦加拉学派的第四个反驳论证中,"力的承载者"预设了"可能性"的模态意义。H. Ide, "*Dunamis in Metaphysics IX*", *Apeiron*, Vol. 25, 1992, pp. 1-26.

士多德指出"有能力者"和"可能者"并不相互蕴含。艾德解释说,这正是亚里士多德采取的辩证道路,他在早期将"有能力者"和"可能性"等同起来,例如《论天》《物理学》第六卷和《解释篇》第十二至十三章都坚持这个观点,但他在后期将二者区分出来,这特别体现在《形而上学》Θ5 中;而在 Θ3 中,他要让读者追随他的辩证道路,因此 Θ3 的论证包含着"有能力者"对"可能性"的预设。①

然而,艾德的解释并未令人满意,在 Θ3 中"有能力者"与"可能者"并不能相互预设。"有能力者"并未蕴含"可能性"的模态意义。亚里士多德对麦加拉学派的第四个反驳论证并不需要将"有能力者"看作"可能者"。梅金指出,麦加拉学派所持有的"只有当某物正在做某事的时候,它才能做,而当它不做某事时,它就不能做"这一观点可以同时是对"未运用的力"和"未实现的可能性"的否定。但是亚里士多德的第四个反驳论证针对的是"顽固的麦加拉派",他使用"可能性"和"不可能性"这些模态概念,但并不涉及"力"的概念。②因此,在第四个反驳中"不能做"是指"不可能";如果它"不可能做某事",那么这事绝不会发生,因此麦加拉学派取消了一切变化和生成。我们不必认为在 Θ3 中"有能力者"预设了"可能性"的模态意义,第四个反驳论证只针对"未实现的可能性"。"有能力的"和"可能的"相互预设的观点正是亚里士多德在 Θ 卷中要反对的。

亚里士多德对麦加拉学派的反驳共有四个论证,对这些论证的解

---

① 对亚里士多德的"可能性"和"力的承载者"的关系的讨论,参看 C. A. Freeland, "Aristotle on Possibilities and Capacities", *Ancient Philosophy*, Vol. 6, 1986, pp. 69-89。

② 参看 S. Makin 对亚里士多德反驳麦加拉学派的论证的解释。S. Makin, *Aristotle's Metaphysics Book Theta*, Oxford: Clarendon Press, 2006, p. 69.

释和对麦加拉学派的观点的理解非常复杂而富有争议。①鉴于本文的目的以及上面对第四个论证的简要讨论,我们只对前三个论证作简要的分析。首先,我们同意梅金、惠特和贝赫的解读,认为前三个反驳论证中的观点是关于"力"的,而不是"可能性"或"能句子"的模态意义。②亚里士多德的第一个反驳论证以建筑技艺为例,他说:"我们并不难看到麦加拉学派的观点的荒谬性,例如,一个人不在盖房子的时候,他就不是建筑师(因为建筑师是能盖房子的人),对于其他的技艺都是如此。因此,这些技艺必须是通过学习而在某个时间获得的,后来在某个时间因为某种原因(遗忘或某种不幸)而失去的"(1046b34-1047a2)。麦加拉学派的观点解释不了能力的获得或失去,在他们看来,这种能力在运用时就存在,不运用时就不存在。因此,他们不承认存在着"未运用的力",而是认为所有的力都是与运用或变化共生的。③然而,亚里士多德指出,力和它的运用是可以分离的,力是实体的持续的性质,它的存在并不依赖于变化的存在。在第二个反驳论证中,亚里士多德指出,麦加拉学派具有普罗泰戈拉式的相对主义倾向。他说:"若物体不被感知,则冷的东西、热的东西、甜的东西和一切可感对象都不存在。因此,他们的观点(麦加拉学派)也是普罗泰戈拉的"(1047a5-6)。第三个反驳论证关注的是感知者,亚里士多德说:"如果他并非正在进行感知活动,那么他就没有知觉能力……那么,一个人在一天之内会变成瞎子和聋子很多次"(1047a8-10)。这两个论证的核心

---

① M. F. Burnyeat 指出,关于亚里士多德在 Θ3 开头对麦加拉学派观点的陈述有 6 种解读方式。参看 *Notes on Book Eta and Theta of Aristotle's Metaphysics*, Oxford: Sub-faculty of Philosophy, 1979, pp. 59-61。

② J. Beere, *Doing and Being: An Interpretation of Aristotle's Metaphysics Theta*, Oxford: Oxford University Press, 2009, p. 94.

③ C. Witt 称这是麦加拉学派对于"潜在性"的否定,而亚里士多德批判麦加拉学派的目的正是要捍卫"潜在性"之存在。参看 C. Witt, *Ways of Being: Potentiality and Actuality in Aristotle's Metaphysics*, NY: Cornell University Press, 2003, p. 18。

是:知觉能力的存在——无论是感知者的能力还是可感对象的存在——并不取决于感知活动是否正在进行。我认为亚里士多德从批判麦加拉学派的过程中得到的一个重要洞见是:力的存在与否并不取决于由其产生的变化的存在与否。

那么,亚里士多德何以认为"有能力的"并不是"可能的"? 力是实体的持续的性质,这一点在他对麦加拉学派的批判中表达得非常明确,而"可能性"是指某种事态。尽管"可能的"和"有能力的"具有相同的希腊语词根,但在《形而上学》第五卷第十二章中,亚里士多德已经将二者区分开来,他指出我们讨论"力"和"无力"的问题时与"可能"和"不可能"并非在同一个意义上(1019b23-24)。在 Θ 卷的开篇,他也指出我们并不在"可能性"的意义上讨论"力"或"潜在性"(1046a7-8)。"有能力的"并不等于"可能的"。另一方面,"力"在某种意义上是潜在性的一个典型示例,所以"潜在的"也不可能是"可能的"。因此,把"有能力的"或"潜在的"解释为"可能的"是行不通的。

我们来考虑几个例子。试想我并没有弹奏钢琴的能力,但是在偶然间我触动了那几个键,演奏出了贝多芬的命运交响曲。因此,我演奏了贝多芬的钢琴曲——这是"可能的",尽管我没有"能力"演奏。又试想,一位建筑师有能力盖一栋冰房子,但是他找不到合适的和足够的冰块。因此,对他而言,盖冰房是"不可能的"①,但他却"有能力"盖冰房子。所以,"有能力的"并不蕴含"可能的",而"可能的"也不蕴含"有能力的"。

亚里士多德将这二者进行区分的原因或许是,"力"是某种能够解释变化或运动的原因(亚里士多德称"力"是变化的本原 ἀρχή),但是

---

① 我并非在模态逻辑中的"可能世界"语义学中考虑这里的"可能",亚里士多德没有考虑过"可能世界"的语义,"可能的"只是限定于我们所处的这个世界,因此有些学者把亚里士多德的模态意义称为"自然可能性"。

并非所有的变化都能用"力"来解释。有些变化只是"偶然地"发生;它是"可能"发生的但并不是由"力"引起的。所以,对于这些偶然的变化,我们解释不了它们发生的原因。但是,我们如何区分某一变化是偶然地发生的,还是由力引起的呢?

亚里士多德在 Θ5 中讨论力的运用时提供了这个问题的答案。由于理性的力和非理性的力在作用方式上的不同,即理性的力能够产生截然相反的两种结果,而非理性的力只产生一种结果,亚里士多德分别给出了两个说明。对于非理性的力和它的运用,我们称为"说明 1",对于理性的力和它的运用,我们称为"说明 2"。

说明 1:当施动者和受动者彼此接近以至于能够作用时,施动者必然作用而受动者必然被作用。

说明 2:当施动者和受动者彼此接近以至于能够作用时,并且施动者选择和决定如此作用时,施动者必然作用而受动者必然被作用。

对于这两个说明有大量延伸的讨论,例如,有人认为第二个说明证实了亚里士多德的"自愿行为"理论。[①]在这里我们不分析这些方面,只关注这两个说明所传达的力与力的运用之间的关系。

从这两个说明中,我们看到,当满足一定条件时,无论是理性的力还是非理性的力都"必然"引起变化和运动。而这里的"条件"是:对于非理性的力,当施动者和受动者彼此接近以至于能够作用;对于理性的力,当施动者和受动者彼此接近以至于能够作用,并且施动者选择和决定如此作用。不难看出,如果某一变化是由力引起的,那么在绝大多数情况下,我们能在相同的条件和环境中观察到相同的变化(必然作用和必然被作用)。换言之,在相同的条件和环境中,由力引起的变化是可重复的,而偶然发生的变化是不可重复的。如果我今天只是偶然地

---

① 参看 C. A. Freeland, "Aristotle on Possibilities and Capacities", *Ancient Philosophy*, Vol. 6, 1986, pp. 69-89。

演奏出了贝多芬的钢琴曲,即便明天在相同的环境中我大概弹不出这曲子了。但是一位技艺高超的建筑师,只要条件允许,她就能重复建房子这一活动。

有人发现,在解释这两个说明时,"以至于能够作用"这个词组的意义令人费解。亚里士多德在这两个说明的前几行中说:"有能力者是指在某时,以某种方式以及在一些必要的限制因素下,有能力做某事"(1048a1-2)。如果把这个句子理解为在这些特殊的限制下某物才拥有某种能力,那么就可能与亚里士多德的观点相冲突,而与麦加拉学派的观点相兼容,即当某物正在做某事的情形下,它才拥有这种能力。所以梅金指出,我们应当把这些限制看作对某一能力之内容的规定,而不是在这些限制下这种能力才存在。换言之,这些条件限制了某种能力的内容是什么,它涉及的时间、方式和其他的因素。①例如,火的燃烧的能力是"在某个时间内,有易燃物靠近,没有强劲的风,也不下雨等等情况下引起物体燃烧"的原因。对这些具体因素的确定是经验和科学的工作,我们把规定某种能力之内容的这些因素称为"理想环境"。因此,"以至于能够作用"应当被理解为在理想环境中的力的运用。这一理解能够很好地解释 Θ5 结尾处的句子,在那里,亚里士多德说:"(在这两个说明中)没有必要加上没有外部因素阻止力(的运用)"(1048a16)。力是在"理想环境"中得到其内容的规定的,它是在理想环境中得到运用的,因此已经排除了外部因素的阻碍。

所以,对于力和力的运用关系而言,在"理想环境"中,当施动者和受动者彼此接近时,变化必然产生。倘若变化不是由力引起的,而是由于某种偶然,那么在相同的理想环境中,变化并不必然产生,而很可能不产生。我们要强调的正是力和变化的这种"必然关系"。亚里士多

---

① S. Makin, *Aristotle's Metaphysics Book Theta*, Oxford: Clarendon Press, 2006, pp. 102-103.

德反对麦加拉学派,认为力的存在并不取决于变化的存在,但是如果这变化不是偶然发生的,并且发生在理想环境中,那么变化的存在必然预设了力的存在。当然,不在理想环境中时,变化可能被阻止,也可能以扭曲的方式产生;但是即便变化被阻止了,力也仍然存在。

从以上的分析中,我们得出亚里士多德在 Θ 卷中讨论的"力"的几点总结:首先,力的作用或被作用要求另一个物体在场。其次,力是实体的持续的性质,"有能力做某事"并不等于"可能做某事",即"有能力的"与"可能的"并不相互蕴含。第三,力是解释变化发生的原因。第四,在理想环境中,力必然引起相应的变化。

第三点和第四点对于我们理解力与潜在性的关系是至关重要的:即力与潜在性在哪些方面相似,又在哪些方面不同。我们已经指出"力"和"潜在性"是不同的概念,但亚里士多德的"间接路线"策略表明它们具有紧密的联系。一方面,潜在性和现实性的关系是力和它引起的变化之关系的反转。现实性和潜在性的关系是"自上而下"的,因为潜在性在本体论上依赖于现实性,这也是亚里士多德在 Θ 卷中先讨论现实性然后讨论潜在性的原因。只有理解了本体论上具有优先性的东西之后,才有可能理解依赖于它的东西,这一点恰恰符合 Θ 卷开篇申明的结构顺序,即先讨论"力"和它的运用,再研究"现实性"概念,继而研究"潜在性"概念。然而,力和变化的关系是"自下而上"的,因为力的存在不取决于变化的存在,相反,它是引起变化的原因;在理想环境中,变化的存在预设了力的存在。另一方面,力与变化在理想环境中的"必然关系"揭示了潜在性和现实性的某种本体论上的关联,即在理想环境中,现实性必然"来自"于潜在性,它是潜在性的必然结果和目的。所以,力和变化作为潜在性和现实性的示例,并不是在力作为变化的解释原因的视野下得到的,而是在变化作为力的必然结果和力"为了"变化而存在的视野下得到的,这种视野是目的论的。如果说力和变化(力的运用)是潜在性和现实性的一种典型例子,那么我们并不是在一种机械论的或非目的论的关系中来理解它们的,而是在一种目的论的关系中来理解的。

第四节　潜在者在存在上的双重性

我们已经指出"力"和"潜在性"是两个不同的概念,并分析了《形而上学》Θ卷的前几章对力和力的运用的讨论。现在我们来探讨"潜在性"概念,即作为一种存在方式,它有哪些形而上学意义和本质特征?在这里,我们认为潜在者具有存在上的双重性,我的意思是:潜在者在一种意义上存在,在另一种意义上不存在。

潜在性和现实性是某一存在者的两种"存在的方式",它们独立于和区别于以范畴划分的"存在的种类"。并且"存在的方式"可以应用到不同的范畴上,亚里士多德常说"潜在的赫尔墨斯"和"现实的赫尔墨斯","潜在的白"和"现实的白"。因此,我们用F表示某一范畴的存在者,而潜在的F与现实的F是F的两种存在方式。

潜在者和现实者的区分是存在者之间的区分,而不是非存在与存在的区分。潜在的F是某个存在者,而不是非存在,例如,潜在的赫尔墨斯是这块木头,而潜在的房子是这些砖石。潜在的F作为F的一种存在方式,它自身是某种程度的F而不是非存在。因此,我们说潜在者"存在",即潜在者是这个特定的存在者的一种存在方式。

当然,木头作为木头以及砖石作为砖石(它们自身是现实者)并不是潜在者,而是木头"作为某种方式的赫尔墨斯"和砖石"作为某种方式的房子"才是潜在者。因此,我们说潜在者"存在"并不是说它作为木头或砖石的存在,而是说它作为某种方式和程度的赫尔墨斯或房子的存在。对于某个存在者F而言,潜在的F已经意味着F的存在,尽管它尚未是完备的存在。

然而,潜在的F与现实的F的一个差别是:潜在的F不是绝对意上的F,只有现实的F才能无条件地被称为F。换言之,潜在的F"不是"绝对的F,现实的F才是绝对的F。因此,潜在的F不是现实的F,潜在者和现实者是相互排斥的,它们不能同时存在。亚里士多德说:"现实性作为某物的存在方式不是我们说的潜在性"(1048a31)。若某物是潜在的F,那么它就不能同时是现实的F;同一个对象不能在相同的时间和相同的方面既是潜在者又是现实者。潜在性自身是对现实性的否定,即它"不是"现实性。只有现实者才是真正意义上的"存在者",即"完备的存在者"。因此,亚里士多德说:"潜在者属于不存在的范围,它们不存在因为它们是不完备的(εντελέχεια)"(1047b1-2)。因此,在这个意义上,我们说潜在者"不存在",因为它"不是"现实者或完备的存在者。

说潜在者既存在又不存在似乎违背了逻辑中的矛盾律。但是,F的本质和名称只有运用在现实的F上才是绝对的和无条件的,而只在较弱的某种程度上以某种方式运用于潜在的F。我们说潜在的F"不存在"是指它"不是完全的存在"和绝对的存在,而只是较弱程度的存在。亚里士多德似乎承认存在自身在强弱程度上的区分[①],但他强调说只有最强程度的存在者是绝对的存在,也是本体上的优先存在者。潜在者是较弱程度的存在者,因为它是不完备的;与现实者相比,它是某种"不存在"。因此,我们说潜在者既存在又不存在并未违背逻辑规律,因为它在不同的意义上、以不同的标准而成为存在者和不存在者。作为"存在",潜在者是某个存在者;作为"不存在",潜在者不是现实者

---

① 亚里士多德究竟是否认为存在自身有强弱程度上的区分?从《范畴篇》和《形而上学》中我们似乎得到相反的观点。在《范畴篇》他说:"实体并不包含程度的多少。我并不认为一个实体比起另一个来更是实体"(3b34)。但在《形而上学》中,特别是对潜在性、现实性以及变化的讨论显示出他承认存在有着不同程度。对这个问题的讨论,以及这里是否涉及亚里士多德后期思想对早期思想的否定,参看 D. Graham, *Aristotle's Two Systems*, Oxford: Clarendon Press, 1987, p. 206。

和完备的存在者。所以,我们说潜在者具有存在上的双重性:它既存在又不存在。①

正因为潜在者在某种意义上"不存在",亚里士多德才说潜在者是不确定的。正如贝赫指出的:"潜在性是不确定的,至少其部分原因是,在某种意义上潜在性并非是其所是:即在某种意义上,潜在的人还尚未成为人。"②

潜在者在存在上的双重性使亚里士多德能够解答《物理学》第一卷中提出的变化和生成的难题。这是亚里士多德之前的自然哲学家们,特别是爱利亚学派面临的难题。在《物理学》第一卷第八章中,亚里士多德提供了对这个问题的第一个解决方案,我们在本书的第三章中对此做出了评论。此后,他指出这个难题还有第二种解决方式,他说:"另一条解决问题的方式在于,指明同一个东西既能说成是潜在的又能说成是现实的"(191b28-29)。除了这句话,亚里士多德并未单独讨论过如何用潜在性和现实性来解决变化和生成的难题,我们在这里提供一种可能的解释。

先来回顾一下这个关于变化(特别是实体的生成)的难题。爱利亚学派否认变化之存在,因为变化要么是从"无"而来,要么是从"有"而来,但是这两种情况都不可能。如果某物是从无而来,那么变化就是

---

① 柏拉图在《智者篇》中讨论到某物 G"不是"另一物 F,因此对某物我们既可以说它存在,例如它是 G,又可以说它不存在,例如它不是 F。然而,潜在者在存在上的双重性不同于此:某一潜在者既是 F 又不是 F,潜在者的存在或不存在是相对于同一个东西之存在来说的。另外,对于亚里士多德的潜在者在存在上的双重性的理解,参看 J. Johnson 的观点。他比较了亚里士多德的质料概念与德谟克利特和柏拉图的差异,并指出亚氏的质料既不像德谟克利特的那样是完全的存在,又不像柏拉图的那样是非存在。J. Johnson, "Three Meanings of Matter: Democritus, Plato and Aristotle", *Journal of the History of Ideas*, Vol. 28, No. 1, 1967, pp. 3-16.

② J. Beere, *Doing and Being: An Interpretation of Aristotle's Metaphysics Theta*, Oxford: Oxford University Press, 2009, pp. 235-236.

"无中生有";而如果某物是从有而来,那么变化就是"有中生有"——但已不是变化或生成了。亚里士多德总结爱利亚派的观点说:"所以,他们说没有什么东西生成或毁灭,因为被生成的东西要么是从'非存在'而来,要么从'存在'而来。但两者都不可能。因为'存在'(what is)已经是某物——它不可能生成(它自己),'非存在'(what is not)不是某物——从它不可能生成别的东西"(《物理学》,191a27-30)。亚里士多德认为爱利亚学派的困境在于,他们不能看到变化在某种意义上既是"无中生有",即某物从不存在者而来,亦是"有中生有",即它也从存在者而来。因此,解决这个难题的关键在于指出变化的起点在一种意义上是存在的,在另一种意义上又是不存在的。

《物理学》第一卷第八章的这个句子"同一个东西既能说成是潜在的又能说成是现实的"(191b28-29)应当被理解为:某个存在者 F 有两种存在方式,潜在的 F 和现实的 F。例如,荷马像既可以是这个现实的雕像也可以是在木头中的、潜在的雕像,苏格拉底既可以是这个成年人也可以是作为胚胎的苏格拉底。那么,如何用潜在性和现实性来解决变化和生成的难题呢?这里涉及变化的一般结构。

这个一般结构在《物理学》第一卷第七章中讨论变化的三本原时已经得以揭示。亚里士多德说:"从我们所讨论的内容来看,生成者总是复杂的。一方面是所成者,另一方面是变化者——后者有两个意义,一是基体,一是缺失。"(《物理学》,190b12-13)。因此,所有可感实体都是从基体和缺失而生成的,基体和缺失是生成的起点,而一个具体的实体是生成过程的终点。《形而上学》Z 卷 7-9 章和 H 卷突出了这个结构。亚里士多德说:"所有被生成的东西,都是因某物而生成,从某物而来,并且成为某物"(1032a13-14)。我们把变化的一般结构归纳为:变化从某物开始,以某物为原因,以变成某物为结果。

这个结构也能由潜在者和现实者来反映。变化的起点是潜在者,而变化的结果是现实者。亚里士多德说:"现实者总是从潜在者而来,并以某个现实者为原因"(1049b24-25)。现实的 F 从潜在的 F 生成,例如,现实的赫尔墨斯从潜在的赫尔墨斯生成,苏格拉底从苏格拉底的胚胎生成。因此,潜在者是变化的起点。

因为潜在者具有存在上的双重性,我们可以说变化的起点既是存在者又不是不存在者;因此变化既是从"存在"开始的,即"有中生有",又是从"不存在"开始的,即"无中生有"。具体而言,"有中生有"是说作为变化结果的现实的 F 从"较弱程度的 F"而来,而"无中生有"是说现实的或完备的 F 从"不完备的 F"而来。①然而,"不完备的 F"同时也是"较弱程度的 F",变化既包含了"无中生有"的方面也包含着"有中生有"的方面。我们将在第七章中讨论变化自身的这种双重性。

潜在者具有的存在上的双重性是它在本体论上的独特意义,我们对于"潜在性"概念的正确理解必须注意"存在"和"不存在"两方面,否则对它的理解就是偏颇的,甚至是错误的。沃特洛(S. Waterlow)在分析亚里士多德的变化定义时强调了潜在者之"不存在"的方面,她指出潜在者作为变化的主体在本质上是一种缺失或否定的状态,正因为这种"否定"的特征,变化自身是"自我毁灭"的。②她的分析部分正确,但是说变化自身是对变化主体之否定状态的"显现"并不符合亚里士多德的本意。毕竟,亚里士多德说变化自身是某种现实性或完备性(εντελέχεια)。"否定状态的显现或扩大"如何能称为完备性或完善呢? 惠特则强调了潜在者之"存在"的方面,她认为潜在者作为"较弱

---

① Sean Kelsey 指出,亚里士多德对变化难题的两种解决方式是互补的,《物理学》第一卷第八章提供的第一种方案是在"偶然的"或"有限制的"意义上说变化既是从"不存在"又是从"存在"开始的,而从潜在性和现实性角度提供的解释是在"必然的"或"无限制的"意义上。参看他对这两个方案的解释以及他对变化难题的重新诠释。尽管我并不完全赞同他的解释,但是他对这两个方案的解释是出色的。"Aristotle Phyics I. 8", *Phronesis*, Vol 51, 2006, pp. 330-363.

② Sarah Waterlow, *Nature, Change and Agency*, Oxford: Clarendon Press, 1982, pp. 105-119.

程度的实体"能够解决潜在者的自身同一性问题。例如,我们能判定婴儿和种子的本质是人和橡树吗?如果不能,那它们是什么呢?她指出,"不成熟的实体缺少判定它们的自身同一性(identity)的原则,但是它们的自身同一性与成熟实体相联系。一个男孩是潜在的人。"①她正确地指出男孩之本质是人,但是男孩的本质或自身同一性并不仅仅由"人"之本质规定,还包含否定的方面,即他以某种否定的方式是成年人。

我认为潜在者在存在上的双重性是促使亚里士多德单独讨论"某物何时是潜在的F"这个问题的一个动机。潜在的F是"非现实的F",但并非所有"非现实的F"都是潜在的F,因为潜在的F已经以某种方式是F。所以,我们需要明确的标准来判断哪些"非F"是潜在的F。

第五节 潜在者对目的的指向

我们已经指出潜在者具有存在上的双重性:潜在的F不是现实的F,但它以某种方式是F。那么潜在的F究竟以什么方式是F呢?亚里士多德在《形而上学》Θ7的前半章中给出了判定潜在者的两个标准,我们将从这两个标准中看到一个潜在者具有一个特定的、对目的的指向,这是潜在者的一个本质特征。

《形而上学》Θ7以这样一个问题开篇,亚里士多德说:

> 我们必须确定某物何时是潜在存在者,何时不是。因为它并非在任何时候都是潜在存在者。例如,土是潜在的人吗?或者不是,而是当它已经成了精子(才是),或者到那时也还不是。(《形而上学》,1049a1-3)

---

① C. Witt, *Ways of Being: Potentiality and Actuality in Aristotle's Metaphysics*, NY: Cornell University Press, 2003, pp. 83-84.

这里的第一个问句本身就值得我们关注,对于"Πότε δὲ δυνάμει ἔστιν ἕκαστον καὶ πότε οὔ, διοριστέον"这个句子的理解关系到我们如何理解"潜在性"概念。在这里,"ἔστιν"应该读为"系词"(谓述),这比读为"存在"更好,因为这里说"某物潜在地是另一物",这是主谓结构。而且这个例子也显示出"ἔστιν"是在系词的意义上使用的,例如,X"是"潜在的人。所以这个问题是:X 在何时是潜在的 F,在何时不是? S. 梅金称这种情况为"二元项"的潜在性,即有两个变元:X 和 F,"X 是潜在的 F"。①

有些学者认为"X 在何时是潜在的 F"这个问题考虑的是某物作为潜在者的条件和构成,或者"X 是潜在的 F"这个命题的真值条件。例如梅金说:"这一章以这样一个问题的陈述开头:某物在什么条件下是潜在者?"②弗雷德也持有相同的观点。他们的看法并不全错,但他们都忽视了亚里士多德在这个问题中的微妙意图,并掩盖了潜在者与变化的内在联系。我们必须注意到亚里士多德用了一连串的时间副词:何时、已经、那时;这个问题考虑的是涉及时间的一个过程或变化的各个阶段。即便"何时"(πότε)可以被抽象地理解为"条件",但"已经"(ἤδη)、"那时"(τότε)却无法如此来理解。贝赫极富洞见地指出实体生成的过程是 Θ7 的讨论所预设的背景。③为了论证的简洁,我们将局限于讨论实体的生成与毁灭,当然,这些论证对非实体的变化也一样适用。如果 F 表示实体范畴,那么这个问题本身是关于实体的生成过程的,它问的是:在这个变化过程中,哪些东西是潜在的实体? 哪些不是?

这个问题显示了潜在者与变化,特别是与实体生灭的内在关系。只有当一个实体能够生成和毁灭时,才存在相应的潜在者,如果这个实

---

① S. Makin, *Aristotle's Metaphysics Book Theta*, Oxford: Clarendon Press, 2006, p. 156.
② *Ibid*, p. 157.
③ J. Beere, *Doing and Being: An Interpretation of Aristotle's Metaphysics Theta*, Oxford: Oxford University Press, 2009, p. 237.

体既不能生成也不能毁灭,那么就不存在相应的潜在者。所以,永恒实体是现实者,而绝对不可能有潜在的永恒实体。

那么,在实体 F 的生成过程中,我们如何确定某物 X 何时是潜在的 F 呢?"土"(土元素)属于人的生成过程,但"土"是潜在的人吗? 亚里士多德给出了判定潜在者的两个标准。

标准 1:X 是潜在的 F,当且仅当,X 被工匠选中,并且没有外部因素阻止,并且 X 必然将会变成 F。

标准 2:X 是潜在的 F,当且仅当,没有外部因素阻止,并且 X 必然将会自己变成 F。

关于这两个标准的表述我参照了贝赫的解释,并适当修改了他对于这两个标准的表达。①亚里士多德用"潜在的房子"来解释标准 1,他说:"类似地,潜在的房子存在,如果在受作用的东西之中,即质料中,没有什么阻止它变成房子,即如果没有什么是要被添加的或消除的或改变的;这时它就是潜在的房子"(1049a9-11)。这个例子说明如果 X 是潜在的 F,那么 X 在合适的外部条件下(即没有外部阻碍以及有合格的制作者愿意的条件下)将变成 F;这同时也意味着 X 的内部没有任何因素阻碍它变成 F。相反,如果有内部因素阻止 X 变成 F,那么即便没有任何外部因素的阻碍,X 也不能变成 F。因此,在标准 1 和标准 2 中没有必要再加入"没有 X 的内部因素阻止"这一条件,因为"没有外部因素阻止时 X 将变成 F"已经预设了"X 的内部没有阻碍因素"。

标准 1 是由"理性的力"制造人工物的情况引出的,亚里士多德的例子是"建造房子",这个标准适用于变化的原则是外在的情况。贝赫指出,"X 被工匠选中"这个条件可以解释为"有一个施动者对它作

---

① 我赞同 J. Beere 针对在潜在者的标准中加入"没有内部因素阻止"这个条件的批判。参看 J. Beere, *Doing and Being: An Interpretation of Aristotle's Metaphysics Theta*, Oxfrod: Oxford University Press, 2009, pp.245-246。

用"。因此标准1的适用对象是所有需要外在施动者的变化,并且标准1中考虑的潜在者是受动者。标准2与标准1不同,因为它适用于变化的原则是内在的情况。有些学者认为标准2描述的是亚里士多德的"自然"概念,也有人认为之所以有两个不同的标准是因为外在原则的变化与内在原则的变化在结构上有着根本差异。①然而,对"潜在性"概念的理解和我们的论证目的而言,这两个标准所体现的共同之处才是更重要的。

这两个标准的共同之处有两点:"没有外部因素阻止"和"X必将变成F"。而这两点是相互联系的。一方面,"没有外部因素阻止"表明潜在者之为潜在者并不取决于外部环境的因素,而是某种"内在的本性",因此我们在判断某物是否是潜在者时必须首先排除外部因素的干扰。另一方面,只要排除了外部干扰,潜在者就必然会变成现实者,否则它就不是潜在者。实际上,我们可以把这两点组合起来,读作一个条件:排除外部干扰后X必然将会变成F。这个条件再加上"外部施动者的推动"就是第一个标准,而这个条件本身就是第二个标准。因此,决定某物是不是潜在的F的条件是:排除外部干扰后它能否生成F,而这里的核心是"能否将生成F"。现实的F是这个生成过程的终点和目的,而潜在的F是生成的起点。因此,我们说潜在者之为潜在者是因为它在排除外部干扰后必将变成现实者,它内在地具有一个对目的的指向,即它朝向作为它的目的的现实者而运动,而这个"指向"就表达为"将生成F"。

现在,我们必须注意到这两个标准中的三个重要因素:现实的F、生成F或者说F的生成,以及"必然"生成F。这三个因素对于确定某

---

① 我不同意J. Beere对第二个标准中的潜在者给出的、过于丰富和充满想象的解释。参看J. Beere, *Doing and Being: An Interpretation of Aristotle's Metaphysics Theta*, Oxford: Oxford University Press, 2009, pp. 255-257。

物是否是潜在者是必不可少的。首先,如果没有现实的 F,那么必然没有潜在的 F,潜在者在本体论上依赖于现实者,并被现实者所规定。例如,即便有石头,但是从未有房子的本质,这些石头就绝不会是潜在的房子。我们将在下一章讨论现实者在本体论上的优先性时详细分析这一点。其次,如果从来没有"F 的生成",则必然没有潜在的 F。潜在者内在地与变化相关,它对目的的指向是通过变化来表达的,即潜在者总是"朝向"现实者而变化,它作为变化的起点指向现实者这个变化的目的。第三,X 必然生成 F,现实的 F 是以潜在的 F 为起点之变化的必然结果。因此,潜在者与现实者的关系不是偶然的。这里涉及的问题是这个过程为什么是 F 的生成而不是 G 或 K 的生成呢?弗雷德和梅金认为,某个单一的主动的力产生的是单一的变化,所以,F 的生成是由单一的、能够引起 F 的力产生的。[①]这也许是一种解释,不过我认为亚里士多德在这里并未谈及主动的力,而且主动的力的情况只适用于标准 1,对于标准 2 却是无效的。此外,主动的力,像技艺和实践知识等都是形式(《形而上学》Θ2,1046a36),说单个主动的力决定了单个变化就等于说单个形式决定了单个变化。然而,亚里士多德在这里的意思是这个生成的结果"必然是 F",而不可能是其他东西,否则我们所考虑的对象就不是潜在的 F。如果某一生成的结果必然是 F,那么我们就可以说这个过程是"F 的生成"而不是"G 或 K(其他实体)的生成",并且这是"单一的"生成 F 的过程。这种必然性表明 F 对于这个过程而言是内在的;这个过程以其为目的,在没有外部阻碍时变化必然达到这个目的。无论亚里士多德的"必然性"是一个统计学上的还是逻辑上的概念,现实的 F 作为某一变化的"必然"结果表明了它是这个变化的

---

① M. Frede, "Aristotle's Notion of Potentiality in *Metaphysics* Theta", in *Unity, Identity, and Explanation in Aristotle's Metaphysics*, T. Scaltsas, D. Charles, M. L. Gill (ed.), Oxford: Oxford University Press, 1994, pp.174-193.

内在目的。我们来考虑这样一个例子：变化从"土"开始，变成了血，血又变成了人。但是对于以"土"为起点的过程而言，"人"并不是这个变化过程的必然结果，"土"可以变成血，也可以变成铜或树。"土"对于"人"的生成而言是偶然的，因此它并不是潜在的人。

此外，我要强调的是，亚里士多德在这两个标准中使用的是"将来时"，即潜在者"将会"变成现实者。这种时态的使用证明了我们在实体生成的背景中来理解潜在者是合适的。

从这些分析中，我们可以归纳出以下几点。首先，所有的潜在者内在地与变化，特别是与实体生灭相关。其次，潜在者在本体论上依赖于现实者，即潜在者之所是由现实者之所是规定。第三，潜在者具有目的上的指向，即它"朝向"作为目的的现实者而运动。第四，一个潜在者只有一个单一的目的，并且必然朝向这个目的而运动，它与作为目的的现实者的关系是必然的。

我们在上一节中已经指明潜在的 F 不是现实的 F，但是以某种方式是 F。现在，"这种方式"就是：潜在者在本体论上依赖于现实的 F，并且以它为目的，必然地朝向它而运动；在没有外部因素干扰时，它将必然变成现实的 F。

在下一章中，我们将讨论潜在者在本体论方面对现实者的依赖。现在，我们要强调的是潜在者的一个本质特征，即它对目的的指向。潜在者以现实者为目的，并在变化过程中指向它。换言之，变化以潜在者为起点而朝向作为终点和目的的现实者，这个方向是内在于变化和潜在者的。潜在者"指向"现实者，而现实者却不"指向"潜在者，它们的关系是非对称的。正是在这个意义上，亚里士多德形象地说质料"渴望"形式，或潜在者"为了"现实者而存在。

潜在者对目的的指向和在本体论上依赖于现实者的性质使我们能够解释《形而上学》H 卷第五章中一段难懂的文本（1044b30-36）。在那里，亚里士多德提出了这样一些困惑：某物的质料如何与对立面相关？即质料能否既是潜在的φ又是潜在的非φ？例如，身体能否既是潜在的健康又是潜在的疾病？为什么酒不是潜在的醋？为什么活着的人不是潜在的尸体？对于这些困惑，H5 中有一个晦涩的解释，亚里士多德说："活着的人不是潜在的尸体是因为他的毁灭是偶然的，而活人的质料由于毁灭才成了尸体的质料"（1045a1-2）。活着的人不是潜在的尸体是因为毁灭是与人的"本性"相悖的变化，而只有对于合乎"本性"的变化，我们才能说变化的起点是潜在者；如果变化是对"本性"的毁灭或剥夺，那么变化的起点不是潜在者。

现在，我们根据潜在者对目的的指向来解释这个困惑。如果某物 X 潜在地是另一物 F，则 X 对 F 具有一个目的的指向。在两个作为对立面的物体中，一方面，质料只是其中一个对立面的潜在者，因为质料指向这个作为它的目的的对立面；另一方面，质料并不以另一个对立面为目的，因此它不是潜在的那个对立面。如果水之变化的目的是酒而非醋，那么水是潜在的酒，而不是潜在的醋。如果身体之变化的目的是健康而非疾病，那么身体是潜在的健康，而非潜在的疾病。然而，现实者并不具有目的上的指向，它们的目的已在自身之中，尽管它们可以作为毁灭过程的起点，但是毁灭的结果并非它们变化的目的，并且对于它们的存在而言是偶然的。活着的人并不以死人为目的，酒也并不以醋为目的，因此活着的人并不是潜在的尸体，酒也并不是潜在的醋。对目的的指向决定了具有这一特征的存在者才是潜在存在者。

Δύναμις 的"整体论"解释者们认为，潜在者的两个标准分别揭示了"被动的力"和"自然"在确定潜在者时的重要性。他们说："潜在的 F 就是拥有被动的力而能被制造成 F。"[①]或者"某物是潜在的 F，当且

[①] J. Beere, *Doing and Being: An Interpretation of Aristotle's Metaphysics Theta*, Oxford: Oxford University Press, 2009, p.243.

仅当它运用自身的能力,在一定的环境中,能够实际地成为 F。"①尽管在标准 1 的情况中,潜在者与被动的力的承载者指称同一个对象,但它们是不同的本体论概念。我们已经指出,力和力的运用的关系与潜在性和现实性的关系在本体论上是相反的。Θ7 中提出的判定潜在者的两个标准并未涉及"力"的概念,而是由现实者和现实者的生成来规定什么是潜在者。

《形而上学》Θ5 中对力和力的运用的两个说明与 Θ7 中判定潜在者的两个标准之间的差别是:后者显示的关系是前者显示的关系的反转。尽管 Θ5 的两个说明考虑的是在"理想环境"中力的运用,但是它并未排除在受到干扰的情况下以"扭曲"的方式发生的变化;这时,尽管我们得不到正常的变化结果和目的,但 Θ5 中对力和力的运用的讨论并不关注变化的结果,而只关注变化自身。然而,正确的变化的结果和对目的的达成对于 Θ7 中判定潜在者的两个标准却是至关重要的,如果没有现实的 F 作为变化结果,就没有潜在的 F;可以说现实的 F 是潜在的 F 在本体论上的原因。但是,即便没有变化发生,作为变化的原因的力仍旧存在——这正是亚里士多德为了反对麦加拉学派所提出的观点。所以,力和力的运用在本体论上的关系与潜在性和现实性的关系恰恰是相反的。

因此,如果力和力的运用(即变化)是潜在性和现实性的一个例示,那么我们必定是在一种不同于把力作为变化的解释原因的视野下来考虑问题的。这就是目的论的视野:变化自身作为力的目的,而力是"为了"变化而存在的。我们能够这样来考虑问题是因为,在理想环境中,力"必然"引起变化,它们的关系不是偶然的。因而,在这个意义上,"力的承载者"内在地具有目的论上的指向,它必然会变成"运动者";在目的论的视野中,力和变化也是潜在者和现实者。

力和力的运用与潜在性和现实性的区别和联系使我们能够理解亚

---

① S. Makin, *Aristotle's Metaphysics Book Theta*, Oxford: Clarendon Press, 2006, p.164.

里士多德采用"间接路线"的原因。一方面,力和变化可以是潜在者和现实者的一个重要例示;另一方面,它们作为潜在者和现实者又是在目的论的视野下得到的。亚里士多德在 Θ6 中分析现实性和潜在性概念时指出,我们不能用定义或者别的方法来理解这对概念,只能用类比和归纳的方式来把握。因此,他必定需要例子来进行类比,而力和力的运用就是读者较为熟悉的一个典型例子。所以,理解现实性和潜在性必然要从具体的例子入手,这种"间接方式"是不可避免的。不过"亚里士多德从这个例子中要'提取'的东西是什么"是一个非常值得讨论的问题了,从这里看,我们认为他提取了一种"手段和目的"的本体论关系。

我们已经看到,潜在的 F"不是"现实的 F,但是它在本体论上依赖于现实的 F,并在目的上指向它,即"朝向"现实的 F 而变化。现在,我们来考虑潜在者的这两个标准的覆盖范围,即究竟有多少"非 F"能够被称为潜在的 F。这个潜在者的范围对于理解亚里士多德的变化定义是十分关键的,我们将在第七章中涉及这个问题。

现在的问题是:这两个标准覆盖了所有类型的潜在者吗?亚里士多德并未直接回答,不过他相信答案是肯定的。从 Θ7 开篇的提问来看,判定潜在者的两个标准预设了变化和实体生成的背景。亚里士多德最关心的是在这个变化的过程中,在什么时刻"非 F"能够"第一次"被称为"潜在的 F"。贝赫指出:"这个第一时刻是一个边界:在此之前,在这个过程中的东西既不是潜在的 F 也不是现实的 F,在此之后,在这个过程中的东西要么是潜在的 F 要么是现实的 F。"[1]现实的 F 是变化的目的和终点,当我们确定了这个过程中的"第一时刻"后,第一时刻与终点之间的存在者都是潜在的 F。一块在森林中被发现的木头是潜

---

[1] J. Beere, *Doing and Being: An Interpretation of Aristotle's Metaphysics Theta*, Oxford: Oxford University Press, 2009, p.242.

在的赫尔墨斯,雕刻了一半的木头就不是潜在的赫尔墨斯了吗?胚胎是潜在的苏格拉底,刚出生的婴儿就不是潜在的苏格拉底了吗?第一时刻与终点之间的所有存在者都满足潜在者的标准,它们都以现实者为目的、并朝向它而变化。形象地说,潜在的 F 构成了一组在生成的时间中延展的序列。对于实体生成而言,潜在的实体是一组在时间中延展的序列,这段时间中的存在者(如果我们把不同阶段的潜在者赋予不同的名称)都是潜在的 F。潜在者所处的范围如下图所示:

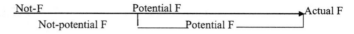

贝赫认为像"未盖房子时的建筑师"这类例子是一个麻烦。它是否能够被标准 1 或标准 2 覆盖呢?他认为,"标准 1 并未直接覆盖这些例子,但它仍然显示了他们是潜在者,因为这些例子中的存在者是变化和发展过程中的后期阶段,而在此之前有一个能被标准 1 覆盖的早期阶段,即某人有能力学习建筑术。"① 我认为他的这个解释是错误的,因为拥有建筑术的建筑师是"学习建筑术"这个变化过程的目的和终点。根据标准 1,建筑师是现实者,而对应的潜在者是"有能力学习建筑术的人"。所以,标准 1 既不能覆盖也不能显示"未盖房子时的建筑师"是潜在者。但是,标准 2 却能覆盖这个例子:建筑师是潜在的正在盖房子的匠人,当且仅当,没有外部因素阻止,他将会自己变成正在盖房子的匠人。这类例子包括"有视力但并未看的人""睡着的人""有知识但并未运用的人"等等。这些潜在者在向现实者变化的过程中并未构成一个在时间中延展的序列,而是"瞬间"变成了现实者。其中的原因可能是这些潜在者在某种意义上是"完备的",因而它们朝向现实者的变

---

① J. Beere, *Doing and Being: An Interpretation of Aristotle's Metaphysics Theta*, Oxford: Oxford University Press, 2009, p.258.

化是"完备的变化"。①

对于这两个标准我们还必须注意到,在判断某物是否是潜在者时一次只能使用一个标准。换言之,在确定某物是否是潜在者时不能重复使用同一个标准,也不能相继使用两个标准。Σπέρμα②(精子,或雌性的经血)不是潜在的人,因为它既不满足标准1也不满足标准2。但是,经血在变成人的过程中,它可以首先满足标准1,此后又可以满足标准2。如果我们相继使用标准1和标准2来判断经血是否是潜在的人,就会得到肯定的回答。然而,这种使用是错误的,亚里士多德否认了Σπέρμα是潜在的人。他说:"因为它必须先在他者中变化,当它自身已经包含了生成的原则时,它才是潜在的人。"尽管σπέρμα是潜在的胚胎,而胚胎是潜在的人,但是σπέρμα却不是潜在的人;类似地,"土"是潜在的砖头,砖头是潜在的房子,但"土"却不是潜在的房子。因此,"某物是潜在的另一物"这个关系是非传递性的。A是潜在的B,B是潜在的C,但A不是潜在的C。③潜在者或者在时间序列中的一组潜在者只有唯一的目的和相应的现实者,它与这个现实者的关系是必然的。倘若A既是潜在的B又是潜在的C,那么A的目的就不是唯一的了。

根据"潜在性"的非传递性,在生成实体的一系列过程中,那些较早阶段的东西不是潜在的实体(更不是现实的实体),因而它们也不是该实体的严格意义上的"质料"。例如,土是潜在的精子,精子是潜在

---

① 自身不包含目的的变化(κίνησις)与完备的变化(ἐνέργεια)的区分使它们各自涉及的潜在者也存在相应的区分。但是这两种潜在者的区分并非标准1和标准2的区分,标准2中的潜在者可以是不完备的变化的潜在者,例如胚胎生成动物,而标准1中的潜在者也可以是完备变化的潜在者,例如感知器官变成感知对象。

② 关于Σπέρμα在这里的所指,参看 M. L. Gill 的讨论,M. L. Gill, *Aristotle on Substance: the Paradox of Unity*, New Jersey: Princeton University Press, 1989, p.232。

③ 对于"潜在的"关系的非传递性的讨论,参看 Sheldon Cohen, "Aristotle's Doctrine of the Material Substrate", *The Philosophical Review*, Vol.93, 1984, pp.171-194。

的胚胎,但只有胚胎是潜在的人。所以只有胚胎是人的质料,而土和精子都不是人的质料。亚里士多德在《形而上学》H4中提及"最近质料"(proximate matter)与"较远质料"(non-proximate matter)的区分。某一实体通过一系列的变化从"多层质料"而来,但是我们应当在"最近质料"的意义上来考查实体的"质料因"(1044b1)。现在,我们可以说这个"最近质料"是潜在的实体,只有它才是该实体的严格意义上的质料,而"较远质料"不是潜在的实体,因此它们并不是该实体的质料。以下对于质料在实体生灭过程中不持存的论证是在"最近质料"的意义上讨论的,那些"较远的质料"严格地说并不是该实体的质料,也就谈不上它们是否在生灭过程中持存的问题。

第六节 质料在实体生灭过程中不持存的第一个论证

我们认为质料不是范畴中的存在者,而是一种存在方式,即潜在存在,它与现实存在相对应。对于可感实体而言,它的质料是潜在的实体,即F的质料是潜在的F。

我们已经指出,潜在性既不是力也不是可能性,而是一种依赖于现实性的存在方式。潜在者具有存在上的双重性:即潜在的F"不是"现实的F,但同时它以某种方式"是"F。而现实的F不具有这种双重性,它在绝对的意义上"是"F。此外,潜在者在目的上具有单一的指向:即潜在的F以现实的F为目的,它"朝向"现实者而变化;但现实的F不具有目的上的指向,它自身已经包含了目的,并不朝向他者而变化。

现实者是对潜在者的某种"否定",因而它们的存在是相互排斥的。亚里士多德说:"现实性作为某物的存在方式不是我们说的潜在性"(1048a31)。换言之,某个存在者不能同时既是潜在的又是现实的。"有些东西能够既是潜在者又是现实者,但是并不在同一时间,或者并不在同一方面,像现实地是热的,而潜在地是冷的"(201a20-21)。

因此,在同一时间和在同一方面,没有什么东西能够既是潜在者又是现实者。如果质料是潜在的实体,那么它就不可能同时是现实的实体。潜在的实体能够生成现实的实体,即质料能够变成可感实体,但到那时,作为潜在者的质料已经不存在了。因此,亚里士多德说:"质料是潜在者,因为它能够'达到'形式,而当它是现实者的时候,它已经在形式之中了"(1050a15-16)。

当"质料"在形式中时,潜在者就变成了现实者,质料就变成了可感实体,此时生成的目的已经实现,生成过程终止。亚里士多德愿意称"在形式中的质料"为"ἐντελέχεια",即它是目的在自身中的完备的存在者,而不再是那个不完备的潜在者了。这个"在形式中的质料"与作为潜在者的质料并不是同一种意义上的质料。

然而,可感实体是现实存在者,它不可能同时是潜在者,所以质料作为潜在者不可能在可感实体中存在。质料作为潜在的实体是生成的起点,而在生成的终点它成为现实的实体,所以质料作为潜在者并不在实体的生成中持存。如果有人坚持说 F 的质料在实体 F 的生成中持存,那么,他要么是说现实的 F 同时是潜在的 F,要么是说质料既是潜在的 F 又是现实的 F。但这两种选择都是荒谬的。

潜在的实体是可感实体之生成的起点,是"先在质料"。如果质料是由"潜在的实体"来定义的,即质料的形而上学意义是潜在存在者,那么某物是否是潜在的 F 将成为判断它是否是 F 的质料的唯一标准。值得辩护的"质料持存"的观点是指在变化的过程中它作为同一类物体而持存。现在,如果质料在生成的起点是潜在的实体,而在生成的终点是现实的实体,那么在保持为同一类的意义上,质料是不持存的,因为潜在者与现实者绝不是同一类。

也许有人会反驳我说,与作为潜在者的质料相对应的是形式而不是可感实体。但这个反驳是无力的。因为亚里士多德把形式和可感实体都称为现实者,而现实者与潜在者是相互排斥的。尽管形式作为现实者与可感实体作为现实者有不同之处①,但是我们的论证只需要指出作为现实者的可感实体与作为潜在者的质料是相互排斥的。我们把这个论证概括如下:

条件1:质料是潜在的实体,存在于实体生成之先。

条件2:在同一时间和同一方面,潜在者和现实者是相互排斥的。

条件3:可感实体是现实者和生成之目的(终点)。

条件4:质料作为潜在者并不在可感实体中存在。

条件5:质料的持存是指从生成的起点到终点它保持为同一类东西。

结论:质料作为潜在者在实体生成过程中不持存。

有人或许会否定条件2,因为他们认为潜在者和现实者并不是相互排斥的。尽管在对"潜在性"概念的分析中我们已经证明潜在者与现实者在存在上的相互排斥,这里仍然有必要对这个反驳做出简要的回应,以加强我们的论证。

弗雷德和吉尔是否定条件2的主要代表。弗雷德说:"亚里士多德坚持这样的观点:现实的房子是由质料和形式构成的,因为它是由潜在的房子和房子的现实性构成的……当质料已经变成房子,它还是潜在的房子吗?回答很简单,质料当然不能再变成这座房子,但是它仍然保持着能被变成一座房子(另一座房子)的能力。"②在他看来,只要质料保持着能被变成"一座"房子的能力,即它还"适合"建造房子,它就是

---

① 我认为,对于可朽实体,形式作为现实者与可感实体作为现实者在存在上是等同的,《形而上学》Z6指明形式等同于可感实体。形式的存在依赖于可感实体的存在,尽管它是个体的原因,但可感实体是原因在自身之中的存在。

② M. Frede, "Aristotle's Notion of Potentiality in *Metaphysics Theta*", in *Unity, Identity, and Explanation in Aristotle's Metaphysics*, T. Scaltsas, D. Charles, M. L. Gill (ed.), Oxford: Clarendon Press, 1994, pp.191-192.

潜在的房子。因此,潜在的房子与现实的房子不是相互排斥的,而是相容的和同时存在的。贝赫(J. Beere)对这个观点批评到:"弗雷德论证的失误之处是他对'拥有力'和'以潜在的方式存在'之关系的错误理解。"①我们已经指出这个错误就是将"力的承载者"等同于"潜在存在者",但实际上,"力"与"潜在性"是不同的本体论概念。当砖石构成房子时,它仍旧可以是某些力的承载者,但是它已经失去了潜在存在者的本体论意义。

吉尔采取了类似的观点,她相信潜在者与现实者是相容的,并认为它们的共同存在是理解可感实体作为质料与形式的统一体的关键。她认为可感实体既是形式与质料的复合物,又是严格的"统一体",因此这里产生了一个"统一体的悖论"问题。简言之,这个悖论是这样的:在《范畴篇》《物理学》和早期《形而上学》(一直到 Z 卷结尾)中,亚里士多德根据他的变化理论认为质料在实体生灭过程中持存,即质料在实体中以及生成和毁灭的过程中保持着它的本性,吉尔称其为"水平的统一"。但是,复合实体必须是严格可定义的,即它只有一个本质,吉尔称之为"垂直的统一"。然而,复合实体似乎不能同时满足"水平的统一"和"垂直的统一"的要求,因为在复合实体中的质料保持着自身的本性,而这个本性不同于形式的本性。②因此,悖论就产生了:如果"水平的统一"被满足,那么复合实体就不是严格的统一体,即它有两个本性;如果"垂直的统一"被满足,那么质料的持存就必须被抛弃——这在吉尔看来是不可接受的。

她认为解决这个所谓的"统一体的悖论"的关键是潜在者和现实者的关系,而这个理论是亚里士多德在认识到"悖论"后发展出的晚期

---

① J. Beere, *Doing and Being: An Interpretation of Aristotle's Metaphysics Theta*, Oxford: Oxford University Press, 2009, p.171.

② M. L. Gill, *Aristotle on Substance: the Paradox of Unity*, New Jersey: Princeton University Press, 1989, p.6.

思想。这个解决方案是:质料在生成之前现实地存在着,但在已生成的可感实体中潜在地存在,在可感实体毁灭后又现实地存在。如此一来,"水平的统一"和"垂直的统一"都满足了,因为质料潜在地在实体中存在时对复合实体的本性没有任何贡献,复合实体的本性由形式单独决定。她所说的"质料在实体中潜在地存在"的意思是:"质料自身保持着一系列的倾向和性质,例如,当砖块和石头构成房子时,它们仍然适合于建造房子。"①

我认为吉尔所谓的"统一体的悖论"是一个伪问题。首先,复合实体是否是严格的、可定义的对象是有争议的。其次"水平的统一"的要求更像是一种米利都学派式的、对亚里士多德的解读。第三,把亚里士多德的思想做如此的"发展论解释"也仅仅是一个缺少根据的假设。这些问题无法在这里详细讨论,我只针对两点来为我们的论证辩护。

首先,吉尔与弗雷德一样犯了相同的错误,将"力的承载者"与"潜在者"等同起来。对于这两个概念之区分的论证不再重复。

其次,吉尔的解释忽略并误解了质料作为潜在者和潜在者对目的的指向这一性质。潜在者总是以现实者为目的,并"朝向"它变化,但现实者并不朝向潜在者变化;它们在目的论上的这种关系是不对称的。但是吉尔认为质料首先是现实者,然后变成可感实体中的潜在者,在实体毁灭后又变成之前的现实者。例如,铜在铜像被铸成之前现实地存在,在现实的铜像中潜在地存在,在铜像被毁后又现实地存在。然而,现实的铜已经包含着自身的目的,它并不以潜在的铜为目的,更不"朝向"潜在的铜而运动,所以现实的铜并不是铜像的质料。从"现实的铜"到"现实的铜像"的变化是一个实体的毁灭和另一个实体的生成,

---

① M. L. Gill, *Aristotle on Substance*: *The Paradox of Unity*, New Jersey: Princeton University Press, 1989, pp.179-180.

并不是从潜在的铜像到现实的铜像的、关于一尊铜像的生成过程。吉尔的解释颠倒了潜在者和现实者在目的论上的指向关系,从而颠倒了亚里士多德的本体论秩序。

第六章 潜在性与现实性之关系

我们在上一章中分析了质料与潜在存在者的关系,研究了"潜在性"概念,并从潜在者与现实者的存在是相互排斥的角度建立了"质料在实体生灭过程中不持存"的第一个论证。我们发现,潜在者具有本体论上的双重性和目的论上的指向,而这些性质都涉及它与现实者的关系;更重要的是,潜在者只有在与现实者的区分和关联中才能得到正确而充分的理解。第六章的任务是分析潜在性与现实性的区别和联系,给出这些分析之后,我们将进一步澄清亚里士多德的"质料"概念,并依据现实者对潜在者在实体上的优先性(priority)和在生成时间上的在后性(posteriority)建立第二个和第三个"质料在实体生灭过程中不持存"的论证。

第一节 《形而上学》Θ6 的类比与现实性和潜在性

如何理解亚里士多德在《形而上学》Θ卷的开篇所说的"对存在的研究有用"的现实性和潜在性概念以及它们的关系,在很大程度上取决于如何理解 Θ6 中对现实性和潜在性所做的类比以及这个类比中的例子。Θ卷第一章至第五章有很长的篇幅是有关"力"和"力的运用"以及相关的问题,但在第六章的开始出现了一个转折,亚里士多德说:"我们已经处理了与变化有关的力,现在让我们来讨论现实性——即现实性是什么或者它属于什么"(1048a25-26)。我们指出"δύναμις"

有"力"和"潜在性"两种不同的意义,并反对"整体论"的解释,相应地,"ἐνέργεια"也有"变化"和"现实性"两种意义。Θ卷第六章是具体讨论"现实性"这一本体论概念的地方,尽管现实性和相应的潜在性也在别的地方有不少讨论和运用,但是亚里士多德只在Θ6中试图对其下定义。

然而,亚里士多德发现对于现实性和潜在性概念给不出定义,对于"现实性是什么"的问题只能用类比的方式来回答。他警告我们说:"不应当为每种东西都寻找定义,也应当使用类比"(1048a35-1048b1)。于是他给出了好几组例子,并认为这些例子中的一方是现实性而另一方是潜在性。"现实性"概念和"潜在性"概念只有通过类比来把握。

在分析这些具体的例子之前,我们有一个疑问:为什么只有类比才能把握现实性和潜在性的意义?它们为什么没有定义?亚里士多德在这里并未给出理由,而解释者们则有不同的观点。阿奎那认为现实性和潜在性是简单概念,因而它们是不能被定义的。[1]罗斯(D. Ross)认为现实性和潜在性是形而上学概念,而形而上学的对象是最一般的存在,存在自身不是属,不能用属加种差的方式来定义,因此现实性和潜在性没有定义。但是罗斯的意见可能是不正确的,因为存在自身不是属,但它却有"核心意义"的结构,因此,现实性和潜在性作为一般的存在概念,尽管不能被定义,但却应当以"核心意义"的结构来把握,而不是以"类比"的方式被理解。正如贝赫(J. Beere)指出的,类比表达的统一性既不像种或属之下的个体具有相同的形式,也不同于以"核心意义"相关联的统一性。[2]亚里士多德在别的地方也使用类比的方法,

---

[1] Thomas Aquinas, *Commentary on the Metaphysics of Aristotle*, John. P. Rowan trans., Chicago: H. Regnery Co., 1961. §1826. Aquinas 的观点被 S. Makin 所引用,参看 S. Makin, *Aristotle's Metaphysics Book Theta*, Oxford: Clarendon Press, 2006, p. 130。

[2] J. Beere, *Doing and Being: An Interpretation of Aristotle's Metaphysics Theta*, Oxford: Oxford University Press, 2009, pp. 180-181。

例如在生物学中有很多类比的运用。但是为什么对现实性和潜在性的把握必须使用类比？我们在这里只能提出这个疑问，或许对这个问题的回答涉及亚氏哲学的根本特征和他所理解的形而上学秩序。但有一点是清楚的：现实性和潜在性不能被定义，但其他很多概念都是用它们来定义的，它们似乎是本体论中最基本的概念，正如阿奎那所说的那样。

关于类比的方法，我们在第二章第三节中分析《物理学》第一卷第七章对基体所做的类比时已经讨论过了。现在只简要地回顾其中的关键。类比作为一种方法源于数学中的"比例"概念，但是亚里士多德扩展了这个概念把它发展为一个语义概念。类比中的各个项是一个松散的统一体，它们之间的关系既不像同一个种之下的个体是"形式上的一"，也不像"核心意义"中的对象涉及同一个核心意义。它们之所以具有类比上的统一性是因为它们都显示了某些共同的"关系"或"图示"。而显示这些共同的图示需要一定的结构，因此类比有自身的结构，这个结构是：正如 A 之于 B, C 之于 D。亚里士多德在 Θ6 中总结了这个结构，他说："正如这一个之于这另一个，那一个也之于那另一个"（1048b7）。类比的结构表明一个类比至少有两对，四个对象（或概念），当然它可以包含更多对。但是每对中的单个事物不能形成类比，类比的结构是"复式的"或"二阶的"，它是对与对之间的关系，即关于单个事物的"关系的关系"。类比要表达的就是这些共同的"二阶关系"。另一方面，类比具有程度强弱的区分，类比的程度越大，类比项之间的相同关系越多，反之则越少。但是一个类比要成立，类比项（即对与对）之间至少有一个相同的关系。

然而，关于 Θ6 中的这个类比，有些学者认为它不是一个"普通的类比"。例如，梅金（S. Makin）认为在现实性的类比中显示的"二阶关系"不是相等关系；若它是相等关系，那么这些例子形成的是归纳而不是类比。但他一方面又承认："亚里士多德在 Θ6 中也使用了归纳，'现实性—潜在性'这个一般结构是一个图示,这个图示由不同的关系来例示:变化—力和实体—质料。"①梅金也许被他自己的用语迷惑了,如果"现实性—潜在性"是所有例示的"一般结构",那么为何不能把这个结构看作所有类比项的共同关系呢?因为如果没有这个共同关系,也就不会形成类比。

贝赫也认为这不是一个普遍的类比,他指出 Θ6 的类比表达的并不是所有项之间的相等关系,而是这个类比中有一个"特权项"。这个"特权项"是"正在盖房子的人"与"能盖房子的人",其他"非特权项"在某些方面都与这个"特权项"形成类比,但这些"非特权项"之间可能并不是类比的关系。因此,他把 Θ6 的类比称为"间接类比"。②不过问题在于,如果我们把"特权项"移除,那么根据贝赫的解释,这个类比就不存在了,因为非特权项之间的关系可能不是类比,即它们不能形成类比上的统一。然而,这显然是荒谬的。因为 Θ6 中给出的类比的第一组例子(1048a32-34)中并没有"正在盖房子的人"与"能盖房子的人"这一对。另外,在第二组例子中,即便没有这个所谓的特权例子,我们也没有理由否认其他的例子能形成一组类比。

我们坚持认为,类比显示了各个类比项之间的共同关系或图示,这个共同图示可能包含了好几种相同关系,但至少包含了一种。梅金和贝赫的困惑部分源于他们的"整体论"解释立场,因为在"力"和"潜在性"之间很难找到一种"相等关系",部分源于一个类比所显示的内容的开放性。而这种"开放性"也正是我们难以理解现实性和潜在性的某种根源。所以,我采取一种"最小解释"的策略,即将解读局限于 Θ6 的上半章文本,并以 Θ 卷的主要观点为辅助——即对这个类比的解释

---

① S. Makin, *Aristotle's Metaphysics Book Theta*, Oxford: Clarendon Press, 2006, pp. 131-132.

② J. Beere, *Doing and Being: An Interpretation of Aristotle's Metaphysics Theta*, Oxford: Oxford University Press, 2009, pp. 189-190.

要与 Θ 卷中的观点,特别是与 Θ7 和 Θ8 的观点相一致,我暂且悬置别的文本中对这两个概念的可能理解。当然,我并不否认由其他文本可能得出的解释。

《形而上学》Θ6 对现实性和潜在性的类比有两组例子。第一组例子或多或少被研究者们忽视了①,而第二组例子则得到了充分的、甚至是过度的解释,因为第二组例子被认为更清晰,对理解这对概念更有帮助。但是,我要强调的是第一组例子(1048a32-34)对理解这个类比的必要性。亚里士多德在 Θ6 的开篇提出对"现实性"和"潜在性"概念进行研究之后,继而用这组例子显示了现实性和潜在性的区分和对立。他在这里还未提及"类比",因为这组例子的目的是要读者把握现实性和潜在性的对立。只有在读者恰当地理解这个对立之后,才能理解对立的一方是现实性而另一方是潜在性。现实性和潜在性总是在彼此的对立中被把握的,绝不能分开来看。稍后,在第二组例子的类比中,我们看到对立两边的每个成员之间的关系是类比性的,它们作为现实性或作为潜在性只是"类比上的统一",即"现实性并非在所有的例子中都是同一种方式,而是以类比的方式"(1048b6-7)。所以,第一组例子和第二组例子的"功能"是互补的:第一组例子建立了类比项两边的对立,第二组例子说明了对立的每一方的各个成员之间的关系是类比性的。亚里士多德要同时说明现实性和潜在性的对立以及各个成员之间的关系是类比性的。下面我们来看看这些例子。

对于第一组例子,亚里士多德说:

> 现实性作为某物的存在方式不是我们说的潜在性。我们称潜在性,例如,在木头中的赫尔墨斯,在整条线段中的半条线段,因为它们可以被分离出来,还有不在沉思中的人我们称为思者,如果他

---

① 参看 S. Makin, *Aristotle's Metaphysics Book Theta*, Oxford: Clarendon Press, 2006, pp. 135-136。

有能力沉思；与之对立的东西，我们称为现实性。(《形而上学》，1048a31-35)

这些例子在《形而上学》第五卷第七章中出现过(1017b3-8)，亚里士多德在那里用"ἐντελέχεια"而不是像在这里用的"ἐνέργεια"来指"现实性"。此外，"思者"和"能思者"是亚里士多德解释现实性和潜在性的典型例子。

对于第二组例子，亚里士多德说：

……因为，正如正在盖房子的人之于能盖房子的人，醒着的人之于睡着的人，正在看的人之于有视力但闭着眼的人，已经从质料中分离出来的东西之于质料，已经被完成的东西之于还未完工的东西。(《形而上学》，1048a36-1048b5)

因为解释的差异，对这段文本的翻译也有很大的不同，现将希腊文记录如下：

ὅτι ὡς τὸ οἰκοδομοῦν πρὸς τὸ οἰκοδομικόν, καὶ τὸ ἐγρηγορὸς πρὸς τὸ καθεῦδον, καὶ τὸ ὁρῶν πρὸς τὸ μῦον μὲν ὄψιν δὲ ἔχον, καὶ τὸ ἀποκεκριμένον ἐκ τῆς ὕλης πρὸς τὴν ὕλην, καὶ τὸ ἀπειργασμένον πρὸς τὸ ἀνέργαρτον.

我们看到这段希腊文的结构是非常清楚的，这五对例子是用连词καὶ衔接的，它们在语法上是并列关系。段落开头的"ὡς"一词是解释前一句中说的以类比的方式来把握现实性和潜在性，即"正如这样的类比例子"，它较自然地翻译为"正如(这组例子)"。所以，"ὡς"很难像贝赫认为的那样赋予了第一个例子"特权地位"，因为整个句子的结构显示了五个例子之间是并列关系。梅金的翻译在第四个例子前加上了"所以"，因为他认为前三个例子和后两个例子之间有一个转折变化，但是这个翻译在希腊语中没有对应的词。

我们把两组例子合在一起，把这个类比写为：

现实性	潜在性
（a）赫尔墨斯	木　头
（b）半条线段	整条线段
（c）正在沉思者	能沉思者
（d）正在盖房子的人	能盖房子的人
（e）醒着的人	睡着的人
（f）正在看的人	有视力但闭着眼睛的人
（g）已经从质料中分离出来的	质　料
（h）已经被完成的	未完工的

　　这组对比的每一方都有一个名称，一方是现实性，另一方是潜在性；所有被称为现实性或潜在性的对象之间的关系是类比性的。亚里士多德总结这个类比说："现实性并非在所有例子中都是同一种方式，而是以类比的方式。正如这一个之于这另一个，那一个也之于那另一个。因为正如一些是变化之于力，而另一些是实体之于某一质料"（1048b6-9）。因此，变化和实体作为现实者并非在同一种意义上，而是在类比的意义上；力和质料作为潜在者也是在类比的意义上。有些学者认为这里的总结是理解这个类比以及现实性与实体之关系的关键，我们将在下面分析他们的观点。现在我们先来看看这个类比显示了怎样的共同图示以及从这个共同图示中我们应当如何把握"现实性"概念和对应的"潜在性"概念。

　　首先，根据"最小解释"的策略，我们看到所有例子都显示着现实者是从潜在者而来的，而非相反。在第一组例子中，亚里士多德解释了为什么赫尔墨斯和半条线段是现实者，因为它们可以从木头和整条线段中被分离而产生。这个简短的解释为我们的理解提供了重要的线索。同样，我们也可以说，正在沉思者从能思者而来，正在盖房子的人

第六章 潜在性与现实性之关系 141

从能盖房子的人而来,醒着的人从睡着的人而来,正在看的人从有视力能看的人而来,已经分离出来的实体从质料而来,已经完成的成品从未完工的东西而来。"从之而来"这个关系不能被颠倒,现实者在时间上晚于相应的潜在者。这个关系蕴含了时间上的先后秩序。以潜在者为起点向现实者的转化就是广义上的变化。这个变化可能是完备的也可能是不完备的,例如从能思者到思者的变化是完备的变化,而从质料到已经被分离出来的实体的变化是不完备的变化。因此,对 Θ6 的现实性和潜在性概念的理解与严格的活动(完备的变化)和不完备的变化之区分是不相关的。我接受伯恩耶特的建议:κίνησις 与 ἐνέργεια 之间非此即彼的对立对于理解"现实性"概念是不相关的,甚至是误导性的。①"以潜在者为起点朝向现实者变化"这个图示已经在 Θ7 对潜在者的两个标准的讨论中得到了验证,而在稍后对现实性与潜在性的关系的讨论中将表达得更为清楚。

其次,类比中的所有例子都显示了现实者是潜在者的目的和变化的结果。这一点由例子(g)和(h)中表达现实者的分词揭示出来。"τὸ ἀποκεκριμένον 和 τὸ ἀπειργασμένον"是被动完成时中性分词。这个完成时态的使用强调了现实者的完成状态以及它们在存在上的完备性,"被完成"意味着它是某一过程的终点。在亚里士多德看来,变化过程的终点就是这个变化的目的。"ἐντελέχεια"这个词有"目的在

---

① 有人认为 ἐνέργεια 与 κίνησις 的区分是亚里士多德的重要的哲学洞见,并且对于理解 Θ 卷来说是必要的。然而,Burnyeat 论证说 Θ6 中 1048b18-35 这一段关于 κίνησις 与 ἐνέργεια 的区分的文本与 Θ 卷的整体论证不相符,它并非 Θ 卷的一部分,而是插入的;并且这个插入的段落很可能不是亚里士多德自己写的,而是出自某些晚近的评注者或者某些未流传下来的亚里士多德残篇,如《论快乐》。因此我们不应当把这个区分看作亚里士多德哲学的重要洞见,甚至把它"读入"其他文本中。所以"现在的研究者不应当再把这段文本看作标准的亚里士多德的学说"。参看 M. F. Burnyeat, "*Kinesis* vs. *Energeia*: A Much-Read Passage in but not of Aristotle's *Metaphysics*", *Oxford Studies in Ancient Philosophy*, Vol. 34, 2008, pp. 228-300。

自身中"的涵义,它指示了某种"完成状态"。门恩认为"ἐντελέχεια"预设了一个以它自身为目的并能通达它的过程。①我们可以说"正在看"或"看"这一活动是"有视力"的目的,"建房子"是"有能力建房子"的目的,实体是某一质料的目的,被完成的成品是尚未完工之物的目的。实际上,亚里士多德在稍后的第八章中指出,现实者是潜在者的目的,而潜在者是"为了"现实者而存在的,例如,视力之存在是"为了"看见。

总而言之,这个类比显示的共同图示至少包含两种关系:现实者从潜在者变化而来,这个过程是广义上的变化;以及现实者是潜在者的目的。Θ6 中的类比例子至少满足这两种关系;或许通过更细致的分析(我们)还可以发现更多的共同关系。②

在这个类比的结尾,亚里士多德总结说这些例子作为现实性和潜在性的意义是不一样的,它们只具有类比上的统一,即它们只能以类比的方式被称为"现实者"或"潜在者"。而现实性和潜在性有两种主要的例示:变化和力与实体和质料。学者们对于如何理解这两种例示有不少争议。例如,科斯曼和梅金认为"变化和力"与"实体和质料"具有平行的关系,所以它们能够形成类比。我并不否认这一点,只是这个"平行关系"的内容是什么正是争论之所在。我们已经指出,这个平行关系是"现实者从潜在者之变化而来"和"现实者是潜在者的目的"。

---

① S. Menn, "The Origins of Aristotle's Concept of *Energeia*: ἐνέργεια *and* δύναμις", *Ancient Philosophy*, Vol. 14, 1994, pp. 73-114.

② C. Witt 指出,有些学者认为在 Θ6 的第二组例子中只有一些是现实性和潜在性的例子,而另一些则是变化和力的例子。她指出这种看法在"非整体论"的解释者中比较流行,例如 L. A. Kosman 和 S. Menn。而她自己则认为所有的例子都是现实性和潜在性的例示。我同意她的看法,我认为亚里士多德在列举这些例子后已经明确地指出它们是现实性和潜在性的不同情况,因此没有理由认为只有其中的一些例子是现实性和潜在性而另一些不是。参看 C. Witt, *Ways of Being: Potentiality and Actuality in Aristotle's Metaphysics*, NY: Cornell University Press, 2003, p. 134。

"力和变化"是在一种目的论关系中作为潜在者和现实者的,而不是在力作为变化的解释原因的视野中,我们已在本书的第五章中分析过这一点。现在我们来看看研究者们所认为的这个"平行关系"是什么,他们怎样理解这个类比以及他们的解释之得失。

科斯曼认为这个类比揭示的并非"不完备的变化"和"力",而是"完备的变化"和"与完备的变化相关的能力"(即"存在的能力"),他称"完备的变化"为严格意义上的活动(energeia proper)。而不完备的变化是由严格意义上的活动和"存在的能力"来定义的。① 根据他的理解,例子(c)、(d)、(e)、(f)表示的是严格意义上的活动和存在的能力,而(g)、(h)表示的是不完备的变化与力。他认为这个类比表明"活动—能力"与"实体—质料"具有相同的结构,进而认为实体就是严格意义上的活动,质料就是存在的能力。另一方面,他认为这个相同的结构是解决可感实体的形式和质料的统一性问题的关键,因为存在的能力在活动中被保存,所以质料(他认为是"最近的质料")在实体中被保存。② 科斯曼将 Θ6 的类比与《论灵魂》第二卷第五章讨论感知时提出的第二潜在性和第二现实性对应起来,认为这个类比中的活动与能力的关系就是第二现实性与第二潜在性的关系,即潜在性被保存在现实性中。然而,他的这种解释面临的一个困难是"盖房子"[即例子(c)]不是严格意义上的活动,而是典型的不完备的变化,"盖房子的能力"也不是"存在的能力"而是在 Θ1 中被定义的"力"——即它是引起他者变化的本原。我们已经指出,科斯曼的错误在于他按照 κίνησις 与

---

① 我们将在本书第七章中讨论 L. A. Kosman (1969) 对亚里士多德的变化定义的解释。

② L. A. Kosman, "Substance, Being, and *Energeia*", *Oxford Studies in Ancient Philosophy*, Vol. 2, 1984, pp. 121-149;以及 Kosman, "The Activity of Being in Aristotle's *Metaphysics*", in *Unity, Identity, and Explanation in Aristotle's Metaphysics*, T. Scaltsas, D. Charles, M. L. Gill (ed.), Oxford: Clarendon Press, 1994, pp. 195-213.

ἐνέργεια的对立来理解这个类比,即现实性仅指ἐνέργεια。另外,他将"实体"等同于"活动"的做法将直接取消"类比",因为,如果"实体"就是"活动",那么它们的关系就不再是类比性的了,而是在相同的意义上作为现实者。因此,科斯曼对这个类比的解释不可能是正确的。

梅金认为第二组例子可以分为两组,(d)、(e)、(f)表示的是变化与力,而(g)、(h)表示的是实体与质料。与科斯曼不同,他认为(d)、(e)、(f)并不是严格意义上的活动和与之相应的能力,而是广义上的变化和力;他接受了伯恩耶特的建议,避免了科斯曼在解释"盖房子"时遇到的困难。但是他同情科斯曼对可感实体的统一性的解决方案,进而认为虽然(d)、(e)、(f)表示的是广义的变化与力,但是这几个例子是"精心选择"的,它们有一个共同点:这些力在变化或运用中不会丧失,而是被保存着,而这个结构和特点也被质料和实体所拥有,即质料在实体中被保存。①我们已经指出,力在变化中被保存并不等于潜在者或质料在现实者或实体中持存。更重要的是,如果这个类比中的例子是"精心选择的",那么"变化和力作为现实性和潜在性的一个例示"就不是"一般概括",而只是"有些"变化和力是现实性和潜在性,但这显然是错误的。

我要反对的是这样一种观点:有些人认为"变化—力"和"实体—质料"这两个例示具有完全相同的结构,甚至认为实体在某种意义上等于变化或活动。首先,因为Θ6的类比中说的"变化和力"不能理解为"作为变化的解释原因的力"和"它的运用"的关系,而是一种本体论和目的论上的关系。惠特(C. Witt)也指出:"类比中的例子不应当被解释为主动的或被动的力,而是存在的两种方式的目的论关系。"②我

---

① S. Makin, *Aristotle's Metaphysics Book Theta*, Oxford: Clarendon Press, 2006, pp. 137-138.

② C. Witt, *Ways of Being: Potentiality and Actuality in Aristotle's Metaphysics*, NY: Cornell University Press, 2003, p.47.

同意她的这个看法,但是我并不同意她对例子(g)和(h)的解释,她认为它们并不表达实体的生成过程而是以不同方式对某一功能的实现。①然而,亚里士多德已经明确地说现实者从潜在者而来,如赫尔墨斯从木头中被分离出来,完成的作品从半成品中而来;潜在者和现实者的关系预设了变化和生成的背景。其次,科斯曼和梅金所谓的"变化—力"与"实体—质料"的"相同结构"其实被亚里士多德否定了,我将在下一节中讨论这一点。

贝赫对这个类比的解释也应当被提及。我们已经指出他的"间接类比"的解释是不合理的。他沿用了弗雷德的基本观点,认为"主动的力"是核心意义,因而在类比中具有优先性,因此"盖房子"这个例子是"特权例子"。他细致地考查了第二组例子中的每一对,发现这个类比中有三个对象:潜在者、现实者和现实性自身。在广泛地考虑了这些例子在整个亚里士多德文本中的意义和使用后,他给每对例子列出了五条关系,以便显示出:一方面,"盖房子"这个例子与其他例子都有相同的关系;另一方面,其他任意两个例子之间有时没有相同关系,这就是"间接类比"。但是,正是这个涉及五条关系的清单反驳了他的"间接类比"解释,因为所有这些例子都包含一条相同的关系:现实者是潜在者的目的。②贝赫过度解释了 Θ6 的类比,特别是在解释"看""睡着"等例子时对感知等问题的处理,我不能对他的解释做全面细致的评价,但是"间接类比"的解释是错误的;类比中的对象也不是三个,而是两种存在者,亚里士多德说:"让这个对比中的一方来定义现实者,另一方来定义潜在者"(1048b6)。

类比自身的开放性决定了想要确定类比中的例子在哪些方面是相

---

① C. Witt, *Ways of Being*: *Potentiality and Actuality in Aristotle's Metaphysics*, NY: Cornell University Press, 2003, pp. 52-54.

② J. Beere, *Doing and Being*: *An Interpretation of Aristotle's Metaphysics Theta*, Oxford: Oxford University Press, 2009, pp. 189-208.

似的,在哪些方面是有差异的,这本身是一个困难的问题。我们的解释指出了这些例子的两个共同关系,但并不否认还可能有更多的共同关系,这个问题仍然是开放的。然而,像科斯曼和梅金那样的解释却误解了亚里士多德在这个类比中的微妙用意。"变化—力"和"实体—质料"作为现实性和潜在性的两个例示是为了解释"现实性并非在所有例子中都是同一种方式而是以类比的方式"出现的。换言之,它们是对"有不同方式的现实性和潜在性"的具体解释。亚里士多德在这里要强调的是:这两种东西在不同的意义上是现实性或潜在性,"实体"作为现实者不是"变化"作为现实者的意义,而"质料"作为潜在者也不是"力"作为潜在者的意义。实体和变化只在类比的意义上都被称为"现实者",质料与力也只在类比的意义上都被称为"潜在者"。因此,一方面,假设"变化—力"与"实体—质料"具有相同的结构,然后用一方去解释另一方是循环论证;另一方面,将"实体"等同于"变化"或"严格意义上的活动"就取消了"类比",即"实体"和"变化"就在相同的意义上是"现实者"了。Θ6的类比体现了一种张力:"变化—力"和"实体—质料"既显示了某种共同关系或图示,又表明了它们之间的差异——这种差异使得各成员之间只具有一种松散的"类比的统一"。

第二节　第一潜在性和第二潜在性的区分

《形而上学》Θ6中对现实性和潜在性的区分是简单的,即现实性没有进一步被区分为第一现实性和第二现实性,而潜在性也没有进一步被区分为第一潜在性和第二潜在性。但是对现实性和潜在性的这种区分在《论灵魂》的第二卷第一章和第五章中出现了,亚里士多德在讨论"灵魂"的定义和感知问题时指出,人们需要进一步区分现实性和潜在性概念。我们先来看看他的说明。《论灵魂》第二卷第一章给灵魂下定义时,亚里士多德说:"现实性有两种,一种像知识,另一种如沉思"(412a10)。灵魂是实体和现实性,但它是像知识那样作为现实者,而不是像沉思。所以灵魂被定义为:"潜在地拥有生命的有机身体的第一现实性"(412a27)。①在《论灵魂》第二卷第五章讨论感知时,亚里士多德区分了两种类型的潜在性。他以"知者"为例子说:

> 我们可以说某人是知者,要么当一个人是知者因为他属于能有知识的那类东西,要么当一个人拥有某个语法知识。这两种类型都有潜在性,但不是以同一种方式:一种是因为他的属或质料是如此这般的,另一种是因为他能够思考当他愿意和没有外部因素阻碍时。正在进行思考的人——是现实的知者,并且他在最恰当的意义上知道,例如他知道这个特殊的 A。前面的两个都是潜在的知者,一个靠变化(alteration)来实现他的潜在性,即在指导下从一个状态到这个状态的反面的可重复的转化;另一个以另一种方式,即从未激活的拥有知觉和语法知识到对它们的运用的转化。(《论灵魂》,417a23-b1)

人们一般使用"第一潜在性""第二潜在性"和"第一现实性""第二现实性"这些术语来标记这些区分,例如"灵魂"是"第一现实性","正在思考"是"第二现实性","能够拥有知识"是"第一潜在性","拥有知识"是"第二潜在性"。《论灵魂》第二卷第二章和第五章使用了相同的例子"知者",从这个例子来看,第一现实性似乎等于第二潜在性。所以,对现实性和潜在性的区分得到了一个"三层"图示②:

---

① 对亚里士多德的灵魂定义的讨论,参看 J. L. Ackrill, "Aristotle's Definitions of Psuche", *Proceedings of Aristotelian Society*, Vol. 73, 1973, pp. 119-133;以及 W. Charlton, "Aristotle's Definition of Soul", *Phronesis*, Vol. 25, 1980, pp. 170-186。

② 对这个图示的表述我参照了 Burnyeat 的意见,参见 M. F. Burnyeat, "*De Anima* II. 5", *Phronesis*, Vol. 47, 2002, p. 50。

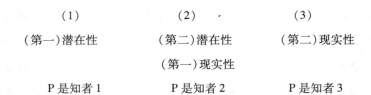

在这个图示中,"知者1"具有第一潜在性,他通过偶性变化而成为"知者2"。"知者2"既具有第二潜在性也具有第一现实性。当"知者2"运用他拥有的知识进行思考时就成为"知者3","知者3"在最严格的意义上是现实的知者。

这个图景早在古代的希腊评注家那里就被建立了,它被认为是亚里士多德的"现实性"和"潜在性"概念的系统化的"标准图示"。① 科斯曼依据这个图示来解释《形而上学》Θ6的类比,并认为那个类比中的潜在性和现实性的区分是(2)和(3)的区分,而不是(1)和(2)的区分,因为从(2)到(3)的转化是严格意义上的活动或完备的变化,而从(1)到(2)的转化则是不完备的变化。根据科斯曼的解释,第二潜在性的运用是严格意义上的活动;但这立即产生了困难,因为并非所有第二潜在性的运用都是活动,正如阿克里尔指出的,很多第二潜在性的运用是不完备的变化,例如"盖房子"和"行走"是对"建房技艺"和"行走的能力"的运用,但它们自身却不是严格意义上的活动。②因此,将这个所谓的对潜在性和现实性的"三层"标准图示的区分"读入"《形而上学》Θ6的类比中,并认为这是对这两个概念的系统化概括是很成问题的。

实际上,将这个三层区分看作"现实性"和"潜在性"概念的"标准图示"的观点是非常值得怀疑的。首先,在亚里士多德全集中只有非

---

① 参看 S. Menn 的解释,我并不同意他将这三层图示看作亚里士多德的现实性和潜在性概念的发展轨迹,"The Origins of Aristotle's Concept of Energeia: ἐνέργεια and δύναμις", *Ancient Philosophy*, Vol. 14, 1994, pp. 73-114。

② J. L. Ackrill, "Aristotle's Distinction between *Energeia* and *Kinesis*", in *New Essays in Plato and Aristotle*, R. Bambrough (ed.), London: Routledge, 1965, pp. 211-141.

常少量的文本涉及这个区分,而且亚里士多德只用过一次"第一现实性"这个术语(412a22-26),其他三个术语——"第二现实性""第一潜在性"和"第二潜在性"从未被使用过。门恩指出,在亚里士多德著作中只有五处文本涉及这个三层区分,而其中有三处是在《论灵魂》中。这些文本是:《论灵魂》第二卷第一章(412a22-26),对灵魂下定义时区分了第一现实性和第二现实性,《论灵魂》第二卷第五章(417a26-30),讨论感知时区分了第一潜在性和第二潜在性,《论灵魂》第三卷第四章(429b5-9),讨论感知与认识的关系,《物理学》第八卷第四章(255a30-31),讨论元素的轻与重,以及《论动物的生成》第二卷第一章(735a9-11),讨论种子作为第一潜在性。[①]从这些有限的文本中我们很难得出这个三层区分的图示是对潜在性和现实性的一般概括。

其次,"两层"潜在性和"两层"现实性的说法非常容易引起误解,似乎"第一潜在性"和"第二潜在性"是"不同程度"的潜在性,它们的区分只是"距离"现实性的程度的不同。这种观点将"知者3"看作"知者2"和"知者1"的共同的现实性。它的错误在于违背了潜在性的非传递性,如果"知者1"是潜在的"知者2",而"知者2"是潜在的"知者3",则"知者1"不可能是潜在的"知者3"。亚里士多德指出,"知者1"和"知者2"是不同类型的潜在者,因为它们分别对应于不同的现实者,而它们向各自的现实者的转化也是两种不同的类型。

伯恩耶特对这两种不同类型的转化有着细致的分析,他把从"知者1"到"知者2"的转化,即从(1)到(2),称为"不寻常的偶性变化",把从"知者2"到"知者3"的转化,即从(2)到(3),称为"超常的偶性变化"——因为它不是毁灭对立面的偶性变化而是"保存自身本性"的变化。感知是从(2)到(3)的"超常的偶性变化",因为在感知过程中知

[①] S. Menn, "The Origins of Aristotle's Concept of *Energeia*: ἐνέργεια and δύναμις", *Ancient Philosophy*, Vol.14, 1994, pp.89-90.

觉能力并不被毁灭而是被保存。①尽管对于如何解释亚里士多德的知觉理论,以及如何理解从(1)到(2)与从(2)到(3)这两种不同的转化,存在着不少争议,但毋庸置疑的一点是:这两种转化的区别在于潜在者在从(1)到(2)的转化中不持存,而在从(2)到(3)的转化中持存。有的学者认为,如吉尔,从(2)到(3)的转化中对潜在者的保持证明了质料在实体生灭过程中的持存。②然而,潜在者在这个过程中的持存并不能证明质料的持存,因为这个转化过程并不是一个实体的生成。

因此,对现实性和潜在性的"三层"区分并不是对这两个概念的一般性概括,更不是"垂直"等级或层次的划分。"第二潜在性"不比"第一潜在性"更接近"第二现实性",它们是"两种"潜在性,而不是"两层"潜在性。

如果我们留心亚里士多德在解释"知者1"和"知者2"作为潜在者时的用语,我们就会发现,他说:"这两种类型都是潜在性,但不是以同一种方式"(417a26)。虽然他在这里并未提及"类比",也没有说"知者1"和"知者2"在类比的方式上是潜在者,但是"知者1"和"知者2"并不是在同一个意义上而是以不同的方式作为潜在者的,在《形而上学》Θ6中,亚里士多德指出不同类型的潜在者之间的关系是类比性的。因此,第一潜在性和第二潜在性以类比的方式被称为"潜在性",第一现实性和第二现实性也以类比的方式被称为"现实性"。对潜在性和现实性的"第一"和"第二"的区分不是对某个特定的潜在者或现实者在程度上的"垂直"划分,而是对"不同方式"的潜在者和现实者的区分。更确切地

---

① 我认为Burnyeat对"不寻常的偶性变化"和"寻常的偶性变化"的区分是错误的,他认为前者是"保存本性"的变化,但后者却不是;但是"寻常的偶性变化"同样可以描述为"保存本性"的变化或向"本性迈进"的发展。对他的批判参看R. Heinaman, "Potentiality, Actuality and *DA* II. 5", *Phronesis*, Vol. 52, 2007, pp. 139-187。

② M. L. Gill, *Aristotle on Substance*: *The Paradox of Unity*, New Jersey: Princeton University Press, 1989, pp. 178-181.

说,它们是"第一种方式的潜在者"和"第二种方式的潜在者"。不同的潜在者或不同的现实者之间只有一种关系,那就是类比的统一。

对于以知者为例的这个"三层"图示,我们可以把它理解为现实性和潜在性的两个例示——即"变化和力"与"实体和质料"——的某种重叠。我们再来看看这个例子。亚里士多德解释说,(1)是潜在的知者,因为他的属和质料是如此这般的;而(2)是潜在的知者,因为如果他自己愿意并没有外部因素阻止时,他就正在沉思。换言之,(1)是潜在的知者,因为他具有这样的质料;(2)是潜在的知者,因为他具有思考的能力。(1)满足潜在者的第一个标准,即在没有外部因素阻止且有施动者作用时,他将变成现实的知者。(2)满足潜在者的第二个标准,即在没有外部因素阻止时,他将自己变成现实的知者。与(2)对应的现实者是(3),即沉思者,而与(1)对应的现实者是什么呢?根据"质料"作为潜在者的提示,我们应当认为是"实体"。灵魂是实体和现实者,它被归为(2)之下。所以,在这个三层图示中,实体属于(2)。我们把这个图示写为:

(1)	(2)	(3)
第一潜在性	第一现实性/第二潜在性	第二现实性
质料	实体/力或能力	变化/活动

第一现实性和第二潜在性并不"相等",它们一同归于(2)之下是因为实体是力的主体和承载者,即力其实是实体的某种性质;一个实体与它的本质能力是同时存在的。"变化和力"与"实体和质料"这两个例示能够重叠是因为在某些情况下实体自身因为拥有某些力而可以作为潜在的变化者。但是由实体的能力引起的变化既可以是严格意义上的活动也可以是不完备的变化。所以,(3)本身既可能是严格意义上的活动也可能是不完备的变化。

此外,"实体—质料"和"变化—力"两个例示在结构上的差异可以由从(1)到(2)和从(2)到(3)两种不同的转化来揭示,即从(1)到(2)

的转化是不保存潜在者的变化,而从(2)到(3)的转化是保存潜在者的特殊的变化。换言之,在从质料到实体的转化中,质料不被保存,而在从力的承载者到变化者的转化中,这些能力是被保存的。

关于这两种转化及其区分的讨论非常复杂,但是对于我们的论证而言,关键在于从(2)到(3)的转化不是一般意义上的变化,即它不是在《物理学》第三卷第一章至第三章中定义的不完备的变化。伯恩耶特称从(2)到(3)的转化为"超常的偶性变化",而科斯曼认为它是严格意义上的"活动",海内曼(R. Heinaman)则认为它既不是变化也不是活动,因为变化发生之前没有变化,而向变化的转化也不是变化或活动。然而,无论从(2)到(3)的这个转化究竟应如何理解,我们至少清楚的一点是:它不是任何类型的不完备的变化。因此,对于我们的问题——质料是否在实体生灭过程中持存,它是不相关的,因为我们的问题只涉及一种不完备的变化——即实体的生成或毁灭。尽管潜在者在从(2)到(3)的转化过程中被保存,但这个转化过程并不涉及实体的生成与毁灭,因此潜在者在这个转化过程中的持存与质料在实体生灭过程中的持存是两码事。在衍生的或宽泛的意义上,实体或力的承载者也被称为"质料",这种"质料"被认为在变化或活动中持存,但它并不是与实体生灭有关的质料。①我们将在本章第四节中澄清这一点。另一方面,我们看到,从(1)到(2)的转化不保存潜在者的特点恰恰证明了质料在实体生灭过程中的不持存。

因此,"第二潜在性"在向"第二现实性"的转化中被保存的特点并

---

① 因此,L. A. Kosman 所认为的"最近的质料"在实体中持存的观点并未驳倒我的观点,因为他说的质料"持存"并不涉及"变化"过程,而且他认为的"最近的质料"是实体的"构成质料"或"共时质料",但这一点并没有很好的文本证据。我将在本章第四节中澄清我对亚里士多德质料概念的理解。参看 L. A. Kosman, "The Activity of Being in Aristotle's *Metaphysics*", in *Unity, Identity, and Explanation in Aristotle's Metaphysics*, T. Scaltsas, D. Charles, M. L. Gill (ed.), Oxford: Clarendon Press, 1994, pp.195-213。

不能证明作为潜在者的质料在实体生成的过程中被保存。"变化—力"和"实体—质料"并不具有完全相等的结构,只是它们能以类比的方式显示某些共同的本体论关系。

第三节 现实性对潜在性的三种优先性

"现实性和潜在性概念的类比所表达的共同图示包含了哪些内容"是一个开放的问题,但是根据"最小解释"的策略,对这个类比的正确解释必须与《形而上学》Θ卷的主要论点相一致。在这一节中,我们将讨论现实性对潜在性的三种优先性,即现实性对潜在性在定义上、在时间上和在实体上的优先性。我们将看到,我们对Θ6的类比的解释能够在现实性对潜在性的优先性中得到验证。

现实性对潜在性的优先性是《形而上学》Θ8的主题,也是整个Θ卷的核心观点和主要结论。这一章是Θ卷中最长的,它汇集了前面章节中讨论的许多问题,这些问题从不同的方面对现实性的三种优先性提供论证,例如,在Θ5中讨论的力和力的运用,在Θ2中讨论力的获取以及理性的力和非理性的力的区分,Θ3和Θ4中研究的潜在性与可能性的关系,以及Θ6的下半章涉及的不完备的变化与活动的区分。我们不能一一探讨这些问题,而是把分析集中在现实性对潜在性的三种优先性上,我们将在这些分析中进一步澄清现实性和潜在性的关系,以便得到对这两个概念的较为完善的理解。

现实性对潜在性在定义上、时间上和实体上的优先性是三种不同的优先性,它们不能彼此还原,也不重叠。在Θ8的开篇,亚里士多德提醒我们说这三种优先性关系对所有类型的潜在者和现实者都适用。

我们先来看现实性对潜在性在定义上的优先性,这是三种优先性中意义最清楚、最直接的,亚里士多德对它的论证也最短。他说:

> 现实者在定义上优先,潜在者在原初的意义上是潜在者,这是

因为它有可能变成现实的,例如,我的意思是,一个人潜在地建房子是因为他能建,潜在的看见是因为能看见,而潜在的被看见是因为能被看见。在其他情况中也是如此,所以对现实性的定义和认识优先于对潜在性的定义和认识。(《形而上学》,1049b13-18)。

此外,在《形而上学》M 卷第二章中(1077a36-b4),亚里士多德给出了"定义上的优先性"的定义:

X 在定义上优先于 Y,当且仅当,X 的定义不包含 Y 的定义(明确地或隐含地包含),但 Y 的定义包含 X 的定义。①

从 Θ8 中这个简短的论证来看,某一潜在者是什么或者说潜在者的定义必然预设了相应的现实者的定义,但是现实者的定义却并不预设相应的潜在者的定义。我们定义某个潜在者总是离不开相应的现实者,但定义现实者却不需要潜在者。例如,我们要定义"建房子的能力"或者要判断某个人是否是潜在的建筑师,那么我们必须首先诉诸什么是"建房子"这个变化,即这个实际的活动是什么。如果"建房子"是一系列的动作:搅拌泥土、烧制砖头、打地基、砌墙、加盖屋顶、粉刷和装饰等等,那么"建房子的能力"就是在建筑师之中的能够引起这一系列变化和动作的本原。因此,在对"力"的定义中必然包含了由它引起的"变化",而非相反。现实者对潜在者在定义上的优先性并不仅仅是逻辑上的,更是认知上的。对于潜在者的认识已经预设了对于现实者的认识,换言之,只有在理解了什么是现实者之后,我们才能理解什么是潜在者。所以,亚里士多德在这个论证的末尾指出,对现实性的认识优先于对潜在性的认识。贝赫强调说现实性对潜在性在定义上的优先性也被称为"在定义和认识上的优先"。

现实性对潜在性在时间上的优先性不是绝对的,它在一种方式上

---

① 对这个定义的概括,我依据 J. Beere 的建议。参看 *Doing and Being: An Interpretation of Aristotle's Metaphysics Theta*, Oxford: Oxford University Press, 2009, p.286。

是优先的,而在另一种方式上是"在后的"(posterority)。亚里士多德更多地讨论了它的优先方式,但是对我们的论证而言,更重要的是现实性对潜在性在时间上在后的这种方式。

《形而上学》Θ8 的开篇说:"既然我们已经确定了优先性有多少种方式,那么现实性对潜在性的优先性就是显然的"(1049b4-5)。这个句子提示我们应当带着"已经确定的优先性的方式"的意义来理解这一章的论证。亚里士多德在《范畴篇》第十二章中讨论过在时间上的优先性的意义。在那里,时间上的优先性是五种优先性(第五种优先性没有单独的名称,但被单独讨论过)中最重要和最严格的一种,即某物在时间上具有优先性是指"它被称为更古老的或更久远的"(《范畴篇》,14a29)。根据这个标准,荷马对柏拉图在时间上具有优先性,因为他比柏拉图更"古老"。克利里(J. Cleary)说:"亚里士多德(在《范畴篇》)中似乎忽略了这样一个事实:对于将来时间,从我们当下的时刻看,具有优先性的东西是离我们当下时刻最近的。对这个事实的忽略表明《范畴篇》对时间上的优先性的讨论早于《形而上学》Δ11。"①

在《形而上学》第五卷第十一章中,亚里士多德考虑了将来时间的因素,他说:"对于过去发生的事情,某物在时间上的优先是指它较此时此刻更远,例如,特洛伊战争比波斯战争在时间上具有优先性,因为它较现在更远。对于将来发生的事情,某物在时间上的优先是指它距此时此刻更近,例如,复仇女神节比皮提亚运动会在时间上具有优先性,因为它更近"(1018b15-20)。尽管《形而上学》Δ11 对时间上的优先性的意义做了更细致的区分,但它和《范畴篇》第 12 章一样都是以距离此时此刻的远近来定义某物在时间上的优先性的。

然而,《形而上学》Θ8 中讨论的现实性对潜在性在时间上的优

---

① J. Cleary, *Aristotle on Many Senses of Priority*, Carbondale and Edwardsville: Southern Illinois University Press, 1988, p. 24.

先性在两个方面不同于《范畴篇》和《形而上学》Δ11中的定义,尽管它仍然包含"古老""久远"这个基本意义。首先,现实性在时间上的优先性不是对时间中的任意两个对象进行比较,而是对某物的生成过程中的对象进行比较,即这两个被比较的对象都处于同一物的生成过程中。一颗橡子在时间上既不优先于也不滞后于一座大理石雕塑,因为它们属于不同的变化过程。其次,任何变化都有内在的目的,它"朝向"这个目的而运动。在《范畴篇》和《形而上学》Δ11中,亚里士多德选取"现在时刻"作为原则来确定某物在时间上的优先性,但是在《形而上学》Θ8中,他选取变化的目的和终点作为原则来确定时间上的优先性,即离变化的目的越远的,越具有时间上的优先性。从这两个方面我们可以看到,《形而上学》Θ8所说的在时间上的优先性以及在实体上的优先性基于一个有序的变化过程,特别是一个实体生成的过程,正如贝赫指出的那样,Θ8和Θ7的论证预设了一个有序的变化(或生成)过程。因此现实性对潜在性在时间上的优先性也称为"在时间和生成上的优先"。

现实性以什么样的方式在时间上优先于潜在性?又是以什么样的方式在时间上在后于潜在性呢?亚里士多德说:

> 现实者,即形式上相同但在数目上不同的(现实者),在时间上优先。我的意思是,(在时间上)优先于这个现实的人、小麦和实际看的东西的是质料、种子和能看;但是在时间上优先于这些东西的是别的现实者,这些潜在者从别的现实者而来;因为情况总是如此:现实者从潜在者而生成,并以某个现实者为原因。例如:人因人为原因而生成,音乐家因音乐家为原因而生成。在任何情况中总是有某物开启了变化,而这个某物已是现实的。(《形而上学》,1049b18-26)

变化的一般结构在这个论证中起着重要作用。我们在第五章中分析过这个结构：即变化从某物开始，以某物为原因，以变成某物为结果。变化的起点是潜在者，终点是现实者，而作为变化的原因和推动变化的某物是另一个现实者——这个现实者与作为变化目的的现实者在形式上相同，但在数目上是不同的。变化从潜在者开始"朝向"现实者；它能够被时间测量，因此这个一般结构中的三个对象也具有时间上的先后关系。变化的目的和终点是确定某物在时间上的优先性的原则，所以离终点越远的东西越具有时间上的优先性。与作为变化之目的的现实者相较而言，潜在者离终点比终点离终点自身更远，因此潜在者对现实者具有时间上的优先性。然而，另一个在形式上相同的现实者比这个潜在者离变化的终点更远，所以它对这个潜在者具有时间上的优先性；在这个意义上，现实者对潜在者具有时间上的优先性。例如，种子在时间上优先于由它生成的成熟的小麦，但是这粒种子作为潜在的小麦是从同种的成熟的小麦而来，这个作为父本的小麦是在时间上优先的现实者。又例如，演奏竖琴的能力在时间上优先于演奏，但是在这种能力获得之先必须进行实际的演奏练习。因此，对于某物 F 的生成而言，潜在的 F 在时间上优先于现实的 F，但是与 F 同形式的现实者 F′在时间上优先于潜在的 F。

现实性对潜在性在时间上的优先性表明，如果同种类的现实者不事先存在的话，就不可能有潜在者存在。只有当一个在头脑中已经有了阿波罗的样子的石匠发现了一块大理石时，这块石头才会在石匠的手中作为潜在的阿波罗。如果从来不曾有过这样的石匠，这块大理石就只是大理石，绝不可能是潜在的阿波罗。

对于可感实体而言，在它的生成过程中，潜在的实体，即它的质料，在时间上优先于现实的实体，尽管另一个现实者在时间上又优先于作为潜在者的质料。从这一点我们看到，亚里士多德的"质料"概念主要是实体的质料因意义上的"先在质料"，而不是它的某种"构成之物"。此外，潜在性对现实性在时间上的优先性验证了我们对 Θ6 中的类比的解释,即现实者是从潜在者而来的,连接它们的是从潜在者开始的、指向现实者的广义的变化。

现实性对潜在性的第三种优先性是指"在实体上的优先性"。对这个问题的讨论占据了《形而上学》Θ8 三分之二还多的篇幅,即 1050a4-1051a3。这段文本分为两个部分:第一部分为 1050a4-1050b5,被称为文本 A,它关注的是可朽实体;第二部分为 1050b6-1051a3,被称为文本 B,它关注的是永恒实体和可朽实体的关系。尽管亚里士多德并未给第二部分文本一个独立的、区别于第一部分的名称,但是许多学者认为这两部分讨论的是不同意义上的"在实体上的优先性",或者说这两部分文本说的是两种意义的"优先性"。① 理解现实性对潜在性的第三种优先性的最大困难在于,我们不清楚亚里士多德说的"在实体上的优先性"究竟是什么意思。

《形而上学》Θ8 开篇的提示说"我们已经确定了优先性有多少种方式",因此对于"在实体上的优先性"的定义,最可能的出处是《形而上学》Δ11,亚里士多德在那里使用的名称是"在本性和实体上的优先性"。有人认为 Δ11 中的定义并不符合文本 A 的意思和例子,而只符合文本 B。我们先来分析文本 A,然后简要地讨论文本 B。对于文本 A,学者们的主要分歧是:是否应当使用 Δ11 的定义以及如何使用。

《形而上学》Δ11 对"在本性和实体上的优先性"的定义如下:

"Τὰ μὲν δὴ οὕτω λέγεται πρότερα καί ὕστερα, τὰ δὲ κατὰ φύσιν καὶ οὐσίαν, ὅσα ἐνδέχεται εἶναι ἄνευ ἄλλων, ἐκεῖνα δὲ ἄνευ ἐκείνων μή."(1019a2-3)

---

① 这些学者包括 D. Ross (1924)、Aquinas (1961)、C. Panayides (1999)、S. Makin (2006)以及在较弱的意义上包括 J. Beere (2009)。他们认为文本 B 所说的才是本体论上的优先性,而文本 A 的现实者对潜在者"在实体上的优先性"是另外的意义,尽管他们对于这个另外的意义应当如何理解有不同的解释。讨论的细节参看 C. Panayides, "Aristotle and the Priority of Actuality in Substance", *Ancient Philosophy*, Vol. 19, 1999, p.338。

对这个定义的一种流行的读法是把"εἶναι"(系词不定式)翻译为"存在"。因此,某物在实体上优先于它物是指:某物在它物不存在时也能存在,但它物在某物不存在时就不能存在。我把这种理解方式称为"存在解释"。

【存在解释】:A 对 B 在实体上有优先性,当且仅当,A 能够不依赖 B 而存在,但 B 不能不依赖 A 而存在。

惠特采用了存在解释,并认为文本 A 和文本 B 都符合 Δ11 的定义。她指出现实者独立于潜在者而存在,而潜在者必须依赖于现实者而存在。①她称这种关系为现实者对潜在者在"本体论上的优先性",并反对将现实者对潜在者的优先关系做"解释上的优先性"来理解。罗斯、艾文(T. H. Irwin)和阿奎那都持有"解释上的优先性"的观点,他们认为现实性的存在能够解释潜在性的存在,因此前者在解释的意义上具有优先性。②尽管他们不认为潜在性在本体论上依赖于现实性,但是他们和惠特一样对这个定义采用了"存在解释"的理解。

然而,"存在解释"在文本 A 中产生了相当多的困难。我们来看看亚里士多德的论证,他说:

> 现实性在实体上优先,首先,因为在生成过程中(时间上)在后的东西在形式和实体上是优先的,例如成年人对男孩,人对精子;因为前者已经拥有了形式,而后者没有。其次,因为任何生成之物都是朝向一个本原和目的而变化的。因为某物之所为的东西是本原,而生成就是为了这个目的,并且现实性是目的,潜在性(的获得)是为了这个目的。(《形而上学》,1050a4-10)

在这个论证之后,亚里士多德分别处理了现实性和潜在性的两类

---

① C. Witt, *Ways of Being: Potentiality and Actuality in Aristotle's Metaphysics*, NY: Cornell University Press, 2003, p.82.

② 参看 C. Witt 对这些学者的批判,*Ibid*, p.82, p.139。

主要例子:变化和力,以及实体和质料。我们把这个论证归纳如下:

条件 1:在生成过程中(时间上)在后的东西在形式和实体上是优先的。

条件 2:任何生成之物都是朝向一个本原和目的而变化的。

条件 3:现实性是目的。

条件 4:潜在性是为了现实性这个目的。

结论:现实性在实体上优先于潜在性。

在这个论证中,如果我们接受条件 1,那么亚里士多德的论证是合理的。条件 4 为条件 1 和条件 2 提供了进一步的补充解释。潜在性的"为了"性质解释了它为什么会朝向现实者而运动。潜在者对目的的指向是它的本质特征,这一点在这个论证中发挥着重要作用,亚里士多德用了不少例子来解释条件 4:力或能力的获得是为了它们的运用,质料的存在是为了形式并将会成为形式。条件 1 显示出现实性在实体上的优先性的讨论亦是基于一个有序的变化过程,特别是实体的生成过程;这一点与现实性在时间上的优先性一样。此外,它同样基于变化的一般结构,但是这里只考虑从某个潜在者开始到它变成现实者这个单一的变化,而不考虑作为目的的现实者与在形式上相同的、另一个现实者的关系。因此,这个论证同样验证了我们对 Θ6 的类比的解释,即现实者是潜在者的目的和变化的结果。

理解这个论证的关键之处是:我们为什么要接受条件 1,以及条件 1 是什么意思? 如果我们不接受条件 1,那么亚里士多德的论证就是不成立的。从他对时间上的优先性的讨论来看,现实者在生成过程中在后于潜在者,但并不能就此认为它在实体上优先于潜在者。因此,我们必须为这一点作出解释和辩护。现在,如果我们用"存在解释"来理解"实体上的优先性"的意义,那么它的意义是:现实者能够不依赖于潜在者存在,而潜在者不能不依赖于现实者而存在。但是,困难在于这个理解与此处的例子不符：男孩或精子能够不依赖于将来的成年人而存在。实际上，男孩王五可能在成年之前就夭折了，因而成年的王五从未存在过。另一方面，亚里士多德用以反对麦加拉学派的观点也表明，力的存在并不依赖于它的运作和变化，即便作为现实者的变化不存在，作为潜在者的力也仍旧存在。所以，根据"存在解释"，潜在者似乎在实体上优先于现实者。

惠特的解释面临着这个困难，她为此辩护说作为潜在者的男孩在本体论上依赖于现实者而存在，但这个现实者不是男孩将来成为的成年人，而是人这个种，即这里的现实者不是个体（token）而是普遍的种（species）。对亚里士多德而言，种在本体论上又是依赖于种之中的个体的，因此男孩王五在本体论上依赖于其他成年人个体。[①]但是她的辩护并未令人满意。首先，这是一个非常强的"形式或现实性是普遍"的观点，但这个观点需要更多的论证。如果这一点不能被成功证明的话，她的这个辩护也就无法成立。其次，更重要的是，亚里士多德的论证中的条件1考虑的是在某个实体F的生成过程中，潜在的F和现实的F的关系，并非潜在的F与同种的、别的实体F′的关系；但惠特的辩护说的是潜在的F的存在依赖于同种的、别的现实者F′的存在。

如此，我们在解释文本A时是否应当抛弃《形而上学》Δ11中对"在本性和实体上的优先性"的定义？帕纳耶蒂（Y. Panayides）就是这样做的，他认为《形而上学》Θ8中讨论的现实性的优先性不是三种而是四种，因为文本A中的优先性的意义与文本B所讨论的是完全不同的两种类型，而只有文本B符合Δ11的"存在解释"。他批评惠特将文本A中的优先性解释为现实者在"本体论上的优先性"，而认为文本A中的优先性指的是《物理学》第八卷第七章（260b15-19,261a13-20）所

[①] C. Witt, *Ways of Being: Potentiality and Actuality in Aristotle's Metaphysics*, NY: Cornell University Press, 2003, pp. 84-85.

说的意思,即"实体上的优先性"并不是"本体论上的优先性"。根据帕纳耶蒂的解释,"现实性在实体上的优先性"是指:"倘若 B 是指向目的的实体,即它自身不包含目的但朝向目的,那么 B 在实体上在后于它的目的。"① 然而,帕纳耶蒂的这个解释是难以接受的。首先,在如此紧密连接的文本 A 和文本 B 中,如果亚里士多德采用的是两种不同意义的优先性,他为何没有使用任何有区别的名称呢? 其次,正如贝赫批评的,帕纳耶蒂的解释错误地混淆了"在实体上的优先性"和"在生成时间上的在后性",而直接将"在生成时间上的在后性"作为判定"在实体上的优先性"的标准。②

梅金虽然未像帕纳耶蒂那样直接抛弃 Δ11 的"存在解释",但他认为必须对这个定义加以限制才能符合文本 A 的论证和例子。这个限制是:在目的论的生成背景中,A"可能"不依赖 B 存在,而 B"不可能"不依赖 A 存在。因此现实性对潜在性在实体上的优先性是指:A 在实体上优先于 B,若在正常条件下变化或生成过程的结果是 A 而非 B;若生成结果是 B,则这个变化或生成过程是被干扰或打断了的。③ 然而,这个解释等于说"在 A 的生成中,因为 A 在时间上是滞后于 B 的,所以 A 在实体上是优先于 B 的"。所以梅金与帕纳耶蒂犯了同样的错误,即混淆和取消了现实性"在实体上的优先性"与"在时间和生成上的在后"的差异。

那么,关于文本 A 的解释,我们还能有别的选择吗? 贝赫指出,尽管《形而上学》Δ11 的定义只适用于文本 B,但文本 A 在一种宽泛的意

---

① C. Panayides, "Aristotle and the Priority of Actuality in Substance", *Ancient Philosophy*, Vol. 19, 1999, p. 338.

② J. Beere, *Doing and Being: An Interpretation of Aristotle's Metaphysics Theta*, Oxford: Oxford University Press, 2009, p. 397.

③ S. Makin, *Aristotle's Metaphysics Book Theta*, Oxford: Clarendon Press, 2006, p. 238.

义上也适用 Δ11 的定义。他把 Δ11 的定义称为"柏拉图标准",因为亚里士多德在那里说柏拉图使用过这个标准;而文本 A 的"在实体上的优先性"在"精神"上与"柏拉图标准"是相似的。具体说来,他认为潜在者的本质取决于相应的现实者的本质,而非相反。①我认为贝赫的解释大概是可行的,但是仍然很不清楚。"宽泛的意义"和"在精神上相似"究竟是什么意思呢? 它们在字面上只不过是一些比喻而已。

我们并不采用贝赫的"宽泛意义"的解释,而是对 Δ11 的定义有另一种读法。我们不把"εἶναι"理解为"存在",而理解为"所是"(being)。因此,某物在实体上优先于另一物是指:某物之所是独立于另一物之所是,而另一物之所是依赖于某物之所是。我把这个读法称为"所是解释"。

【所是解释】:A 对 B 在实体上有优先性,当且仅当,A 之所是不依赖于 B 之所是,但 B 之所是不能不依赖于 A 之所是。

珀曼梯斯(Michail. M. Permatizis)在其文章"亚里士多德的在本性和实体上的优先性概念"中论证说,虽然《形而上学》Δ11 的文本本身对"存在解释"和"所是解释"是开放的,但是"存在解释"会引起许多曲解甚至误读,而"所是解释"对于理解 Δ11、Z10 和 Θ8 中的在实体上的优先性是更恰当的。②我在这里采用珀曼梯斯的结论,把 Δ11 中对"在本性和实体上的优先性"的定义理解为"所是解释"。这样一来,文本 A 和文本 B 的论证和例子都能够符合 Δ11 的定义。因此,在解释 Θ8 中的"在实体上的优先性"时,我们既不用抛弃亚里士多德在"哲学词典"中(即《形而上学》Δ 卷)对这个概念的定义,也不必将上下承接的部分划分为不同的两种意义。

---

① J. Beere, *Doing and Being: An Interpretation of Aristotle's Metaphysics Theta*, Oxford: Oxford University Press, 2009, p. 302.

② Michail. M. Permatizis, "Aristotle's Notion of Priority in Nature and Substance", *Oxford Studies in Ancient Philosophy*, Vol. 43, 2008, pp. 187-249.

我们已经指出,现实性对潜在性在实体上的优先性的论证之关键是条件 1,即条件 1 必须得到解释和辩护。如果我们用"所是解释"来理解《形而上学》Δ11 的定义,那么就会出现下述情况:现实者之所是不依赖于潜在者之所是,而潜在者之所是不能不依赖于现实者之所是。这个解释与亚里士多德论证中的例子是匹配的:成年人之所是并不依赖于男孩之所是,但男孩之所是却必须依赖于成年人之所是,小麦之所是不依赖于它的种子之所是,但它的种子之所是却依赖于小麦之所是。换言之,男孩和种子是什么东西取决于成年人和小麦是什么东西,但并非相反。例如,我们说男孩是朝向成年人发育的、尚未成熟的人,种子是朝向小麦发育的、尚未成熟的麦子。作为"尚未成熟的人"和"尚未成熟的麦子",它们之所是取决于"人"和"麦子"之所是。

系词不定式的"所是"(being, εἶναι)的意义在汉语中很难传达。为了这里解释的需要和方便,我们把"所是"看作"本质",尽管"所是"可能表达比本质更多的东西。然而,"所是"与"本质"具有相当紧密的联系,亚里士多德的术语"本质"(τὸ τὶ ἦν εἶναι)的字面意义是"某物一直以来是的东西";对某物"是什么"(τὶ ἐστίν)之问题最首要的回答就是"本质"。不过,我们在这里对"本质是普遍的还是特殊"的争论保持中立,因为对某物"是什么"的回答既可以是"这一个"(τόδε τι)也可以是"如此这般"(τοιοῦτος)。①

男孩王五的本质依赖于成年人王五的本质,如果没有后者,前者就不再是男孩王五;亚里士多德解释说,这是因为成人已经拥有了形式,而男孩尚未拥有形式,但男孩朝向成年人而变化,并为了成人而在当前

---

① 在这里,我对于"形式或本质是特殊的还是普遍的"争论保持中立,而此书的讨论和阐述也不能完整回答这个问题。不过对亚里士多德而言,对某物"是什么"的首要回答,在《范畴篇》中是"这一个"(τόδε τι),而在《论辩篇》第一卷第九章中是"如此这般"(τοιοῦτος)。

是如此这般的状态。成年人拥有形式,因此他的本质是完备的,但男孩尚未拥有形式,因此他的本质是不完备的。男孩的不完备的本质取决于成年人的本质,因为前者在目的论上朝向后者,并且"为了"这个目的才成其为自身。换言之,男孩的本质由成年人的本质所规定,即现实者的本质决定了潜在者的本质,在这个意义上,潜在者在本体论上依赖于现实者。

我们必须注意到潜在者的"为了目的"的结构是现实者在实体上的优先性之论证的条件之一,并且它为论证中的条件1提供了补充解释。因此,对于可朽实体而言,潜在者的本质可以理解为"为了现实者的本质"而是如此这般。我们看到,潜在者的本质预设了现实者的本质,因为,若某物为了某个目的而是如此这般,那么这个目的之所是已然被这个事物预设了。潜在者在本体论上不能独立存在,因为它从现实者那里"接受"了某种本质,或者说现实者把自身的本质以"为了目的"的结构投射到潜在者。因此,潜在者在本体论上是现实者的"附庸",也正是在这个意义上,潜在者并不在严格的意义上拥有"本质"和"形式"。

珀曼梯斯用《物理学》第二卷第九章中的质料的"有条件的必然性"(hypothetical necessity)来解释潜在者如何在本体论上依赖于现实者,但是这个解释离《形而上学》Θ卷的背景问题过于疏远,而且那里考虑的是形式或目的决定了对质料的选择,以及什么东西才是合适的质料,并未涉及其他类型的潜在者。其实,在Θ8的论证中,潜在者对目的的指向是作为条件出现的,可以说"目的论关系"是现实者在实体(或本体论)上优先于潜在者的"方式"或"内容"。换言之,对于可朽实体而言,潜在者在本体论上依赖于现实者这个意义,蕴含了潜在者以现实者为目的并朝向它而运动。因此,潜在者在目的上的指向决定了它在本体论上依赖于现实者的方式。

然而,并非所有本体论上的优先性或依存关系都是以"目的论关系"为方式或内容的。在《范畴篇》中，亚里士多德指出非实体范畴在本体论上依赖于实体范畴；即如果实体不存在，那么其他非实体也不可能存在。例如，苏格拉底可以不依赖于苏格拉底的白色而存在，但苏格拉底的白色却不能不依赖于苏格拉底而存在。在这里，白色和苏格拉底并没有目的论上的关系，而且它们在本体论上的优先关系似乎适用于"存在解释"。因此，对于可感实体而言，"目的论关系"是理解现实性对潜在性在本体论上的优先性的核心，因为这是独属于它的方式和内容。

我们来考虑潜在者之本质被现实者所规定的一个例子。某个雕塑家的工作室内有一块大理石，一个门外汉走进这间工作室，他只看见了"大理石"，但这个雕塑家看见的是"在大理石中的阿波罗"。门外汉的头脑中没有阿波罗的本质，因此他"看不见"潜在的阿波罗。潜在者并不像现实者那样直接呈现自身，而是在思虑中被发现的。有人也许会担心这个例子与现实性在时间上的优先性是无区别的。但是，即便这个雕塑家在看见这块大理石之前就死了，这块石头在任何拥有阿波罗之本质的存在者看来都可以是"潜在的阿波罗"，即这块石头只有在与现实的阿波罗的关联中才是潜在的阿波罗。石头是否是"潜在的阿波罗"只与阿波罗的本质有关，而与时间无关。

实际上，"存在解释"的困难根源于任何可朽实体的"存在"都蕴含着时间上的限制。[①]可朽实体能够被生成和毁灭，它必然只在一段时间中"存在"，而在另一段时间中不存在。一个可感实体的存在意味着它的生成过程已经结束，相应的潜在者在此之前已经存在。因此可朽实体的"现在存在"必然预设了潜在者的"过去存在"。然而，现实者在实

---

① Permatizis 也指出过这一点，参看 Michail. M. Permatizis, "Aristotle's Notion of Priority in Nature and Substance", *Oxford Studies in Ancient Philosophy*, Vol. 43, 2008, pp. 187-249。

体上的优先性并不受时间的约束；现实者可能在将来存在，但它在实体上仍然优先于当前的潜在者，因为当前的潜在者之所是由现实者之所是来决定。

对于永恒实体而言，它们的"存在"没有时间上的限制，因为它们没有生成和毁灭。因此"存在解释"似乎适用于永恒实体对可朽实体的优先性，即永恒实体的存在不依赖于可朽实体，但是可朽实体的存在不能不依赖于永恒实体。所以，许多学者认为只有文本 B 符合《形而上学》Δ11 的定义，因为他们用"存在解释"来理解这个定义。

然而，文本 A 和文本 B 都符合用"所是解释"来理解的 Δ11 的定义，这里并没有两种不同意义的"在实体上的优先性"。将它们割裂为两种优先性的理解不仅在文本上是不自然的，而且是对"在实体上的优先性"之概念的误解。鉴于我们讨论的主题限于可感实体之内，对文本 B 我们只做简要的分析。

文本 B 考查永恒实体作为整体对可朽实体作为整体在实体上的优先性。根据"所是解释"，永恒实体之所是（理解为本质）不依赖于可朽实体之所是，而可朽实质之所是必须依赖于永恒实体之所是。例如，可朽实体作为一个类能够不断地繁衍和运动是因为永恒实体的推动，但永恒实体的本质和运动并不以可感实体为原因。亚里士多德说："永恒实体是优先的，因为如果它们不是（其所是），那么其他实体也就不是（实体）了"（1050b19）。

与可朽实体不同的是，永恒实体是绝对的现实者，因为它的活动并不是通过潜在者的运作来实现的；它永不止息，毫无倦怠。亚里士多德说："如果某物永恒地变化，那么它并非因潜在性而引起变化"（1050b20-21）。然而，可朽实体作为实现者是通过相应的潜在者的运作来实现的，它不可能永远是现实者，因为潜在者的运作可能未被实现或者未能达成目的。永恒实体没有与之对应的、潜在的永恒实体，而可朽实体则必须有相应的、潜在的可朽实体。所以，永恒实体绝对独立于潜在性,而可朽实体必然不能与潜在性相分离。正是在这个意义上,对于永恒实体作为现实性而言,它在更严格的意义上优先于作为潜在性的可朽实体。

第四节 "质料"概念的再次澄清

我们在本书第四章中对亚里士多德的"质料"概念做了初步澄清,并指出对"质料"概念的细致分析和正确把握能够为"质料在实体生灭过程中是否持存"这个问题提供有效回答。在对"质料"概念的初步澄清中我们发现,"质料"与"潜在性"具有密切的关系,对质料的定义离不开潜在性,以及对"质料是什么"的回答必须涉及对潜在性的理解。现在,我们以第五章和第六章对"潜在性"概念的分析和潜在性与现实性之关系的讨论为基础,进一步澄清"质料"概念的含义。

我们来回顾一下对"质料"概念的初步澄清中的几个要点。首先,我们指出"质料"概念并不等于"基体"或"主词"概念(ὑποκείμενον),基体的所指比质料更宽泛。就可以作为主词这一方面而言,质料是基体的一个子类,具体说来,质料是实体生灭的基体,而个体实体是非实体变化的基体。其次,质料主要是作为某个实体的质料因,它先于可感实体而存在,是"先在质料"。"先在质料"与"共时质料"的区分不是同一质料在实体生成的不同阶段的区分,而是两种不同质料的区分。第三,虽然质料作为实体的质料因是某种在时间上先于可感实体的东西,亚里士多德也常常用实体的"从之而来者"描述质料,但是"从之而来者"这个观念本身却不能定义质料,因为"从之而来"表达的意义对于确定"质料"概念是不充分的。

"质料"概念与"潜在性"概念具有密切的联系。我们已经指出"质料"概念在亚里士多德的逻辑学中是缺失的,存在的十范畴的划分中并没有质料的地位。因此对"质料是什么"这一问题的回答并不在范畴的本体论图景中,即质料既不是这一个,也不是这样的质或量,也不是对它们的否定,等等。然而,质料是潜在存在者。我们把以范畴划分的存在称为"存在的种类",以"潜在性和现实性"划分的存在称为"存在的方式",这是两种独立的、对存在之意义的划分。质料的形而上学地位不在"存在的种类"中,却在"存在的方式"中。质料不是存在的某个种类,而是存在的一种方式——即潜在存在,它与现实存在相对应。

然而,"质料"概念自身却并不等于"潜在性"概念,前者是实体和实体生成的原因之一,而后者是一种存在方式。尽管"形式与质料"和"现实性与潜在性"这两对概念谁更根本的问题是有争议的,但后者似乎更为基础,因为亚里士多德用它们来探究永恒实体和不动的动者——"神学"是他的形而上学的最高目的。[①]我们看到,潜在存在者在某种意义上可以被认为是对"质料"概念的"描述定义",因为"潜在性"概念涵盖了亚里士多德对"质料"概念的所有使用方式,并解释了质料的特性——即它回答了"质料是什么"的问题。

对于可感实体而言,质料是潜在的可感实体。"质料与实体"是"潜在性和现实性"的一种例示;换言之,质料是一种类型的潜在者,即它的现实性是实体。当然还有其他类型的潜在者:力或力的承载者、自然、可朽实体、无限和虚空,等等。这些不同类型的潜在者对应于各自的现实者,它们在类比的意义上都是"潜在者"。例如,我们说质料和力都是潜在者,但它们之间的关系是类比性的;不同类型的潜在者只具有一个松散的、类比上的统一性。因此,可感实体的质料可以被定义为一种类型的潜在者,即与之对应的现实性是可感实体。我把这个定义称为亚里士多德的"质料"概念的严格意义。

---

① 参看 S. Menn 对这个问题的讨论,他认为"现实性和潜在性"概念是更为基础的。S. Menn, "The Origins of Aristotle's Concept of *Energeia*: ενέργεια and δύναμις", *Ancient Philosophy*, Vol.14, 1994, pp.73-114.

严格意义上的"质料"概念包含了潜在的可感实体的所有特征和形而上学意义。因此，与潜在者一样，质料也具有存在上的双重性，即它不是现实的实体但已经以某种方式是实体。质料具有目的上的指向，即它以实体为目的，并朝向实体而变化。在可感实体的生成中，质料在时间上优先于现实的实体，但它并不具有"实体上的优先性"——即质料之所是在本体论上依赖于和取决于实体之所是。这些特征和意义都是严格意义上的"质料"概念的内容。

现在，我们能看出这个定义如何解释了质料的特征，又如何解决了之前遇到的问题。为什么"质料"概念不等于"ὑποκείμενον"？因为"ὑποκείμενον"并没有这些特征和形而上学意义，即它不具有目的上的指向，也不具有存在上的双重性，也不在本体论上依赖于其他存在者，它只是主词和主词指示的对象。为什么"从之而来者"不能定义质料？因为实体的"从之而来者"所指的对象并不总是满足潜在者的特征和意义。例如"黑夜从白天而来"(724a20)，"白天"只在时间上优先于"黑夜"，但并不具有质料所具有的其他特征和意义，比如"白天"之所是并不依赖于"黑夜"之所是。为什么亚里士多德说质料自身是不确定的，不可分离的和不可知的？因为质料作为潜在者在定义上、认知上和本体论上依赖于现实者，它被现实者所规定而没有独立的本质。为什么质料是一个相对的概念(194b9)？因为不同的质料对应于不同的现实者，某一质料只朝向一个唯一的目的。

因此，我们现在清楚的是亚里士多德的"质料"概念是一个技术化的哲学概念。在本文的开始，我们曾指出"质料"概念并不是日常意义上的"物体"概念，当然，质料也不是亚里士多德同时代的自然哲学家的始基、原子和元素。亚里士多德哲学中的四元素——水、土、火、气——类似于实体，而不是质料。因此，某个东西是不是某实体的质料必须由它是否满足这个严格意义上的定义来判断；如果这个东西不是可生成实体的潜在者，那么它就不是该实体的质料。

然而，我并不否认亚里士多德有时也称某些东西为"质料"，尽管它们并不满足这个严格意义。这些类型的质料我称为"宽泛意义的质料"。虽然它们不满足严格意义上的质料定义，但是它们都与潜在性有关。实际上，它们是区别于"潜在的实体"的其他类型的潜在者，它们与"严格意义的质料"的关系是类比性的。

力和自然的承载者被称为"质料"。亚里士多德说："有机身体（有器官的身体）相当于潜在者"（《论灵魂》，413a1）。动物的身体被认为是它的"质料"，而动物是身体与灵魂的复合物，即质料与形式的复合物。在这里，动物的活的身体并不是严格意义上的质料，因为活着的身体并不是潜在的动物，它也不涉及动物的生成。与身体对应的现实性是这个动物的各种生命活动，而身体具有各种各样的能力并能够引起和实施各种生命活动，例如，身体中的眼睛有看的能力，能够产生现实的看这个活动。我们说身体是"质料"，因为它潜在地是各种生命活动，即它的现实性是各种生命活动。

无限有时也被称为"质料"。亚里士多德说："无限像质料那样潜在地存在，并不像有限那样能够独立地存在"（《物理学》，206b15）；又说："明显的是，无限是质料意义上的原因，并且它的本质是缺失"（208a1）。无限作为"质料"并不是在严格的意义上，而是在作为某种特殊的潜在者的意义上被称为"质料"的。无限作为一种特殊的潜在存在者在《形而上学》Θ6中有着单独的讨论。①

属（γένος）有时也被亚里士多德称为"质料"。在关于定义的统一性的讨论中，亚里士多德把属看作"质料"，例如，在"人是两足的动物"这个定义中，"动物"被看作"质料"。"定义的一部分是质料，另一部分

---

① 无限没有对应的现实者，也就是说无限不可能"实现"。无限的特殊的实现方式是不断的进程，即无限在连续不断的进程中被实现着。对无限的讨论参看 D. Bostock, "Aristotle, Zeno, and the Potential Infinite", in *Space, Time, Matter and Form: Essays on Aristotle's Physics*, Oxford: Clarendon Press, 2006, pp. 116-127。

是现实性"(1045a35-36)。他说:"如果我们坚持说定义中的一部分是质料,一部分是形式——即一部分是潜在者另一部分是现实者,那么这个(关于定义的统一性的)难题就不存在了"(1045a23-25)。"属"被认为是一个定义中的潜在者,因此也被称为"质料"。当然,属并不是严格意义上的质料,因为它并非是与实体生成有关的潜在者。有些学者,例如罗蒂(R. Rorty),他认为"属"就是可感实体的质料[①],这当然是荒谬的。正如格林(M. Grene)所说:"属等于质料,这个关系是类比的而非字面意义上的相等。"[②]只是在类比的意义上,属才是定义中的潜在者和质料,因此它是宽泛的意义上的质料。

然而,我们的问题"质料在实体生灭过程中是否持存"涉及的"质料"是严格意义上的质料,因为只有严格意义上的质料与可感实体的生成和毁灭有关。其他宽泛意义上的质料并不涉及实体的生灭,因为与它们对应的现实性都不是可感实体。

第五节 质料在实体生灭过程中不持存的第二个和第三个论证

我们的研究目标是相互联系的两个方面:研究和澄清亚里士多德的"质料"概念以及讨论"质料在实体生灭过程中是否持存"的问题;对后者的正确回答依赖于对前者的恰当理解。现在,我们已经基本澄清了质料的意义,并指出与可感实体的生灭有关的质料是严格意义上的质料。从这个严格意义出发,我们将提出两个论证来证明质料在实体生灭过程中不持存。在第五章中,我们从潜在者和现实者在同一时间

---

① R. Rorty, "Geus as Matter: a Reading of Metaphysics Zeta-Eta-Theta", *Exegesis and Argument* [= Phronesis Suppl. Vol. 1], 1973, pp. 392-420.

② Marjorie Grene, "Is Genus to Species as Matter to Form?" *Synthese*, Vol. 28, 1974, pp. 51-69.

和同一方面相互排斥的角度建立了第一个论证。现在,我们要根据潜在者与现实者在时间上的先后关系和在本体论上的依存关系建立第二个和第三个论证。

值得注意的是,"可辩护"的质料持存的意义是:质料在实体生灭过程中作为同一类东西保持自身,而非作为个体的持存。严格意义上的质料是一种类型的潜在者,即它的相应的现实者是可感实体。因此,"潜在的实体"是判断某个东西是不是该实体的质料的唯一标准;如果某物不再是潜在的实体,它也就没有理由还被称为"质料"。倘若在实体生成的整个过程中,潜在的实体并不保持自身的存在,那么质料在作为同一个类的意义上就不持存。

我们先来考虑第二个论证,即在某实体F的生成过程中,根据潜在的F对现实的F在时间上的优先性,如何来证明质料在实体生灭过程中的不持存。

可感实体的生灭涉及的质料是严格意义上的质料。对于一个特定的实体F而言,它的质料是潜在的F。在生成实体F的过程中,潜在的F在时间上优先于现实的F,而现实的F是这个生成过程的目的和终点,潜在的F"为了"并"朝向"现实的F而变化。因此,F的质料在时间上优先于实体F。换言之,对于某个实体的生成而言,质料的存在在时间上先于该实体的存在;这意味着质料不能与可感实体同时存在。所以,质料先于可感实体而存在,并且在被生成的实体中不再存在。因此,质料作为潜在者在实体的生成过程中不持存。如果有人坚持说质料在实体生灭的过程中持存,那么他要么是说现实的实体还未生成,即生成过程尚未结束或目的还未达成;要么是说潜在者与现实者是同时存在的,但这恰恰与潜在者在时间和生成上优先于相应的现实者的观点相反。我把第二个论证总结如下:

条件1:质料是一种类型的潜在者,即它的现实性是可感实体。

条件2：在可感实体的生成中，潜在者在时间上优先于现实者。

条件3：可感实体是现实者和生成的终点。

条件4：质料不能与可感实体同时存在。

条件5：质料的持存是指从生成的起点到终点它保持为同一类东西。

结论：质料在实体生成过程中不持存。

有人可能会反驳我们的条件4说，质料在实体之先存在，但并不能推出质料不能与实体同时存在，例如，铜在铜像之先存在，并与铜像同时存在。然而，我们也可以说这铜像中的铜也在铜像毁灭之后存在。如此看来，铜的存在与铜像的存在只有一段时间上的重叠，似乎铜的存在与铜像的生成或毁灭是无关的。的确，铜作为铜自身并不"进入"铜像的生灭关系中，只有铜作为"潜在的铜像"才与铜像的生成有关。实际上，"铜作为铜"并不是铜像的质料，只有"铜作为潜在的铜像"才是铜像的质料。所以，这个反驳误解了亚里士多德"质料"概念。

我们再来考虑第三个论证。质料作为潜在者在本体论上依赖于作为现实者的可感实体。根据"在实体上的优先性"的"所是解释"，质料作为潜在者之所是由现实者之所是来决定，而现实者之所是并不依赖于潜在者之所是。现实者在本体论上是独立的，而潜在者以现实者为目的，并"为了"现实者而是如此这般。可感实体是现实者，它在本体论上是优先的并且独立于质料；换言之，可感实体之所是并不包含质料之所是。倘若质料作为潜在者在实体的生灭中持存，那么质料必须作为可感实体的一部分或某个成分被包含在其中。但是这样一来，实体之所是必然包含着在其之中的质料，它在本体论上也就不是独立自足的了。所以，质料作为潜在者在实体生成之先存在，但并不是可感实体之所是的一部分，因此，质料在实体的生成过程中不持存。我把第三个论证归纳如下：

条件1：质料是一种类型的潜在者，即它的现实性是可感实体。

条件2：现实者在实体上优先于潜在者。

条件3：可感实体是现实者。

条件4：可感实体之所是优先于并独立于质料之所是。

条件5：可感实体自身不包含质料。

条件6：质料的持存是指从生成的起点到终点它保持为同一类东西。

结论：质料在实体生成过程中不持存。

条件4和条件5是等价的，我把它们分别列出以示强调。对于这个论证的一个可能反驳是：条件4和条件5所陈述的观点是鲁莽的和不可接受的，我们如何能够宣称可感实体不包含质料？然而，这个反驳的错误在于，它把这个论证中的严格意义上的"质料"概念在条件4和条件5中偷换成了常识中的"物质""材料"或"构成成分"等概念。我的论证与"可感实体是占据空间的物质实体"或者"可感实体包含物质部分"这样的观点是相容的，我并不否认可感实体包含可分的物质部分，但是它并不包含严格意义上的质料。亚里士多德的"质料"概念对"质料在实体生灭过程中是否持存"这个问题给出了一个否定的答案。

第七章 亚里士多德对变化的定义
——变化的第二模型

在第五章和第六章中,我们从潜在性的角度对"质料"概念进行了探讨,并指出亚里士多德的"质料"概念是一个具有丰富哲学含义的技术化的概念。严格意义上的质料是潜在的可感实体,宽泛意义上的质料可以是其他类型的潜在者,但是严格意义上的质料与宽泛意义上的质料只具有类比上的统一性。从"潜在性"概念自身以及质料作为潜在的可感实体出发,我们证明了质料在实体生灭过程中不持存,并从不同的侧重点提供了三个论证。

这些讨论主要围绕《形而上学》Θ卷,而在《物理学》第三卷第一章至第三章中,亚里士多德用"潜在性"和"现实性"概念来定义"变化"概念。我们在这一章中讨论亚里士多德的变化定义——称其为"变化的第二模型",与《物理学》第一卷第七章中变化的三本原相区别。我们将看到,对变化定义的正确理解能够为"质料在实体生灭过程中不持存"提供又一个证明。

我们的研究任务是相互联系的两个方面:对亚里士多德的"质料"概念的研究和澄清,以及在此基础上对"质料在实体生灭过程中是否持存"这一问题的回答。到第七章结束时,我们将基本完成这两个任务。亚里士多德的变化定义自古代评注者开始就是一个极具争议的问题,我们在这里依据对《形而上学》Θ卷的"潜在性"和"现实性"概念的分析,尝试为变化定义提供一种解释。

第一节 《物理学》第三卷第一章、第二章的变化定义

亚里士多德在《物理学》第三卷的前三章中讨论了变化的定义问题，第三卷第一章是这个讨论的主要部分，第二章简要地回顾了早期自然哲学家和柏拉图对"变化是什么"的理解，进一步澄清了亚里士多德自己的变化定义，第三章从"施动者和受动者的运作是同一个变化"的角度再次对变化定义进行澄清。我们只讨论前二章中的问题，施动者的运作应该如何理解是一个相对独立和复杂的问题，因为与我们的主题——"质料"概念的相关性不大，所以我们暂不处理第三章的内容。

亚里士多德认为，变化只发生在存在者上，没有任何超越于存在者的变化，并且根据存在者的不同范畴，变化分为四种类型：生长或萎缩，位移运动，偶性变化和实体生灭。这四种类型之外没有一个共同的、一般性的变化，正如范畴之上不再有更大的、可以囊括范畴的范畴。对于"变化"的定义要既能够说明位移运动是什么，也能说明偶性变化、或生长萎缩、或实体生灭是什么，不是因为这个定义是关于"一般的变化"的定义，而是因为定义项是在本体论上更为基础的概念——即它能够解释每一种类型的变化是什么。

亚里士多德的运动定义是："潜在者作为如此这般的潜在者的运作就是变化。"这是我自己的翻译（为何如此翻译将在下文中解释），希腊文是：ἡ τοῦ δυνάμει ὄντος ἐντελέχεια, ᾗ τοιοῦτον, κίνησίς ἐστιν (201a10-11)。在《物理学》第三卷第一章至第三章中，亚里士多德为这个定义的解释和澄清做了一系列相关的努力。有的学者认为这个表述并不是对变化的严格的定义，而在第三章中施动者对受动者的推动

才是对变化定义的表达,例如吉尔就持有这个观点;① 然而,亚里士多德对变化之本质的考查主要是针对受动者的,文本中的许多例子都是以受动者为对象的(201a16)。还有学者认为这些表述只是在"描述"变化,因为亚里士多德根本未对变化下过定义。② 但是在《物理学》第三卷的开篇,亚里士多德就明确表示这一卷的工作是对变化进行规定或定义(διορισαμένοι δὲ περὶ κινήσεως...200b15),而且 201a10-11 中的"κίνησίς ἐστιν"正是对变化下定义的最明确的表达。因此我们认为 201a10-11 就是变化的定义。

对这个定义中的"ἐντελέχεια"的翻译和理解主要有两种看法:一是译为"实现化"或"实现""实现过程",对应的英文翻译是"realization"或"actualization",这种翻译把变化理解为"过程",即变化是"从一种状态到另一种状态的过程"③,我们称之为"过程解释"④;二是将其译为"现实性"(或"成性"),对应的英文翻译是"actuality",这种翻译把变化理解为"现实性"或"现实的状态",我们称之为"状态解释"。

科斯曼(L. A. Kosman)在 1969 年的论文"亚里士多德的运动定义"中对传统的过程解释提出了尖锐的批判,这篇文章可以说构成了

---

① M. L. Gill, *Aristotle on Substance: the Paradox of Unity*, New Jersey: Princeton University Press, 1989, p. 204.

② 对亚里士多德在《物理学》第三卷第一至三章中的变化定义的不同表述的讨论,李猛认为 201a10 的定义是标准的,我同意他的看法。参见李猛:"亚里士多德的运动定义:一个存在的解释",载《世界哲学》,2011 年第 2 期,第 155—201 页。

③ 罗斯:《亚里士多德》,王路译,商务印书馆,1987 年,第 90 页;D. Ross, *Aristotle*, New York: Routledge, 1995, p. 50.

④ "过程解释"的当代学者以 D. Ross (1936) 为代表,包括 R. Heineman (1994), D. Graham (1988), J. Kostman (1987) 等人。在古代和中世纪的评注者中,阿维森那是过程解释的代表,不过阿奎那已经指出"过程解释"的错误之处。"状态解释"这个用语或许是不恰当的,但这一派学者都将"ἐντελέχεια"翻译为"actuality", L. A. Kosman 是这一解释的当代代表,这些学者还包括 S. Waterlow (1982), E. Hussey (1983), M. L. Gill (1980, 1989) 等人。

当代对亚里士多德的变化定义进行重新检讨的起点。科斯曼反对以罗斯(D. Ross)为代表的"过程解释",提出了"状态解释"的新主张,并在基本立场上拥有许多追随者。我们先来分析他对"过程解释"的批评。

科斯曼指出,"过程解释"的首要错误是把对变化的"描述"当成了"定义"。说变化是如此这般的过程只是对它的描述。如果说变化的定义是过程,那么这个定义是"惊人地空洞"的。"因为说变化是潜在者的实现过程是试图用被定义的概念来定义变化自身。"①"过程解释"不仅使变化的定义是空洞的,而且是一个循环定义。"过程解释"的第二个错误是将"ἐντελέχεια"理解为"过程",但是在亚里士多德的其他文本中,"ἐντελέχεια"总是指已经获得目的的完备状态,如果亚里士多德用这个词来定义变化,却不采用它的通常意义,这是难以理解的。第三,"过程解释"无法解释"作为(如此这般的)潜在者"(ᾗ τοιοῦτον)这个词组在定义中的意义和作用。第四,"过程解释"预设了定义中的"潜在存在者"是"关于变化的潜能",这一点正是海内曼(R. Heinaman)为"过程解释"所做的辩护。但是科斯曼指出,"关于变化的潜能"的实现过程不是变化自身,而是产生这个变化的变化。②然而,亚里士多德绝不会认为变化是通过变化而产生的,因为变化发生之前绝不会有变化。因此,过程解释如果同时采用"关于变化的潜能",那么这两方面(即过程和变化的潜能)是不相容的。

尽管在科斯曼的批判之后,仍有学者坚持"过程解释",但我认为他们对科斯曼的反批判并不成功。他们要为"过程解释"辩护就必须成功地回应以上四点批评。例如,科斯特曼(J. Kostman)为"过程解释"辩护说,"过程解释"并不是循环定义,只要定义项中不出现被定义

---

① L. A. Kosman, "Aristotle's Definition of Motion", *Phronesis*, Vol. 14, 1969, pp. 40-62. Especially see p. 41.

② *Ibid*, p. 45.

项的名称;即"实现过程"可以被进一步分析为潜在者成为现实者,而潜在者的定义是"在满足某些条件时能够成为现实者"。①在我看来,科斯特曼的辩护是失败的,不仅因为"成为""变成"这些词不过是"变化"或"过程"的近义词,而且还因为他使用的"潜在者"涉及"力"的定义,而这个定义恰恰是以变化为前提的,因此仍然不能摆脱循环论证的嫌疑。格雷厄姆(D. Graham)也坚持"过程解释",并将"作为潜在者"这个词组解释为语言上的标记,它像"引号"一样,目的只是要我们注意变化定义的一般形式——因为对于不同类型的变化,引号中的内容是不一样的。②但是这种纯粹语言上的解释很难说明这个词组的形而上学意义以及它对于变化之本质的贡献。海内曼则从"关于变化的潜能"的角度对科斯特曼进行反驳,不过这个学说的不一致性早已被科斯曼敏锐地指出了。另外,我们要强调的是,"关于变化的潜能"不仅是一个错误的表达,更是对"潜在性"的误解。潜在性是指潜在者的存在方式,潜在性和现实性是对存在的不同方式的划分,而不是对变化的划分。亚里士多德正是要通过这个定义指出变化是"某种现实性",因此不可能有"潜在的变化"或者"关于变化的潜能"。另一方面,如果把"关于变化的潜能"理解为 Θ 卷中讨论的"δύναμις"的第一种意义,即引起变化的力,那么变化定义就是一个不可挽救的死循环;因为亚里士多德对"力"的定义是:在其他物体中引起变化的本原,或者在自身之中引起他者的方面(的变化的本原)(1046a11),这个定义项中包含了被定义项(变化)。

我认为科斯特曼对"过程解释"的批评切中了以往对亚里士多德变化定义的误解之要害。正如,沃特洛(S. Waterlow)在对"κίνησις"和

---

① J. Kostman, "Aristotle's Definition of Change", *History of Philosophy Quarterly*, Vol.4, 1987, pp.3-16.

② D. W. Graham, "Aristotle's Definition of Motion", *Ancient Philosophy*, Vol. 8, 1988, pp. 209-215.

"μεταβόλη"这两个词的分析中指出的那样,"κίνησις"这个词在希腊语的日常使用中本身就有渐进的"过程"的意思,而"μεταβόλη"指较为广义的转化,既包括了渐进的过程,也可以指突变式的、对先前状态的替换。①亚里士多德用"κίνησις"这个词作为"变化"的总称就已表明这里的被定义项就是"过程"。说变化是过程并非毫无见地,在爱利亚学派和麦加拉学派看来,变化显然不是渐变的过程。不过变化定义要说的不是"过程",而是这个过程自身"是什么"的问题。李猛指出,变化定义的"过程解释"不仅有循环定义的危险,而且它破坏了亚里士多德的形而上学秩序,用那些在本体论上依赖于变化的东西,例如时间、空间、连续性等概念,去定义变化。②亚里士多德在变化定义前的那段话已经很好地启示了这个秩序,他说:

> 既然自然是运动或变化的本原,而这是我们的研究主题,那么我们就必须不能忽略运动是什么的问题。因为,不了解运动,就必定也不了解自然。而我们在定义了运动之后,必须试着以同样的方式来考察接下来的问题。现在,运动好像是属于连续的东西,而首先出现在连续中的是无限……除了这些,位置、虚空和时间被认为是变化的必要条件。(《物理学》,200b13-21)

尽管科斯曼对"过程解释"的批判是成功的,但是他自己对变化定义的"状态解释"却并未令人信服。我们来看看科斯曼的解释。在他看来,对亚里士多德的变化定义的正确解释既要避免将"ἐντελέχεια"理解为"过程",又要避免将其理解为"变化结果的现实性"。他指出变化定义中的潜在者是关于"存在的潜在性",而理解变化定义的关键在

---

① S. Waterlow, *Nature, Change and Agency*, Oxford: Clarendon Press, 1982, pp. 95-97.

② 李猛:"亚里士多德的运动定义:一个存在的解释",载《世界哲学》,2011年第2期,第155—201页。

于"作为如此这般的潜在者"这个词组的意义和作用。科斯曼认为，"潜在的φ的实现"也就是对潜在的φ的完善——"εντελέχεια"意味着"完善"；但他认为有两种不同的完善：一是从不完善到完善的改善，即改善后的结果是对不完善的否定，这被称为"毁灭性完善"；二是不完善自身的进一步突出或者放大，即让这个不完善性充分显现，这被称为"构成性完善"。而"作为如此这般的潜在者"这个词组的作用就是将潜在者的完善选取为"构成性完善"；潜在者的"毁灭性完善"是变化的结果并非变化自身。科斯曼的例子是"口吃"，对口吃的"毁灭性完善"是改善口吃，即说话变得流利，而"构成性完善"是表演口吃，即变得更加口吃。他认为通过对这两种完善的区分，变化自身作为现实性与变化的结果作为现实性才得以区分。变化就是潜在者的构成性完善的充分显现。①

"构成性完善"是对潜在者的不完善的突出和放大，因此构成性完善的充分显现也就是对潜在者自身的充分凸显。换言之，"构成性完善"似乎意味着"潜在的φ更加是潜在的φ"。这个观点使得科斯曼用《论灵魂》中的第一潜在性和第二潜在性所谓的"不同程度"来类比和解释变化如何是"构成性完善"的显现。他认为第二潜在性同时是第一现实性；对于第二现实性而言，第一现实性是潜在的第二现实性，而第一潜在性是潜在的第一现实性，因此第一潜在性就是"潜在的—潜在的第二现实性"。因此，第二潜在者比第一潜在者"更加是潜在者"——它充分地显示了潜在性，所以变化自身类似于第二潜在者，而变化定义中所指的"潜在者"类似于第一潜在者——即它是"潜在的—潜在的（变化的）结果"。变化的结果是对第一潜在者的"毁灭性完善"，而变化自身是对第一潜在者的"构成性完善"——相当于第二潜

---

① L. A. Kosman, "Aristotle's Definition of Motion", *Phronesis*, Vol. 14, 1969, pp. 40-62. Especially see p. 50.

在性。

科斯曼不得不承认这个类比并不是那么恰当,因为第二潜在性向第二现实性的转化并不是变化,而是严格意义上的、完备的活动,但是他仍然坚持认为,与第二潜在性的运用相类似,变化是第一潜在性的运作(functioning)——这个运作是潜在性自身的充分显现。[①]正因为变化自身显现的是包含着缺失的"潜在性",因此它是"不完备"的。在科斯曼看来,不完备的变化与完备的活动的区分和对立是亚里士多德哲学的重要洞见;变化的目的不在自身之中,但它却朝向这个不在自身中的目的。因此,"变化不是偶然地终止,而是它的运作必然走向终止。变化的存在是自我毁灭式的,因为它的整体目的和规划就是一种自我终结。"[②]

我们同意科斯曼对"过程解释"的批评,但是却不能接受他所提供的"状态解释"的方案。如果"状态解释"是一种区别于、并批判"过程解释"的解释的、较宽泛的总称的话,那么我们并不是在这两种解释之外提供第三种解释,而仍然属于"状态解释"。

我们说"变化是潜在者作为如此这般的潜在者的运作"。ἡ τοῦ δυνάμει ὄντος ἐντελέχεια, ᾗ τοιοῦτον, κίνησίς ἐστιν (201a10-11)。这个定义中有三个要素:潜在者(τὸ δυνάμει ὄν)、运作(ἐντελέχεια 我在这里译为"运作",具体论述如下)和作为如此这般的潜在者(ᾗ τοιοῦτον)。对变化定义的理解困难重重的原因部分在于,《物理学》第三卷前三章中对"τὸ δυνάμει ὄν"和"ἐντελέχεια"这两个概念几乎没有解释,亚里士多德在这里似乎预设了读者对这两个概念的充分把握。这就要求我们必须带着《形而上学》Θ卷对这两个形而上学

[①] L. A. Kosman, "Aristotle's Definition of Motion", *Phronesis*, Vol. 14, 1969, pp. 40-62. Especially see, pp. 55-56.

[②] *Ibid*, p. 57.

概念的讨论来理解变化定义。但是对"作为如此这般的潜在者"(ἧ τοιοῦτον)这个词组,亚里士多德倒是有三次解释。我们先从这个词组的分析入手,再分析"τὸ δυνάμει ὄν"和"ἐντελέχεια"。

正如科斯曼指出的那样,"作为如此这般的潜在者"是理解变化定义的关键。变化定义中的"ἐντελέχεια"指的既不是实现过程,也不是变化结果的现实性,而是"属于"(希腊语用属格表示)如此这般的潜在者的东西。然而,"作为如此这般的潜在者"这个词组的作用不可能像科斯曼以为的那样能够选取"构成性完善",因为"构成性完善"和"毁灭性完善"并不是对"潜在的φ的实现"的两种区分;而是对不同的潜在者的实现,是两个不同的变化。以科斯曼举的"口吃"为例,"构成性完善"是表演口吃,这个变化的目的是"非常口吃",变化中的潜在者是"潜在地非常口吃";而"毁灭性完善"是改善口吃,这个变化的目的是"言语流利",变化中的潜在者是"潜在地流利说话"。因此,变化并不能被定义为潜在者的"构成性完善"。

然而,如果"作为如此这般的潜在者"这个词组的意义并不是选取"构成性完善",那么我们如何区分变化自身的现实性与变化结果的现实性呢——似乎这两种现实性都"属于"同一个潜在者?亚里士多德明确地说:"作为潜在的房子的砖石的现实性,要么是建房子(这一变化),要么是房子"(201b10)。我们来看看亚里士多德对这个词组的意义的说明。

亚里士多德在第一次给出变化的定义后用了一组例子来澄清它。他说:"变化是什么可以从下面所说的得知:当可建成房子的东西——只要我们把它称为可建成房子的东西——处于运作时,即它被建时,这就是建房"(201a15-16)。在稍后,他再次解释"作为如此这般的潜在者"时说:"我所说的'作为'是这个意思:铜是潜在的雕像,但是铜作为铜的运作不是变化,因为铜作为铜和铜作为潜在的某物不是一回事"(201a30-31)。在第一章的末尾,亚里士多德再一次说:"变化的发生就是(潜在者的)运作,在这个运作之前和之后都没有变化"(201b9)。这个句子的意思与201a15-16是类似的,它强调的是变化的发生与"可变化的东西"是同步的,亚里士多德特别用了时间副词"当"(ὅταν)来表示这一点。

从亚里士多德的这三次解释来看,"作为如此这般的潜在者"在变化定义中有两层作用。首先,它明确了定义中涉及的变化的主体是潜在存在者,也就是说"可变化的东西"或者说"能变化的东西"是潜在者。换言之,某物只有"作为"潜在者,它的运作才是变化,若"作为"现实者,其运作不是变化。我们已经在第五章和第六章中分析过潜在者在本质上与变化具有密切的关系,从变化定义中我们看到"潜在者"其实就意味着"能变化者",即它是变化的主体。但是潜在者并不直接呈现自身,而是表达为别的现实者。只有在思虑中与作为变化目的的现实者联系起来,我们才能"看到"潜在者,例如,铜是现实的铜,但也可以是潜在的雕像。因此,尽管变化的起点是某个现实者,但是真正"处于变化之中"的不是这个现实者,而是这个现实者"作为"另外的潜在者。我们把它写作"ψ作为φ"。ψ是现实者,而φ是潜在者,亚里士多德的变化定义选取的是φ。

其次,"作为如此这般的潜在者"有一个界限,亚里士多德反复说变化的发生与"作为如此这般的潜在者"是同步的,它只"属于"这个"作为如此这般的潜在者"。①当潜在者不存在时,变化自身也终止了。

---

① Andreas Anagnostopoulos 在对变化定义的解释中指出"作为"短语显示了变化自身与潜在者是同时存在的。不过他认为"作为"短语选取的"ἐνέργεια"是"根据自身而属于潜在者的活动"——即变化自身,排除的是"偶然地属于潜在者的活动";我不同意他的解释,因为他不能指明变化结果作为"ἐνέργεια",如果不是"根据自身而属于潜在者",那么它与潜在者的关系是什么,因为变化结果与潜在者的关系不可能是"偶然的"。参看"Change in Aristotle's *Physics* Ⅲ", *Oxford Studies in Ancient Philosophy*, Vol. 39, 2010, pp. 33-79。

科斯特曼在反驳科斯曼并解释"作为……潜在者"时指出,"作为"短语可以读作"当它仍然是潜在者时",这说明当物体正在变化时,变化就存在。①他的这一观察在我看来极其富有洞见。"作为"(ἧ)这个词被解释为时间副词"当",变化发生在这个"当"之中,不在之"前"也不在之"后"。我们在第五章中讨论《形而上学》Θ7 中潜在者的两个标准时指出,潜在者有一个覆盖范围,即对于某个存在者 F 而言,潜在的 F 构成了一组有边界的序列。某个非 F 在某一时刻满足"潜在的 F"的标准,从这个时刻开始到现实的 F 的出现,在这个时间范围中的存在者都是潜在的 F,因为它们都满足判断潜在者的标准。②亚里士多德使用时间副词"当"来规定变化定义中的"作为如此这般的潜在者",而在 Θ7 的开篇考察潜在者的标准时,他同样是用"当"和"何时"来提问的。因此,我们应当把这个"作为"词组理解为对潜在者的界限和覆盖范围的强调。

有了对潜在者的界限和范围的理解,我们就能区分变化自身的现实性与变化结果的现实性了。变化是当潜在者作为潜在者时的运作,它的发生与潜在者的存在是同步的,当潜在者不再是潜在者时,变化也就终止了。而变化结果的存在与潜在者的存在是相互排斥的,当潜在者不再是潜在者时,变化的结果作为现实者才存在。尽管变化自身与变化的结果都是"属于"潜在者的现实性,但它们的存在方式和"属于"方式是不一样的。变化自身的现实性与变化结果的现实性的区分并非对应于不同的潜在者,这个区分乃是源于它们与同一个潜在者的不同的存在关系。

变化定义中的"τὸ δυνάμει ὄν"又该如何理解呢?在《物理学》第

---

① J. Kostman, "Aristotle's Definition of Change", *History of Philosophy Quarterly*, Vol. 4, 1987, pp. 3-16.

② 参看本书第五章第五节对潜在者的覆盖范围的讨论。

三卷前三章中,亚里士多德对"潜在者"并没有多少解释,因此我们依据《形而上学》Θ卷中对这个概念的分析来解读。需要再次重申的一点是,"τὸ δυνάμει ὄν"是亚里士多德对潜在存在者的标准表达,用δυνάμει第三格做副词修饰"存在者"(τὸ ὄν),因此,变化定义中涉及的是"潜在者"而不是"力"。我们在前面已经指出,如果定义项中出现的是"力",那么变化定义就是一个死循环。所以,用来定义变化的是《形而上学》Θ卷中讨论的δυνάμει的第二种意义——即它与存在有关、是存在的一种方式。因而有人把亚里士多德的变化定义的性质称为"存在的"。①

我们在第五章和第六章中详细讨论过以《形而上学》Θ卷文本为基础的"潜在性"概念,可以说亚里士多德的变化定义是对这一概念的运用。科斯曼对同一个潜在者的实现所做出的"构成性完善"和"毁灭性完善"的区分是错误的,而他将"构成性完善"和变化自身类比于"第二潜在者",将变化中的潜在者类比于"第一潜在者"——即它是"潜在的潜在的(变化的)结果",这就在错误的道路上走得更远了。《物理学》第三卷前三章的文本既未明确提出,也未暗示需要用第一潜在性和第二潜在性的区分来理解变化定义,科斯曼用《论灵魂》中的这些区分来解释和类比变化定义是相当随意的,而且他自己也不得不承认这个类比解释在很多方面是非常勉强的——例如,第二潜在性的运用根本不是变化。②我们在第六章第二节中已经指出,《论灵魂》第二卷第一章和第五章中讨论的第一潜在性和第二潜在性以及第一现实性和第二现实性的区分并不是对潜在性和现实性的"不同程度"或者"不同层级"的垂直区分,"第二潜在性"不比"第一潜在性"更接近"第二现实

---

① 李猛:"亚里士多德的运动定义:一个存在的解释",载《世界哲学》,2011年第2期,第155—201页。

② 参看 L. A. Kosman, "Aristotle's Definition of Motion", *Phronesis*, Vol. 14, 1969, pp. 40-62。Especially see pp. 55-56。

性";因为它们对应于不同的现实性,它们以类比的方式是"两种"潜在性,而不是相对于同一个现实性的不同程度的潜在性。另一方面,根据《形而上学》Θ7中判断潜在者的两个标准,"潜在的"这个关系是非传递的,A是潜在的B,B是潜在的C,但A不是潜在的C,所以亚里士多德才认为,尽管"土"是潜在的精子,"精子"是潜在的胚胎,"胚胎"是潜在的人,但"土"和"精子"都不是潜在的人(1049a3-4)。因此,变化中的潜在者不可能是"潜在的潜在的成品"①,它只是"潜在的成品"。

虽然科斯曼将变化解释为"构成性完善"显然是错误的,但是他的直觉仍然富有深意。我认为他用"构成性完善"不过是想表达变化是对变化的主体,即对潜在者的某种"构成"和"推进"而非"毁灭",亚里士多德用"εντελέχεια"这个词就表明了变化确实是对于本性的某种"实现"和"完成",李猛更强调这一点,他说变化是对潜在者的"成性"。②然而,科斯曼在变化自身表现出的正面构成和变化的结果表现出的对潜在者的取消和否定之间疑惑不决,究竟为什么一个正面的构成到最后却变成了反面的取消呢?这个问题的答案仍然要落实在变化中的潜在者之上。具体说来,这是因为潜在者在存在上的双重性和在目的上的指向。

潜在者在存在上具有双重性,即潜在者在一种意义上存在,在另一种意义上不存在。对于某个特定的存在者F而言,潜在的F作为F的

---

① J. Kostman对Kosman有类似的批评,他说Kosman似乎认为"潜在的"和"现实的"是自由谓词(iterable predicate operators),但亚里士多德并没有这样的用法。参看J. Kostman, "Aristotle's Definition of Change", *History of Philosophy Quarterly*, Vol. 4, 1987, pp. 3-16。

② 李猛:"亚里士多德的运动定义:一个存在的解释",载《世界哲学》,2011年第2期,第155—201页。我们可以说变化是对潜在者中包含的"本性"和"存在"的成全,但并非是对潜在者自身的成全,潜在者在变化终止时也不存在了。因此说变化是对"潜在者的成全"是有歧义的。我认为李猛并未清晰地区分"对潜在者中包含的本性的成全"和"对潜在者自身的成全"。

一种存在方式,它自身是某种程度的 F 而不是非存在,在这个意义上我们说潜在者"存在"。但是潜在的 F 不是"绝对的"F,只有现实的 F 才无条件地是 F,现实者才是真正意义上的存在者,因此亚里士多德把潜在的 F 归为"不存在"的范围,它是对现实的 F 的否定,因为它自身不具有完备性。他说:"潜在者属于不存在的范围,它们不存在因为它们是不完备的(εντελέχεια)"(1047b1-2)。在这个意义上,我们说潜在者"不存在"。因此,作为变化主体的潜在者具有这种本体论上的双重性,从一方面看它已然是某种较弱程度的变化结果,从另一方面看它仍旧是对这个结果的否定。

潜在者在存在上的这种双重性使得变化自身也包含了一种双重特征:变化既是对潜在者的"存在方面"的发展和充分显现,同时又是对潜在者的"不存在方面"的否定和消除。所以,变化才既能被描述为向"本性"的保存和推进(《论灵魂》,417b16),又是对"缺失"的消除和超越。例如,"学习"这一变化既可以被描述为具有学习能力的人从"懵懂知晓"到"大知大觉"的发展,又可以描述为从"无知"到"有知"的转变。《论灵魂》第二卷第五章对感知的讨论正好指明了这一点。海内曼对这段文本的分析也印证了变化的这种双重特征,我认为他对伯恩耶特的批评是有道理的,因为任何类型的变化在向本性发展和推进的同时也是对"缺失"的消除。①

我们从这里看到,《物理学》第一卷第七章建立的变化之三本原的第一模型似乎强调了变化对"缺失"的消除这一方面。亚里士多德在那里的例子总是说"从不文雅的人变成文雅的人",他并未用"从不怎么文雅的人变成非常文雅的人"这样的描述。然而,变化的定义似乎强调了变化对"本性"的发展这一方面,亚里士多德用"εντελέχεια"这

---

① 参看 R. Heinaman, "Potentiality, Actuality and DA II. 5", *Phronesis*, Vol. 52, 2007, pp. 139-187;以及本文第六章第二节的有关讨论。

个词定义变化恰恰表明了这一点。因此,用变化之三本原的模式来理解变化的定义,甚至按前者的模式来改写变化的定义是不恰当的。①我们将在第三节中讨论变化的第一模型和第二模型的关系,在这里,我们进一步的问题是:为什么变化可以更恰当地从"对本性的发展"这一方面来定义呢?

潜在者不仅在存在上具有双重性,而且具有一个目的上的"指向",换言之,潜在者"朝向"并为了这个目的而存在。一个潜在者只有一个唯一的目的,它与其目的的关系是必然的。变化的结果就是潜在者的目的,潜在者自身虽然尚未包含这个目的,但是它已然"倾向"于这个目的,并为了这个目的的实现而变化。潜在者对目的的指向使得变化必然具有一种方向性。对亚里士多德而言,任何可解释的变化都必然具有一个目的论上的方向,变化总是从起点开始"朝向"它自身的目的而运动,并在达到这个目的时终止。沃特洛在分析亚里士多德的变化定义时指出,变化的方向是"内在于"变化的,没有方向的变化仅仅是我们的抽象。②

我们必须注意到变化的方向是朝向"目的在自身中的现实者"的。虽然潜在者在存在上具有双重性:它既是较弱程度上的现实者又是现实者的"缺失",但是变化的方向却是"朝向"现实者的,而非朝着现实者的"缺失"。因此,确切地说,变化是在潜在者的"存在"维度上的展开,变化的目的恰恰是对潜在者中包含着的存在的"程度最大化"——它使这个存在落实为"现实者"。而变化自身恰恰是对这个存在的不断彰显;变化并不是以对潜在者中的"缺失"的消除为目的,而是以对潜在者中的"本性"和"存在"方面的发展和实现为目的。因而,变化结

---

① 因此,L. A. Kosman, M. L. Gill, J. Kostman 甚至 S. Waterlow 等人在解释《物理学》第三卷的变化定义时用第一卷第七章的模型来对应,但这种方式是不可取的。

② S. Waterlow, *Nature, Change and Agency*, Oxford: Clarendon Press, 1982, p.105.

果表达出来的对"缺失"的消除只是在伴随的意义上,即对本性的完全实现伴随着对"本性之缺失"的消除。所以,表达变化之本质的乃是这种以现实者为方向和目的的、对潜在者中包含着的"本性"和"存在"的发展和推进。在这个意义上,我们可以说变化是由变化主体在本性和存在上的发展来定义的。对"缺失"的消除尽管是所有变化的特征,但却并非变化的本质。

科斯曼的直觉告诉他,亚里士多德的变化定义说的是对变化主体的某种"本性的构成",然而,他只看到了变化的结果是对潜在者的否定,而没有意识到它其实更是对潜在者的某种肯定。这或许是使得他没能正确理解变化定义的原因。

对于变化定义中的"τὸ δυνάμει ὄν"我们还必须指出一点:潜在者在本体论上依赖于现实者,即潜在者之所是由现实者之所是决定。①这表明作为变化主体的潜在者具体是什么是由现实者来决定的,因此变化自身之所是也是由现实者决定的。具体说来,一个变化是什么乃是由它的目的和结果决定的;换言之,如果我们不知道目的和结果是什么,那么变化定义中的潜在者就是没有着落的,我们也就说不上变化自身是什么。亚里士多德的变化定义所能够定义的"变化"已经预设了目的和结果之所是。在没有外部阻碍的情况下,变化将必然达成它的目的,并在达成这个目的时终止。因此,在亚里士多德看来,"变化"不是某种机缘巧合的、没有目的的事件,也不是没有方向的和永不停息的赫拉克利特之流。任何能够被定义和被解释的变化都有确定的目的和方向,那些出于偶然原因的变化是无法解释和定义的。所以,尽管变化自身的现实性与变化结果的现实性是不同的,但是后者在某种意义上已经包含在前者之中了,因为一个可被定义的完整的变化已经在本体论上预设了它的目的,并且"必然"达成它的目的。

---

① 参看本书第六章第三节对现实性在"实体上优先于"潜在性的讨论。

我们再来看看变化定义中的"ἐντελέχεια"。我们已经指出变化是对潜在者中包含的"存在"和"本性"的发展和推进。实际上,亚里士多德正是用"ἐντελέχεια"这个词来表达这个意义的。"过程解释"把"ἐντελέχεια"看作"实现",表达一种动态过程的涵义,但是科斯曼一派的学者指出,"ἐντελέχεια"在亚里士多德的其他文本中总是指目的在自身中的"完善状态",并无"过程"的涵义。①门恩(S. Menn)甚至认为这个词预设了变化的结束和对目标的达成。②"ἐντελέχεια"是亚里士多德自创的词,对它的词源分析在学界也有不少争议,但可以肯定的一点是:它表达了一种已经获得目的的完备性。在大多数情况下,亚里士多德把它与"ἐνέργεια"看作同义词。《物理学》第三卷第一章中变化的"标准定义"(201a10-11)使用的是"ἐντελέχεια",但在第二章和第三章中多次使用了"ἐνέργεια"。然而,对于变化定义,关键的问题是变化自身作为现实性与变化结果的现实性是不同的,"ἐντελέχεια"似乎指的是变化结果的现实性——因为只有"成品"才是严格的、拥有目的的完善状态。那么亚里士多德为什么要用"ἐντελέχεια"来定义变化自身呢?

我认为亚里士多德大概有三个方面的理由。首先,"ἐντελέχεια"强调了变化与其目的的密切关系。在某种意义上,即在"不完整的"意义上,变化自身也是对其目的的获得和拥有。因此,在把变化定义为"ἐντελέχεια"后,亚里士多德紧接着澄清说它是"不完备的ἐντελέχεια"。然而,尽管是不完备的,变化也称得上是"ἐντελέχεια"了。变化是对变化的主体,即潜在者中包含的"本性"和"目的"的推进

---

① 参看 L. A. Kosman 对"过程解释"的批评和 S. Waterlow 对陈康的批评。L. A. Kosman, "Aristotle's Definition of Motion", *Phronesis*, Vol. 14, 1969, p. 41. 以及 S. Waterlow, *Nature, Change and Agency*, Oxford: Clarendon Press, 1982, p. 113.

② S. Menn, "The Origins of Aristotle's Concept of ἐνέργεια: ἐνέργεια and δύναμις," *Ancient Philosophy*, Vol. 14, 1994, pp. 73-113, especially p. 101.

和发展,并且变化自身的存在已经预设了目的的存在,在没有外部阻碍的情况下,变化必然达成它的目的和本性。因此,虽然变化自身不包含完整的目的,但是它作为"从起点到终点"的整体恰恰是对这个目的的充分彰显和最终获得。形象地说,变化是本性和目的在"存在之甬道"中的展现。

尽管"ἐντελέχεια"也可以指变化的结果和目的自身,但是亚里士多德在变化定义中用"作为如此这般的潜在者"(ᾗ τοιοῦτον)这个短语指明了潜在者的范围以及潜在者之存在与变化自身之存在的同步关系,从而将变化自身的现实性与变化结果的现实性区分开来。变化作为"ἐντελέχεια"是与潜在者同时存在的,当潜在者不再作为潜在者,变化也就不存在了;而变化的结果作为"ἐντελέχεια"与潜在者的存在是相互排斥的,只有当潜在者不再是潜在者时,变化的结果才存在。亚里士多德通过变化定义中的"ἐντελέχεια"和"ᾗ τοιοῦτον",既指明了变化的本质是对目的的推进和展现,又区分了变化之现实性与目的之现实性的不同。

现在,我们更清楚地看到变化定义说的不是"过程",而是变化的主体在"存在"和"目的"维度上的"作为"。亚里士多德用动词"运作"或"活动"(ἐνέργεῖν)来表示这一点。他说:"每个东西都能在一时运作而一时不运作,例如,可建房者"(ἐνδέχεται γάρ ἕκαστον ὁτὲ μὲν ἐνερεῖν ὁτὲ δὲ μή.)(201b9)。我把变化定义中的"ἐντελέχεια"翻译为"运作",一是因为在语言上能够较顺畅地表示它与潜在者是同步的——即它是潜在者的运作或作为,而不是这个运作的结果;二是因为潜在者在目的论上的方向和在本体论上的依存性决定了它的运作是朝向目的的,是对本性的发展和推进。潜在者作为潜在者的运作也就是对目的和本性的展现,科斯曼也使用了"运作"(functioning)一词,但他更倾向用"显现"(manifesting)。在宽泛的意义上,我们说某个存在者以某种方式的"作为"和"运作"是它的一种"状态",因此我们的解释也可以说是"状态解释"。

其次,亚里士多德用"ἐντελέχεια"指明了变化的本体论地位。变化自身非但不是"非存在",而且还是"现实的存在"。尽管变化之为现实性不能与变化的结果之为现实性和严格意义上的活动之为现实性相提并论,但是变化不是"非存在",而且还是较高程度的存在。变化、实体和严格意义上的活动以类比的方式一起被称为"现实者"。《物理学》第三卷的前三章中没有涉及类比,但在《形而上学》Θ卷中,亚里士多德指出,各种类型的现实者并不在同一个意义上被称为现实者,而只具有类比上的统一性。亚里士多德对ἐντελέχεια和ἐνέργεια有这样两处说明。其一,"'ἐνέργεια'这个词与ἐντελέχεια一起,首先指的是变化,又从变化延伸到其他情况。因为看起来,ἐνέργεια在严格的意义上就是指变化"(1047a30-32)。其二,"因为运作(ἔργον)是目的,而ἐνέργεια(实现)是运作,这就是为什么ἐνέργεια(实现)是从ἔργον(运作)来的,并指向ἐντελέχεια(现实性)"(1050a22-23)。可以说,亚里士多德认为ἐνέργεια和ἐντελέχεια的最恰当的所指是变化,而在类比的意义上也指涉别的东西。

亚里士多德强调说变化是ἐντελέχεια,它不属于"非存在"的范围;在《物理学》第三卷第二章中,他批评了早期的自然哲学家和柏拉图,并指出他们的错误在于把变化归于"差异、不平衡和不存在"的范围,究其原因是变化被认为是某种"不确定的东西",因为变化中的潜在者是不确定的(201b25)。亚里士多德并未否认变化包含着潜在者的不确定性,但是他不像早期的自然哲学家那样因为这种不确定性而认为变化属于"非存在"的范畴,而是认为变化包含的这种不确定性使得变化是一种"不完备的ἐντελέχεια。尽管是"不完备的",但它是存在的。

第三,亚里士多德进一步澄清变化定义中的"ἐντελέχεια"是不完备的,这意味着有一种"完备的ἐντελέχεια"或"完备的ἐνέργεια"与变化相区分。《物理学》第三卷并未讨论这种"完备的现实性",但是这个概念对于理解变化定义是不可或缺的,只有在与其进行对照的过程中,我们才能把握变化究竟在什么意义上是"不完备的"。不过"ενέργεια"既然用来定义变化,那么它就不可能是一个与变化(κίνησις)相排斥的概念,我们在第六章中已经拒绝了"ενέργεια和κίνησις是非此即彼的对立"的这种观点。①毋宁说"ενέργεια"既可以指不完备的变化又可以指完备的现实性;事实上,不完备的变化与完备的实体以及严格意义上的活动在类比的意义上都被称为"ενέργεια"。

我们将在下一节中讨论不完备的变化和完备的活动之间的区分,而变化的不完备性恰恰可以说明质料作为潜在者在实体生灭过程中不持存。

第二节 不完备的变化与质料在实体生灭过程中不持存的第四个论证

《物理学》第三卷第二章在澄清变化定义时说变化是"不完备的εντελέχεια",因为变化的主体,即潜在者是不完备的。但是亚里士多德在这里并未进一步讨论变化的不完备性,也没有指明什么是完备的现实性。"不完备的"这个特征或许正是变化难以被定义的原因之一(201b33)。如果存在者的"完备性"意味着目的在自身之中,那么实体(包括可感实体和永恒实体)和严格意义上的活动都是完备的现实性。亚里士多德在《形而上学》Θ6中具体阐述过不完备的变化和完备的活动之间的区分,二者都是"动态"的运作,但是它们各自与其目的的关系却是不同的。

---

① 参看 M. F. Burnyeat 对这个观点的反驳和本文第六章第一节的讨论。M. F. Burnyeat, "*Kinesis* vs. *Energeia*: A Much-read Passage in but not of Aristotle's Metaphysics", *Oxford Studies in Ancient Philosophy*, Vol. 34, 2008, pp. 228-300.

我们来分析变化与活动的区分,以便能够明白变化在何种意义上被称为"不完备的现实性"。而变化的这种不完备性提供了我们对质料在实体生灭过程中不持存的又一个论证。根据伯恩耶特的研究,在整个亚里士多德文本中,阐述变化与活动相对立的只有唯一一处,即《形而上学》Θ6 的后半章,并且这个地方的讨论与 Θ6 乃至整个 Θ 卷的论证主题是不相关的,甚至会引起误解;因此,他指出 ἐνέργεια 与 κίνησις 的对立排斥并不是亚里士多德的观点。我们接受伯恩耶特的基本结论,即变化与活动不是非此即彼的对立关系,换言之,不是只有严格意义上的活动才被称为"ἐνέργεια",变化也是某种类型的"ἐνέργεια"。然而,变化与活动的区分仍然是必要的,尽管这个区分不是"非ἐνέργεια"和"ἐνέργεια"的区分;我们可以说它们是"不完备的现实性"与"完备的现实性"之区分。

亚里士多德在《形而上学》Θ6 中讨论变化与活动的区分时说:

> 有些(行动,πρᾶξις)是有目的的,但它自身不是目的,而是达到目的手段,例如物体的消瘦。当某物使它消瘦时,身体的某些部分以这样的方式变化,它们在这个意义上并未达到变化的目的,这个过程不是活动,或者并非完善的活动,因为它不是目的。那些目的在自身中的才是活动。例如,他正在看并已经看到,他正在理解并已经理解。但我们不能说他正在学习并已经学会,或他正在康复并已经健康。而我们正活得幸福并同时已经幸福,我们正快乐着并已经得到快乐……对于这些行动,我们把一些称为变化(κίνησις),另一些称为活动(ἐνέργεια)。(《形而上学》,1048b18-26)①

---

① 此处我根据 M. F. Burnyeat 的英文翻译译为中文,参看 M. F. Burnyeat, "Kinesis vs. *Energeia*: A Much-read Passage in but not of Aristotle's Metaphysics", *Oxford Studies in Ancient Philosophy*, Vol. 34, 2008, pp. 228-300。

这段文本是理解变化与活动之区分的主要依据,但是这个区分的标准是什么却存在着不少争议。赖尔(G. Ryle)指出,ἐνέργεια与κίνησις是对不同的希腊语动词的区分,前一类动词可以同时使用完成时和现在时,它所表示的活动不在时间之中,而后一类动词不能同时使用完成时和现在时,它所表示的活动在时间中。因此,他认为语言上时态的不同使用方式是区分ἐνέργεια与κίνησις的标准,即一个动词能同时使用完成时和现在时,那么它的所指就是ἐνέργεια,反之则是κίνησις。①随后,阿克里尔(J. L. Ackrill)在"亚里士多德的κίνησις和ἐνέργεια的区分"一文中反驳了赖尔的观点,他指出ἐνέργεια表示的活动在时间之中,只不过它的现在时预设了完成时的意义。他说:"在ἐνέργεια中,完成时(表达的意思)总能用在现在时之前的一段时间上,但这对于κίνησις是不可能的。"②因此,完成时和现在时的连用被称为ἐνέργεια的"时态检验"。虽然阿克里尔拒绝了赖尔的解释,但是科斯曼和波兰斯基(R. Polansky)都指出,他和赖尔一样错误地将完成时和现在时能否连用的语言现象作为区分ἐνέργεια和κίνησις的标准。所以阿克里尔的解释遇到的困难是,当某个ἐνέργεια的对象是变化或运动时,这个ἐνέργεια似乎成了κίνησις,例如,"听"是ἐνέργεια,但"听一段乐曲"似乎是κίνησις,因为我们不能同时说"我正在听这段乐曲"和"我已经听完了这段乐曲"。

科斯曼指出,动词时态上的特征并不是区分变化与活动的标准。现在时和完成时的连用只不过是活动的完善性在语言上的体现。活动的目的在自身之中,它存在的每一个时刻都是完善的,因而它并不需要进一步的发展来达成这种完善,而变化指向外在于自身的目的,对这个

---

① G. Ryle, *Dilemmas*, Oxford: Cambridge University Press, 1954, pp. 102-106.

② J. L. Ackrill, "Aristotle's Distinction between *Energeia* and *Kinesis*", in *New Essays on Plato and Aristotle*, R. Bambrough (ed.), New York: Humanities Press, 1965, reprinted 1997, pp. 121-141.

完善的达成意味着变化的"自我毁灭"。①对于科斯曼而言，变化的"自我毁灭"是它的不完备性的体现，也是它区别于活动的重要之处——他指出活动具有永恒的特征，它决不会走向自我毁灭。波兰斯基则认为，目的在自身之中的活动更像一个稳定的实体，而不像变化那样在每一阶段都有着与前一阶段不同的形式，他说ενέργεια是连接变化与存在的桥梁。②

我同意科斯曼和波兰斯基对阿克里尔和赖尔的批评。某些动词的现在时和完成时的连用只是这些动词所指的活动的完备性在语言上的体现，但它并不是区分变化和活动的标准和实质。然而，我并不完全同意科斯曼和波兰斯基对这个区分的解释。实际上，亚里士多德的标准很简单：它是目的在自身之中的存在者，还是目的不在自身之中却"为了"这个目的的存在者。活动因为其目的在自身之中，所以它是完备的；在任何时刻它的任何部分都包含着完整的目的，形象地说，活动是"同质"的存在，所以它的"正在进行"等于它的"已经完成"。某一活动当然可以占据一段时间，例如"听一段乐曲"，但是在这段时间的任何时刻，"听"这个活动都包含了它自身的目的，即对于"听到"的完成在"听"本身之中。从"听"到"听到"并不需要任何时间的延续。然而，变化的目的不在自身之中，它是为了这个目的而存在的，并且必然达成这个目的，所以变化是不完备的；变化在达成目的之前尚未包含完整的目的，而是逐渐向这个完整的目的发展和推进，所以它的"正在进行"意味着"尚未完成"。正在学习就意味着还未学会，正变得健康就意味着还不健康。因此，变化达成它的目的必然要占据一段时间，它的起点和终点是一段在时间中的延展。

---

① L. A. Kosman, "Substance, Being, and *Energeia*", *Oxford Studies in Ancient Philosophy*, Vol. 2, 1984, pp. 121-149, especially p. 127.

② R. Polansky, "*Energeia* in Aristotle's *Metaphysics* IX", *Ancient Philosophy*, Vol. 3, 1983, pp. 160-171.

通过与活动进行对比,我们看到变化的不完备性指的是其目的不在自身之中,而这种"不在自身之中"的目的表现为变化的终止即是目的的达成。换言之,变化的存在与其目的存在是相互排斥的。然而,活动自身的存在与其目的的存在是同步的或者说是等同的,这也就是它的"正在进行"等于"已经完成"的原因。然而,变化与其目的在存在上的"相互排斥",并不意味着目的对于变化是"外在的"或"偶然的";恰恰相反,目的之所是决定了变化之所是,它是"内在于"变化的,变化自身恰恰体现了这个目的——即它"为了"目的而存在,并朝向目的而推进,这正是亚里士多德把变化定义为"ἐντελέχεια"所强调的。在没有外部因素阻碍时,变化必然达成目的,毋宁说,目的的存在是变化的"使命"。所以,尽管变化自身的存在与目的的存在相互排斥,但是变化之"所是"在本体论上取决于目的之"所是"(being)。①变化定义既要区分变化的存在与目的的存在之不同,又要指明二者在本体论上的关联。

科斯曼把变化的不完备性理解为变化的"自我毁灭",其错误的根源在于他认为目的是"外在于"变化自身的——即目的是变化的"他者"。尽管变化自身在达成目的时终止存在,但是这并不是它的"自我毁灭",而是"自我实现";为什么一个内在目的和"使命"的实现对于这个目的的追求者而言是"自我毁灭"呢?只有在对本性和目的的破坏时,我们才说这是"毁灭"。而波兰斯基把变化的不完备性解释为在变化的每一阶段都有不同的形式,这更是对变化定义的误解;这是"过程

---

① 变化与目的的在"存在"和"所是"(being)上的这种关系与潜在者和现实者在本体论上的优先性关系是类似的。潜在者之存在在时间和生成上优先于现实者之存在,而潜在者之所是在本体论上依赖于现实者之所是。某物的"存在"总是与时间相关的,而"所是"则不涉及时间,因此变化与目的的"存在"不可能是"同时"的,但"所是"却可能是相容的。参看本书第六章第三节的讨论。

解释"的翻版,因为过程的实质正是"不断的他者的继替"。①

因此,变化的不完备性意味着它的存在与目的的存在是相互排斥的,但变化的存在与变化的主体的存在,即潜在者,是同步的。因此潜在者的存在与目的的存在也是相互排斥的。当变化终止、目的达成时,潜在者也就不存在了。所以,亚里士多德这样说:

> 显然,这[译者注:潜在者作为如此这般的潜在者的运作(ἐντελέχεια)]就是变化,并且当运作发生时,变化就发生,变化既不在之前也不在之后……例如可建成房子的东西:可建的东西作为可建的东西的运作就是建房。因为现实性要么是这个(建房),要么是房子。但是当房子存在时,可建的东西就不存在了。(《物理学》,201b7-11)

变化的不完备性可以为我们提供"质料在实体生灭过程中不持存"的论证。实体生灭是一种类型的变化,因此变化的定义适用于它。具体说来,实体的生成就是潜在的实体(能生成的东西)作为潜在者的运作,实体的毁灭就是潜在的毁灭后的东西(能毁灭的东西)作为潜在者的运作(201a14)。我们在第六章中已经做出澄清,严格意义上的"质料"概念是指潜在的可感实体,它作为生成的起点,在成品之先存在。实体生成这种变化是不完备的,因此生成过程自身的存在与成品的存在是相互排斥的;这意味着生成中的潜在者的存在与结果或目的的存在也是相互排斥的。换言之,生成终止、成品存在时,潜在者不再存在。质料作为潜在的可感实体,在生成过程的起点存在,而在生成的终点不再存在,因此它在实体生成过程中是不持存的。更准确地说,潜

---

① 李猛批评 L. A. Kosman 等人的解释其实包含着"过程解释"的实质。但是我并不同意他认为的 L. A. Kosman 将变化的不完备性解释为变化的"自我毁灭"其实是向"过程解释"倒退的观点。参看李猛:"亚里士多德的运动定义:一个存在的解释",载《世界哲学》,2011 年第 2 期,第 155—201 页。

在者"经历"了实体生成过程而不再作为潜在者存在,它通过在"本性"上的不断推进和发展"变成"了现实者;即便在"保持为同一类物质"的意义上,质料作为潜在者也是不持存的。这是质料不持存的第四个论证,总结如下:

条件1:质料是一种类型的潜在者,即它的现实性是可感实体。

条件2:实体生成是不完备的变化,即生成过程之存在与目的之存在相互排斥。

条件3:生成中的潜在者之存在与生成过程是同步的。

条件4:可感实体是生成的目的和终点。

条件5:质料之存在与可感实体之存在相互排斥。

条件6:质料的持存是指从生成的起点到终点它保持为同一类东西。

结论:质料在实体生成过程中不持存。

或许有人会反对这个论证,说潜在者作为潜在者与变化是同步的意味着它"在变化之中"是持存的。的确,在变化未终止时,潜在者仍然作为潜在者存在,质料在保持为同一类物质的意义上是持存的。然而,我们已经指出,对于亚里士多德而言,不存在没有目的和方向的变化,也不存在永不停息的变化;在没有外在阻碍时,变化一旦发生必然达成它的目的。只有当变化达到了终点,我们才能判断"这个"变化的情况,才知道这个变化的本质。尽管目的和终点不是变化自身,但我们判断某物是否处于一个变化之中以及是否在变化中持存必须以这个过程的"起点—终点"为整体来看待。如若变化没有"终点",也就无法谈论其中的"持存者";质料持存论者也是以终点对起点的关系来论证的。究竟谁会认为在起点和终点不同的东西是持存的呢?"在变化之中"或"在实体生灭中"只是语言上的不精确,或许我们可以说质料"经历"实体生灭过程而不持存。

第三节 对变化的第二模型和第一模型之关系的一些思考

我们在本书第二章讨论《物理学》第一卷第七章的变化的三本原时,把"缺失—基体—形式"称为变化的第一模型,而对于《物理学》第三卷第一章至第三章中的变化定义,我们称其为变化的第二模型。我们已经指出,变化的第一模型并未提供质料在实体生灭过程中持存的正面证明,三本原模型只说明在所有类型的变化中都有一个先在的、作为变化过程之起点的基体;至于这个基体在变化中是否持存则取决于此变化是非实体变化还是实体生灭,即质料在非实体变化中是持存的,但在实体生灭过程中是不持存的。亚里士多德在变化的第一模型中对质料是否持存的问题保持沉默,更确切地说,变化的三本原的模型还未真正触及到"质料"概念和质料在实体生灭过程中是否持存的问题。然而,通过对变化的第二模型的分析,我们看到质料作为潜在者在实体生灭过程中是不持存的。

变化的第一模型和第二模型的关系涉及《物理学》第一卷与后面几卷的关系问题[①],以及亚里士多德在第一卷第九章结尾处说的"重新开始讨论(变化和自然问题)"的意义(192b5),还有亚里士多德的后期思想是否是对其前期思想之否定的问题。在这一节中,我们无法详述这些宏大的问题,只能以我们对"质料在实体生灭过程中是否持存"这一问题的研究为契机,对变化的第一模型和第二模型之关系做一些初

[①] 《物理学》第一卷在现存的两份亚里士多德全集的目录中被称为"论本原",它与接下来的第二卷以及后文在行文方式上和思路上有所不同,它似乎是一篇独立的著作。D. Ross 认为它是亚里士多德早期的作品,应当写成于亚里士多德在柏拉图学院的时期。参看 D. Ross, *Aristotle's Physics*, Oxford: Clarendon Press, 1936, pp. 5-9。

步的思考和探讨。我们并不认为第二模型是对第一模型的否定和颠覆,二者之间也不存在根本的冲突,但是第二模型在许多重要的问题上是对第一模型的补充和推进;可以说第二模型才充分展现了亚里士多德对变化问题甚至对存在自身的理解。我们将从三个方面对它们进行分析,考查第二模型如何在这些地方集中体现出对第一模型的重要推进。

首先,第一模型将"缺失—基体—形式"作为所有类型的变化的三本原,亚里士多德希望通过对变化之"本原"(αἰτία)的研究来了解变化是什么。他说:"我们并不了解某物直到我们熟知它的本原或第一原则"(184a13)。然而,"变化是什么"的问题似乎并不是由三本原来回答的。《物理学》第一卷第七章和第八章对于变化之本原的研究得出的结论似乎是"变化是存在的"(191b31),亚里士多德在这里成功地反驳了巴门尼德的"变化不存在"的观点,并解决了变化或生成的难题。然而,这里遗留的问题却是这个存在着的变化究竟是什么。希腊词"本原"(αἰτία)最基本的意义是"对某物负责的",变化的三本原也就是负责变化发生的东西。在这里,变化被理解为"基体从缺失形式到获得形式(的过程)"。亚里士多德当然不反对这样来描述变化,但是这并不是他所理解的变化"是什么"——即变化的本质。那么,亚里士多德为什么不认为从变化的三本原中可以给出变化的定义和本质呢?

我们已经指出,这个原因在于"形式对缺失的替换和消除"并不是变化的目的和本质,这只是随附在变化之中的。从第二模型给出的变化定义来看,变化的本质是对潜在者中包含的本性的推进和发展,变化结果对缺失的消除只是伴随着本性的发展而出现的。因此,变化的三本原尽管能够证明变化是存在的,但却不能恰当地给出变化的本质。甚至对"缺失"作为"本原"的强调还可能导致对变化之本质的误解。科斯曼等人在解释变化定义时对所谓的"构成性完善"和"毁灭性完善"的混淆不清和犹疑不决源自他们将第一模型中的"缺失"作为变化的某个本质方面。但是,亚里士多德在定义变化时却并不认为"缺失"是一个真正的、与变化之本质有关的因素。菲洛珀诺斯(Philoponus)在注释《物理学》第一卷第七章时指出,"缺失"只在偶然的意义上作为本原(*per accidens* principle)。[①]

其实,"偶然本原"这一点在第一模型中已经有所体现了,亚里士多德说:"从另一种方式上,说(变化的本原是三个)是不必要的,因为对立面其中的一方将以它的出现或不出现来影响变化"(191a6-7)。"形式"以它的出现或不出现来影响变化,"缺失"其实并不是一个真正的"本原"——它只是"形式的不出现"。这一点在实体变化中表达得更为明确,实体生灭中的"缺失"和"简单基体"并不能被彼此区分,因为这里的"复合基体"并不包含"两个定义和本质"。不过在《物理学》第一卷第七章中,亚里士多德一方面囿于对巴门尼德的回应——"缺失"因此是必要的,否则变化就是绝对的"从有到有",另一方面,由于亚里士多德的分析倚重偶性变化的例子——对于非实体变化而言,"缺失"与"基体"只是数目上的一,但并不是本质上的一,因此,他在这里将"缺失"看作变化的三本原之一。但是,变化的第一模型未能明确触及"缺失"作为本原与变化之本质的关系。

在变化的第二模型中,"缺失"并未扮演任何"本原"的角色,它只不过指示了潜在者在本体论上的一种"性质"或"地位",即潜在者"尚未是"现实者,它还缺乏完备的形式。但这个"尚未是现实者的潜在者"已经包含了本性,它是某种较弱程度的变化目的。变化是在潜在者的存在和本性的维度上展开的,"缺失"只不过指示了变化主体在本体论上的不完备状态。实际上,"缺失"对于变化主体的"指示"作用已

---

① Philoponus, *On Aristotle Physics* I. 4-9, Catherine Osborne trans., London: Duckworth Press, 2009, pp. 102-103.

经悄悄地体现在《物理学》第一卷所说的"变化不是从任何东西而来,而是从某些东西而来"这一观点中,这些东西是形式的"对立面"或"缺失"。因此,形式或实体的"缺失"或"对立面"是有限制的,并非任何"非形式"的东西都可以作为变化的本原之一。其实,这个限制就是对哪些"非形式"的东西可以作为"潜在的形式"的限制,换言之,"缺失"或"对立面"指示的范围正是潜在者的范围。因此,我们可以说"缺失"并不是与变化的本质有关的本原,但是它指示了变化的主体在本体论上的性质。

其次,变化的第一模型以偶性变化为例子,归纳出变化的三本原是"缺失—基体—形式",进而把这个结论推广到实体生灭和其他类型的变化上去。《物理学》第一卷第七章并未考虑实体变化和非实体变化的差异,而是立足于它们的共同点。这个共同点就是所有类型的变化都从一个先在的基体开始,并朝向它的目的运作。然而,亚里士多德在《论生灭》第一卷第一至四章中细致地讨论了实体变化和非实体变化的区分,表明它们具有结构上的差异:个体实体作为基体在非实体变化中持存,但是质料作为基体在实体生灭过程中并不持存。然而,由于三本原的第一模型并未指出实体变化和非实体变化在结构上的差异,所以它们的区别很容易被忽视和抹杀。质料持存论者就认为它们的结构是相同的,质料因此也像个体实体一样在变化中持存。

然而,即便我们承认个体实体作为基体在非实体变化中持存,也会遇到这样的问题:既然个体实体在变化中保持不变,那么这个变化其实是与该个体无关的。说某物在一个变化中保持自身难道不是说它其实并未"参与"这个变化么?凯尔西(Sean Kelsey)很有见地的指出:"在变化中总有某物在某些方面是不被改变的,这种观点恰恰是变化之本性的反面。"①变化的第一模型对于非实体变化的分析以存在的范畴划分为背景,发生在"性质""量"和"位置"这些范畴中的变化预设了个体实体的存在,因为非实体在本体论上是依赖于实体的。两个"对立面"必须有个体实体作为"承载者"才能相互作用,因此个体实体必然被牵涉进非实体变化中。但是,第一模型的真正缺陷是未能清楚地说明基体与变化自身的关系,如果基体只是变化的"承载者",那么它就并未真正地被纳入变化之中,只不过像是装载变化的"容器"。变化的第一模型始终存在着把基体在变化中的作用架空的危险;基体似乎只是某种外在的、支撑着对立面之间的替换的平台。

亚里士多德在《物理学》第一卷中似乎意识到了这一点,他在第一卷第九章的最后用比喻的方式说"渴望形式的是质料"(192a22)。倘若质料作为实体变化的基体对形式充满了"渴望",那么它当然不是中立的承载者。

变化的第二模型实际上回答了基体与变化的关系:第一模型中的复合基体就是变化中的潜在者,它是变化的主体(ὑποκείμενον);变化是潜在者朝向本性的发展。然而,"复合基体"在概念上并不等于"潜在者",尽管它们的所指是同一个对象。复合基体"作为"潜在者才真正被纳入变化自身之中。"潜在性"概念其实是对基体与变化之目的在本体论和目的论上的解释,即复合基体是作为潜在者在变化中发生作用的。一块铜自身不等于潜在的雕像,只有在与现实的雕像的关联中,我们才"发现"这块铜其实是潜在的荷马像;一堆石头也不是潜在的罗马大教堂,只有在与现实者的关联中,我们才称这堆石头为潜在的教堂。第二模型正是"发现"了基体"作为潜在者"的这一本体论维度,才从根本上解决了第一模型将基体之作用架空的危险。变化并不是基

---

① Sean Kelsey, "Hylomorphism in Aristotle's *Physics*", *Ancient Philosophy*, Vol. 30, 2010, pp. 107-125.

体承载着的对立面之间的替换,而是基体作为潜在者在本性上对形式之渴望的实现。

或许有人说,即便复合基体作为潜在者在变化中发生作用,个体实体对于非实体变化而言还是持存的,我并不否认这一点。实际上,在变化的第一模型中,非实体变化发生的范畴是"性质""量"和"位置",因此,严格说来,作为在本体论上独立于非实体范畴的个体实体并不"参与"非实体变化。而变化的第二模型却并未将个体实体与属性分离来看,而是将个体实体看作潜在的、拥有某个属性的实体。这也许是亚里士多德在处理变化问题时,对存在的范畴划分和对存在的方式划分之间的张力。

第三,变化的第一模型更多地受制于存在的范畴划分的背景,这充分体现在它以偶性变化为典型例子,强调对立面作为原则必须预设"基体"(实体),以及强调数目为一的复合基体中包含可区分的两个本质,例如"不文雅的人"包含了"不文雅的本质"和"人的本质"。这些基本观点源于"实体和非实体是不同的范畴",尽管实体和非实体在本体论上的地位是不对等的,但它们在本质上是可分离的。①因此,对于非实体变化,作为变化结果的某一属性在本体论上是可以与实体相分离的,换言之,在这里,无论是复合基体还是变化之后带有目标属性的实体都包含两个本质。然而,尽管这个观点对于非实体变化是可行的,但对于实体生灭却是不恰当的。《物理学》第一卷第七章并未关注这个观点运用在实体生灭上会产生的问题,但是我们至少可以肯定的是:实体生成的结果是可感实体——它是一个严格的统一体,只有一个本质,而非包含两个本质。

如果有人把第一模型的范畴划分的基本思想运用到对实体生灭的

---

① 参看 M. F. Burnyeat 对实体和非实体在本体论关系上的讨论。*Notes on Book Zeta of Aristotle's Metaphysics*, Oxford: Sub-faculty of Philosophy, 1979, pp. 4-6.

理解中去，那么极易产生的一个错误是：实体形式与质料在本质上是可分离的，正如属性与个体实体在本质上是可分离的一样；因此，他们说实体生灭是实体形式与质料的结合和分离，正如非实体变化是属性与个体实体的结合和分离。然而，这种在本体论上能够与质料或可感之物相分离的形式却更像是柏拉图的理念。柏拉图在《菲多》中说灵魂（作为理念、形式）与肉体的结合就是人在此世的出生，而当它离开肉体就是人在此世的死亡；灵魂自身是与肉体相分离的(《菲多》67A)。这个图景恰恰是亚里士多德哲学的反面，而令我们惊异的是：如此理解变化的第一模型竟然存在与亚里士多德最基本的哲学观点南辕北辙的危险。

变化的第二模型不再受制于存在的范畴划分，基体不再作为包含两个本质的复合物，而是作为潜在的变化结果。潜在者在本体论上与变化的目的和形式是不可分离的，换言之，潜在者自身已经以某种方式包含了形式和目的。变化不是形式在潜在者身上的降临或分离，而是潜在者对自身已经包含着的本性和形式的不断推进和彰显。因此，形式绝对不是与质料和可感之物相分离的存在，可感之物作为实体也不是柏拉图世界中的可感之物对形式的分有。亚里士多德的实体无需分有形式，它们自身就是形式。从潜在者到现实者的转化只是形式在本体论程度上的不断拓展，亚里士多德的世界是形式和目的从上自下的贯通，尽管有存在的程度和等级上的区分，却并未像柏拉图那样有着"存在"的两个世界（理念世界和流变世界）的鸿沟。

第八章　形式与实体生灭过程中的持存者

我们在本书的第二、三、四章中分别从《物理学》第一卷第七章的解释、变化的连续性和质料的持存、变化和基体的关系等方面全面驳斥了质料持存论者的观点,并在第五、六、七章中从形而上学的层面来研究亚里士多德的"质料"概念。我们从质料的形而上学意义与潜在者的关联、潜在者与现实者的关系以及《物理学》第三卷第一章的变化定义等不同侧面提供了"质料在实体生灭过程中不持存"的四个论证。至此,我们的基本观点已经得到证明:即质料不是实体生灭过程中的持存者。

然而,或许我们会立即遭到一个反驳:在实体生灭过程中,被生成的个体实体是不持存的——它是生成的结果,形式是不持存的——它是在生成的最后阶段"获得"的,现在如果质料也是不持存的,那么在生灭过程中将没有任何东西持存;而这个论断将重新面临巴门尼德问题的威胁——即生成是从非存在或绝对的"无"开始的,因此从根本上取消了生灭变化的可能。这个反驳,尤其在质料持存论者看来,是整个问题的关键;如果我们不能成功地回应这个反驳,那么我们的整个立场便似乎失去了根基。

这一章的主要任务便是回应这个反驳。我们将在第一节中分析这个反驳中蕴含的问题:究竟在何种意义上实体生灭中必须有一个持存者? 在之前的研究中,我们很少涉及对形式的讨论。在这里,我们将在第二节和第三节中指出形式是实体生灭过程中的持存者。然而,形式并不是在"个体的持存"或"类的持存"的意义上作为生灭过程中有形的或物质性的(corporeal)持存者,而是它作为不被生成的内在本原(αἰτία),以目的的方式"指引"着实体的生成,或者说,实体生成的每个阶段都包含着作为目的的形式。在这个意义上,形式才是生灭变化中的持存者。

第一节　实体生灭过程中必然有什么东西持存吗？

我们逐一批驳了质料持存论者的观点,并从不同的侧面论证了质料作为潜在存在者在实体生灭过程中不持存。然而,我们的对手会乐于提出这样一个反驳:如果实体生灭过程中的质料不持存,同时被生成的个别实体以及在生成的最后获得的形式都不可能是这一过程中的持存者,那么在实体生灭过程中将没有什么东西是持存的;但是这种没有任何持存者的生成或变化面临着严重的后果,并将最终取消生成或变化的可能。他们认为,我们的观点最终将导致这样的结论:实体的生成不过是从一物 A 到另一物 B 的连续的过程,由于 A 之中没有任何东西留存在 B 之中,因此,我们没有任何理由认为 B 是从 A 中生成的,或者 B 是 A 的变化之结果。此外,他们还会指出我们的观点将允许这种情况发生:B 是从"非存在"或绝对的"无"中产生的,因为,尽管从 A 到 B 的过程中不存在"物质真空"——如我们所论述的那样①,但在生成的最后时刻 A 可能变成了"非存在",而同时从这个"非存在"中产生了 B;换言之,如果 A 中没有任何东西留存在 B 中,那么我们便不能排除 B 是在生成结束的瞬间从"无"中产生的,而这个瞬间恰好是 A 变成"无"的时刻。"无中生有"恰恰是巴门尼德否认一切生成或变化的理由之一,也是亚里士多德的变化理论要反对和解决的最初问题。我们的对手会指出,质料在实体生灭过程中不持存的观点将使我们再次面

---

① 参看本书的第三章第一节的讨论。

临巴门尼德问题的威胁,并最终走向亚里士多德之立场的反面。

不得不承认,对于我们的观点而言,这可能是一个严肃的反驳。质料持存论者提出这个反驳的根本理由在于:他们坚信没有任何持存者的变化是不可能的,变化中的持存者是变化的"先验结构"或"必然要素"。因此在所有类型的变化中——包括非实体变化和实体生灭——都必然包含着一个持存者,非实体变化中的持存者是个体实体,而实体生灭中的持存者就是质料。

博斯托克(D. Bostock)在讨论亚里士多德的变化之本原时指出,《物理学》第一卷第七章对变化之本原的研究不仅仅是经验的,更是概念上的分析。他说:"考虑到变化概念本身,如果一个事物能够被恰当地描述为变成另一个事物,那么,显然有某些东西在变化中是不持存的,否则就没有变化发生;但同时有些东西在变化中是持存的,否则变化就仅仅是某物生成而另一物毁灭,我们便没有理由说一物变成了另一物。这个论证似乎具有一种先验的确定性,因为在所有类型的变化中,我们必须能够确认有些东西是持存的而另一些东西是不持存的。"①因此,他认为实体生灭中的持存者是质料,而不持存的东西是形式——因为形式是通过实体生成所"获得"的。吉尔(M. L. Gill)指出,亚里士多德的变化理论消除了巴门尼德问题的威胁,因为"任何变化都包含了三个本原:形式、缺失和基体。变化为世界带来了某种新的东西,因为形式取代了缺失;但变化并非只是替换——即先前存在的东西变成了非存在,而产品是从非存在中来的;因为产品中的某个部分始终在那里——即基体,它先前是被缺失所描述的,后来被形式所描述。"②在她看来,在实体生灭过程中这个"始终存在的部分"就是质料。

---

① D. Bostock, "The Principles of Change in *Physics* I", in *Space, Time, Matter and Form: Essays on Aristotle's Physics*, Oxford: Clarendon Press, 2006, pp. 6-7.

② M. L. Gill, "Aristotle's *Metaphysics* Reconsidered", *Journal of the History of Philosophy*, Vol. 43, No. 3 (2005), pp. 223-251.

现在,我们感兴趣的问题不是"质料是实体生灭过程中的持存者"——我们已经充分地驳斥了这一观点,而是"实体生灭过程中必然有什么东西持存吗?"换言之,在亚里士多德的理论框架内,对实体生灭这种变化的合理解释必然涉及某种持存者吗?如果质料不是持存者,那么是否有某种另外的东西必然是持存的呢?倘若对这个问题的回答是肯定的,那么我们对这个反驳的回应就只需要指出,尽管质料不是持存的,但有某种东西在实体生灭过程中是持存的。这样看来,我们与质料持存论者的分歧并不在于是否承认实体生灭过程中有某种持存者,而在于这个持存者究竟是什么。但是,如果对这个问题的回答是否定的,那么我们的对手提出的这个反驳就是无效的。

那么,亚里士多德是否认为实体生灭过程中必然有什么东西是持存的吗?质料持存论者认为答案是肯定的,并以此为基础提出了对我们的反驳。我们不认为质料是实体生灭过程中的持存者,但这是否意味着我们能够宣称在此过程中没有任何东西持存?从上述的这个反驳来看,我们很难做到这一点。因为在从作为质料的某物 A 到另一物 B 的生成过程中,质料 A 是不持存的——即它没有任何部分留存在 B 中并且它在生成结束的时刻整个地变成了 B,那么我们至少必须提供某种理由(λόγος)来说明 B 是 A 的变化结果,或者 A 与 B 之间存在着某种持续的关联。这种"关联"为整个生成过程奠基,使得在 A 完全生成为 B 的时刻并不包含某种"绝对的无"或"存在的间隙"(a gap of be-ing)。只有消除这种"存在的间隙",才能彻底消除变化是"无中生有"的可能,并最终回应巴门尼德问题的威胁。那么,这种"持续的关联"或者一种"无间隙的存在"在某种意义上就是生灭变化中的"持存者"。事实上,我们在否认质料是实体生灭过程中的持存者时,并未同时否认这一过程中没有任何持存者。实体生成作为从潜在存在到现实存在的过程已经体现了某种存在维度上的持续的关联。

有人认为我们已经证明了质料的持存与变化的连续性无关①,而后者意味着变化的不同部分,即变化自身作为过程的不同阶段的边界"重合为一"。因此,一个连续的变化或生成仅仅意味着这一过程的各个阶段的边界重合为一。那么,对于一个从 A 到 B 的生成过程,我们可以从其不同阶段的边界是否重合的经验判断中确定它是否是连续的变化,即我们可以通过这样的方式来判断 B 能否连续地回溯到 A,从而得知 B 是否是 A 的无间断的变化结果,而不必预设这个过程中必然有一个持存者。② 然而,在亚里士多德看来,这种可回溯的连续性必然有着某种"原因"。可回溯的连续性只是某种"现象",而我们要问的是:是什么使 B 能够连续地回溯到 A 呢? 在本书第三章第二节中,我们未能深入讨论变化之连续性的"原因",但是我们已经指出,某一变化的连续性在严格的意义上取决于它是否是本质和数目上的"一",而本质和数目上的"一"又取决于它是否拥有同一个变化主体、相同的变化范畴和同一段时间。因此,这里的"原因"也与某种自身同一者具有密切的关联。

因此,我们现在面临的情况似乎是:亚里士多德认为实体生灭过程中必然有某种持存者,即便质料不是这个持存者。那么,这个持存者究竟是什么呢? 是形式吗? 这是我们在接下来的第二节和第三节中要研究的问题。

然而,从亚里士多德的某些文本出发,我们发现他并不是在一种不加限制的一般意义上说"实体生灭过程中必然有某种东西持存"。在这里,我们尤其需要注意的是《论生灭》第一卷第三章和第四章的文本。在之前的研究中,我们指出亚里士多德在这里区分了偶性变化和实体生灭,尽管它们都包含一个先在的、作为起点的基体,但对于前者

---

① 参看本书第三章第二节的论述。
② 这个问题的提出和表述我得益于吴天岳,在此表示谢意。

而言基体是持存的,对于后者而言基体是不持存的。亚里士多德说:

> 我们必须区分基体(或主词ὑποκείμενον)和它的属性,这些属性是谓述基体的;因为变化都可能发生在它们之中;当基体是可感的和持存的,变化发生在属性上,这是偶性变化,发生变化的偶性要么是对立的要么是位于中间的。身体,尽管是持存的同一个身体,但它一时是健康的一时是生病的……但是当没有什么可感的东西作为基体持存或保持同一性,并且这个物体作为整体变化了(例如当一颗种子整个地变成了血,或者水变成了气,或者气整个地变成了水),这就是一个实体的生成和另一个实体的毁灭……当变化发生在属性或质上时,是偶性变化;但是在变化的结果中没有什么东西持存,这就是生成,相反的过程就是毁灭。(《论生灭》,319b8-35)

从这里看,亚里士多德似乎认为在实体的生灭过程中并不包含任何持存的物质或物体。生成或毁灭是某物作为一个整体的变化,是从"这个"到"那个"的变化;质料作为生成的基体整个地变成了另一个实体——即在变化结果中并没有什么物体保持着自身同一性。如此看来,这段文本似乎并不支持"实体生灭过程中必然有某种持存者"的观点。

然而,如果我们的观察足够仔细,就会发现319b8-35这段文本谈到基体时在前面加了"可感的"作为修饰和限定,偶性变化的基体是"可感的和持存的"(319b10),而生成或毁灭中则没有什么"可感的和持存的基体"(319b14)。亚里士多德为什么不直接说"基体"?"可感的"这个修辞成分在这里起到什么作用?有人认为此处强调了"可感的基体"在实体生灭过程中不持存,这意味着有某种"不可感的基体"在其中持存——它就是"原始质料",因为原始质料是纯粹的潜在性,它是不能被感知的,而只能被思考。①我们已经指出,一种纯粹的潜在性或者"光秃秃"的质料概念在亚里士多德的体系中是站不住脚的。此外,"可感的基体"之外并不存在"不可感的基体","基体"指的是主词或主词指示的对象,它分为两类——个别实体和质料。布罗迪(Sarah Broadie)认为"可感的基体"在这里的作用仅仅是排除了将实体的生成和毁灭还原为不可感的基体的非实体性变化的可能。② 在她看来,亚里士多德使用这个限制成分的目的是将生成和毁灭的主体规定为可感的经验对象,而不是某种不可感知的原始质料,即实体生灭不可能是不可感知的原始质料的偶性变化。

我基本赞同布罗迪的观点,但是我认为亚里士多德用"可感的"这个限制成分强调了实体生灭的基体和非实体变化的基体一样都是"物质性的存在者"(corporeal thing),而不是什么不可感知的对象或原始质料。在这段文本中,与"可感的"(perceptible)相对的不是"可思的"(intelligible)或"非经验的",而是"难以察觉到的"(imperceptible),例如空气。在这里,所有类型的变化之基体(即变化的主体)都是作为知觉对象的具体的物体,而不是思维的或逻辑的对象。在生成和毁灭中可感的基体或质料是不持存的,因此,亚里士多德强调的是在这个过程中没有任何"物质性"的东西持存。换言之,任何物质性的存在者在生成或毁灭中必然无法保持自身的同一性。然而,某种"非物质性"的存

---

① 参看 C. J. Williams 对此段文本的解释,他并不认为基体整个地变成了另一个实体,而是其中有一部分留存,而这个部分就是不可感的原始质料。C. J. Williams, *De Generatione et Corruption*, Oxford: Clarendon Press, 1989, pp. 98-99. 对 Williams 的批判,参看 Sarah Broadie, "On Generation and Corruption I. 4: Distinguishing Alteration-Substantial Change, Elemental Change and First Matter in GC", in *Aristotle's on Generation and Corruption I.*, Frans de Haas and Jaap Mansfeld (ed.), Oxford: Clarendon Press, 2004, pp. 123-150. Especially pp. 124-126.

② Sarah Broadie, "On Generation and Corruption I. 4: Distinguishing Alteration-Substantial Chang, Elemental Change and First Matter in GC", in *Aristotle's on Generation and Corruption I.*, Frans de Haas and Jaap Mansfeld (ed.), Oxford: Clarendon Press, 2004, p. 128.

在者(它不作为基体)能否在实体生灭过程中维持着自身的同一性呢?或者实体生灭是否必然需要某种"非物质性"的持存者呢?《论生灭》第一卷第三、四章并未涉及这个问题,《物理学》第一卷第七章也没有讨论,因为它们关注的问题是变化的本原之数目和本原彼此之间的区分;只有当我们进入到对质料和形式、潜在性和现实性的关系之探究时,这种"非物质性"的本体论的关联性才突显出来。

所以,如果"实体生灭过程中必然有某种东西持存",那么它一定不可能是"物质性"的存在者;而它的持存方式也必然不同于个别事物的"个体的持存"和质料的"类的持存"。如果我们只考虑实体生灭过程中的物质存在者,那么我们很难说这个过程有什么持存者。因此,"实体生灭过程中必然有某种东西持存"这个命题是有限制的:即此种"东西"不是任何物质性的存在者。

那么,这种非物质性的持存者究竟是什么? 此外,如果它不是像个别事物的"个体的持存"或保持为同一类物质的"类的持存",我们又能在什么意义上说它在实体生灭过程中"持存"呢?

第二节 不被生成的形式与实体生成过程中的持存者

实体生灭过程中的持存者不是质料,而是形式;这个观点在质料持存论者看来是不可接受的,因为形式似乎正是实体生成这一过程最终"获得"的成果。根据"缺失—基体—形式"的三本原所描述的变化的第一模型,生成似乎是某一质料从对形式的缺失到对形式的获得的过程,吉尔(M. L. Gill)对此解释说:"当质料(这块铜)获得一个它原先缺乏的形式(雕像之形状)后,一个新的实体(铜雕像)就生成了。"[1]因

---

[1] M. L. Gill, "Aristotle's *Metaphysics* Reconsidered", *Journal of the History of Philosophy*, Vol. 43, No. 3 (2005), p.234.

此,形式似乎是某种"获得"的和"被生成"的东西,而不可能是在生成过程中始终存在的和持续的东西。

然而,我们已经指出变化的三本原模型受制于偶性变化的结构和依赖于存在的范畴划分,它在许多方面未能准确地表达亚里士多德对变化,尤其是对实体生成的理解。①缺失并不是一个真正的"本原",它只是"形式的不出现",而"形式对缺失的替换和消除"并不是变化的目的和本质——这只是随附在变化中的;变化的本质是潜在者对其中包含着的本性的推进和发展。如果形式是事物的本性或本质,那么实体之生成的本质就是生成的主体对形式本身的某种发展和实现,并非像个体获得或失去某种外在的和独立的属性一样——形式也可以被质料从外部"获取"或"失去"。形式似乎始终存在着——它不被生成或毁灭,而个别实体的生成只不过是对它的展开。

亚里士多德在《形而上学》Z7-9 章中论证了形式的不被生成。我们之前的研究较少涉及形式,而主要侧重于对"质料"概念的分析,限于此文研究的问题范围,我们在这里对形式及其相关问题的讨论只能"浅尝辄止"了。《形而上学》Z 卷被公认为是最难懂的、也是重要的文本,亚里士多德在这里系统地研究了"什么是实体"以及"形式是否是实体"的问题,我们无法对 Z 卷中涉及形式的问题一一做出澄清,仅就 Z7-9 章②中关于形式的论述做出分析。

---

① 参看本书第七章第三节。
② Z7-9 章在 Z 卷中的地位问题——它是插入的还是与其余章节是一体的,以及这种插入是合理的还是随意的——一直是亚里士多德学界的一个公案。许多学者(D. Ross, M. Wedin, M. F. Burnyeat)认为 Z7-9 章是后来插入的,它原先并不在 Z 卷的写作计划之内,但是这种插入是否是合理的,甚至是必要的,乃是另一个问题——因为这关系到我们如何理解 Z 卷的主题和结构,甚至如何理解亚里士多德的实体观。我认为 Z7-9 章尽管是插入的,但这种插入是合理的和必要的,因为它从实体生灭的角度阐述了形式的具体内容以及形式如何作为(第一)实体。关于 Z7-9 的插入问题的讨论,参看聂敏里:《存在与实体:亚里士多德形而上学 Z 卷研究(Z1-9)》,华东师范大学出版社,2011 年,第 205—214 页。

Z7 在转向对可感实体的生成分析之后,由 Z8 明确了一个主题:即形式是不被生成的,只有复合物是被生成的。此后,这个命题在《形而上学》的很多地方一再被提及和运用,例如 Z9,1034b8("不仅是实体,我们证明了它的形式是不被生成的,而且所有首要的类,例如性质、量和别的范畴都是不被生成的"),Z15,1039b20-25(因为实体有两种,即具体的事物和公式……前一种意义上的实体是能够毁灭的——因为它是有生成的,而公式是无所谓毁灭的,因为它不经历毁灭的过程……),以及 H3,1043b15-18 和 H5,1044b24-27 等段落。

这个具有柏拉图主义之色彩的命题出现在亚里士多德关于"可感实体具有一个生成结构"的讨论中。他说:

> 任何被生成物都是被什么生成的(这里我是指生成的开端和它所由以开始者),从什么被生成(就让这不是缺失而是质料;因为我们已经阐明了在什么意义上这样说),和被生成为什么(这或者是球形或者是圆形或者是其他任意一个),那么,正如一个人不生产这个基体铜一样,同样他也不生产这个球形,除非依据偶性,因为这个铜球是球形,而这个人生产那个铜球。(《形而上学》,1033a24-30)

铜球作为被生成物,它是依据球形来制作的——即它是依照球形生成的,并且它从一块铜而来——即铜是它的质料因;它生成为一个具体的球形——即这个铜球,它拥有"球形"为其形式和本质。

"被什么生成(ὑπό τινός)——从什么生成(ἐκ τινος)——被生成为什么(τὶ γίγνεται)"这一结构是每个被生成物必然具备的。在这个结构中"被什么生成"是形式因,"从什么生成"是质料因,"被生成为什么"是成品,即被生成物。形式因是生成过程的真正起点,它在时间上先于质料因和被生成物的出现。从 Θ8 的论述中我们得知,作为现实性的形式在时间上优先于作为潜在性的质料,而质料又在时间上优

第八章　形式与实体生灭过程中的持存者

先于生成过程结束时才出现的复合物。因此,形式和质料的存在先于被生成物;通过它们的作用,一个具体的事物才得以生成,但它们自身是不被生成的。亚里士多德论证说,倘若形式自身也是被生成的,那么生成过程就会陷入无限倒退。

如果形式自身是被生成的,它就必须满足"被什么生成—从什么生成—被生成为什么"这个结构。如此,形式作为被生成物必然有自己的形式因和质料因,即形式是"被形式生成的"和"从质料而来的"。因此,这里就出现了"形式的形式",即产生形式的形式;如果"形式的形式"自身也是被生成的,那么为了满足被生成物的生成结构,"形式的形式"必然要求"形式的形式的形式"。如此一来,生成过程就会陷入无限倒退。所以,亚里士多德认为"形式,或者无论什么应当称为在这个可感物之中的样式的东西,都不被生成,生成不属于它,本质也不被生成"(1033b5-7)。

形式的不被生成以及形式是生成的原因或许便意味着形式本身是实体生成过程中的"持存者"。伯恩耶特指出,Z7-9 章有一个共同的主题,即同名原则:当某物被生成时,生产者和成品具有相同的形式。[①]在"被什么生成—从什么生成—被生成为什么"这个结构中,"什么"既在形式因中出现,也在质料因和被生成物中出现,可以说"什么"主导了整个生成过程,它就是被生成物的形式规定和本质内容。亚里士多德认为形式因、质料因和生成物具有一种"同名"的关系,因为它们都以某种方式是这个"什么"——形式因和生成物现实地是这个"什么",但它们是不同的个体,而质料因潜在地是这个"什么"。在整个生成过程中持存的和不被生成的东西是"什么"本身,而不是其他。生成结构中

---

① M. F. Burnyeat 还指出 Z7-9 的一个重要结论是:实体的一个特征是它必须是一个先前的、现实的同种类实体的产物。参看 *A Map of Metaphysics Z*, Pittsburgh: Mathesis Publications, 2001, pp. 35-36。

的"什么"似乎是一个普遍者,因为它能够出现在不同的个体中或者为不同的个体所拥有。生成过程仿佛是将普遍的形式从一个个体传递到另一个个体上。生产者和成品在形式上相同的原因乃是形式本身在生成过程中的持存,这个持存者不是任何"物质性"的存在,而是普遍的本质内容。

让我们来看一个例子。亚里士多德在 Z7 中用人造物的生产来说明形式如何在生成的过程中持存(因为技艺模仿自然),从而使得产品与生产者在形式上相同。他描述了关于"健康的生成","健康"作为形式是在灵魂中的公式和知识(1032b5)。如果一位医生要医治某人的疾病,使他的身体变得健康,那么,亚里士多德指出,这位医生"生产"健康的途径首先需要通过一系列的思考。如果病人的身体要变得健康,那么必须先获得身体的平衡状态(古希腊人认为疾病是因为身体的平衡状态被打破而产生的);如果要获得身体的平衡状态,那么必须先获得足够的热量;医生会继续思考如果要获得热量,他必须先做什么,例如摩擦病人的身体。这一思考过程一直持续到医生发现他能够直接实施的步骤和材料是什么(例如摩擦身体),此刻"生产"便开始了(1032b10)。技艺的"生产"(和自然的"生成")是这一思考过程的反向运动,例如医生从摩擦病人的身体开始,在身体中产生了足够的热量,这些热量使得身体获得了平衡,而身体的平衡又最终产生了健康。

因此,亚里士多德认为"我们可以说健康产生于健康,房子产生于房子,有质料的东西产生于无质料的东西;因为医术和建筑术是健康和房子的形式;并且我称本质是不带有质料的实体"(1032b11-15)。在医生为病人治疗的过程中,灵魂中的健康之形式或关于健康的知识,逐渐地被传递到病人的身体之中,并最终在此身体中产生了健康。在身体从疾病到健康这一变化过程中的"持存者"是形式(医术),它"主导"着医生的思考——即医生在每个步骤考虑的都是如何获得健康,它更

"指引"着技艺之"生产"的每个环节——生产的每个阶段都体现着健康之部分并为了实现健康之全体。

或许,有人会指出亚里士多德在 Z8 中同样也认为质料是不被生成的(1033a29),为什么我们不从质料的不被生成推出质料是实体生成中的持存者呢?首先,在 Z7-9 章中"质料的不被生成"仅仅被提及一次(1033a29),而这三章的主题并不在于证明质料是生成中的持存者,而是反复指出了质料在生成中变成了可感实体(1033a1,1033a21)。其次,质料的不被生成与形式的不被生成具有不同的意义,前者指任何实体的生成都是从一个先在的基体(即质料)开始的,而后者指形式贯穿了生成的始终并指导着生成的每个环节。先在的基体或质料是生成的前提条件,它对于从之开始的生成而言必然是不被生成的,但是这并不妨碍我们说它经历这一过程而变成了可感实体。因此,在这里,质料的不被生成与质料作为潜在者的不持存是相容的。

现在,如果我们说形式的不被生成证明了它才是实体生灭过程中的持存者,或许立即就会有人反对我们的看法。他们可能会指出亚里士多德似乎并未明确而一贯地认为形式是不被生成的,因为他持有一些模棱两可的奇怪描述,而有些形式(可感实体的形式,例如苏格拉底的灵魂)确乎是被生成的。[1]然而,我们将看到,尽管亚里士多德并非在不加限制的意义上说"形式是不被生成的",但是从这种带有限制的意义上我们甚至能更加清楚地看出形式是实体生灭过程中的持存者。

如果我们对 Z8 关于"形式不被生成"的论证观察得足够仔细,就

---

[1] 希尔兹(Christopher Shields)认为个体形式是被生成的,并且形式必须被理解为是个体的,他为此作出了形式是被生成的辩护,参看 C. Shields, "The Generation of Form in Aristotle", *History of Philosophy Quarterly*, Vol. 7, 1990, pp. 367-390, especially, p. 371。

会发现亚里士多德并非在不加限制的意义上说形式是不被生成的。他说:"正如一个人不生产这个基体铜一样,他也不生产这个球形,除非依据偶性(κατὰ συμβεβηκὸς)"(1033a29)。这意味着形式在某种偶然的意义上,或者说依据偶性是可以被生成的。然而,亚里士多德在 Z8 中对这一点没有做更多的说明,甚至在整个著述中都未对"依据偶性的生成"给出过明确的解释。① 不过至少指出形式在某种意义上是可以被生成的。

在 Z8 之后的文本中,"形式不被生成"这个命题多次出现,但却有着更为古怪的表述。例如"这个(实体)要么是永恒的,要么它必须是被毁灭的而又不在毁灭的过程中,并且它必须是被生成的而又不在生成的过程中"(H3,1043b15-16:φθαρτὴν ἄνευ τοῦ φθείρεσθαι καὶ γεγονέναι ἄνευ τοῦ γίγνεσθαι)。我们不禁要问:应当如何理解形式是"γεγονέναι ἄνευ τοῦ γίγνεσθαι"(即被生成的但又不在生成过程中)?在这个词组中,"γεγονέναι 是动词 γίγνεσθαι"的完成时不定式,它表示结果的达成和动作的完成;而"τοῦ γίγνεσθαι"是动词"γίγνεσθαι"的现在时不定式的名词化,相当于动名词,它表达抽象的动作概念。因此我们暂且将其译为:形式是"被生成的但又不在生成过程之中"。这个古怪的表达并不足以解释形式与生成的关系,但可以肯定的是形式并非在任何意义上都是不被生成的。结合 Z8 中的观点,我们似乎能够认为形式自身并不经历生成或毁灭的变化过程,但它在某种偶然的意义上是能够被生成和毁灭的。

希尔兹(C. Shields)对形式与生成的关系给出了一种解释。他认为罗斯错误地把纯粹的形式和实体形式(他认为实体形式是种)看作不被生成的,而把非实体形式(例如这特殊的白色)看作被生成的。希

---

① 参看 C. Shields, "The Generation of Form in Aristotle", *History of Philosophy Quarterly*, Vol. 7, 1990, pp. 367-390, especially, p. 368。

尔兹的理由是有些非实体形式,例如"有皮肤的",也是没有生成或毁灭的——只要始终存在着一个拥有它们的个体,它们就是不被生成和毁灭的;而有些实体形式是被生成的,例如苏格拉底的灵魂。他根据"依据自身的运动"和"依据偶性的运动"来类比"依据自身的生成"和"依据偶性的生成"。[①] 例如,当乘客处于航行的船上时,船是"依据自身而运动的",而乘客是"依据偶性而运动的";类似地,当身体运动时,身体之中的灵魂是"依据偶性而运动的"。这意味着"依据偶性运动"的物体附随在"依据自身运动"的物体上,没有后者的运动前者是不可能运动的。因此,希尔兹认为形式的生成附随在复合物的生成之上,后者的生成足以保证前者的生成。

然而,附随在复合物之上的形式为什么就不经历生成的过程呢?处于航行的船只中的乘客必然经历着这个运动的过程。另一方面,如果形式的生成"随附于"或"依赖于"一个复合物的生成,那么当复合物尚未生成时,形式就是不存在的。这意味着形式的存在依赖于复合物的存在,然而,亚里士多德却认为形式在本体论上优先于质料和复合物(Z3,1029a6)。所以,复合物的存在必须依赖于作为本质的形式,形式是复合物之生成和存在的本原。希尔兹的解释显然颠倒了形式与被生成物在本体论方面的依存关系。

我们发现,亚里士多德在证明"形式不被生成"时依赖于被生成物的生成结构和这样一个前提——即"如果我们制造形式,我们必须从别的东西中制造它"(1033b1)。这个前提十分重要。生成并非"无中生有",即被生成物必然来自于某个事先的存在者,生成总是从一个存在者到另一个存在者的过程,换言之,生成是建立在存在之基础上的。

[①] C. Shields, "The Generation of Form in Aristotle", *History of Philosophy Quarterly*, Vol. 7, 1990, pp. 380-381.

亚里士多德正是以此反驳了巴门尼德对变化的否定。① 我们自然无法抛弃这个前提。然而，我们必须注意到这个前提和"生成"只属于复合物，而并不属于形式。所以，形式的不被生成意味着形式不像复合物那样被生成，因为它并不具有复合物那样的生成结构，它也不是从别的存在者中产生的。如果形式也有某种"生成"的话（即能够被生成），那么这并非出自它的本性，而是因为它与复合物的关系才具有了"偶然的生成"。

那么，形式与质形复合物究竟是一种什么关系，从而使得"生成"对于形式而言是偶然的，对于复合物而言是必然的呢？个体事物在Z7-9章中被分析为一个具有生成结构的复合物。"质形复合物"这个概念自身就蕴含着"生成"要素，换言之，只有在生成论的视野下个体才被看作一个质形复合物。《范畴篇》和Z卷的前六章几乎没有提及个别事物是质形复合物，因为在这些文本中，个体还未被作为生成物来分析。形式作为一个事物的本质和实体并不是在事物的生成中才被揭示的；Z6指出，当我们认识到一个事物的自身时我们就获得了它的形式或本质。因此，形式与复合物并不是简单的"构成成分与被构成之物"的关系，它们处于不同的层次和论域，前者是就个体事物自身或其本质内容而言的，后者是就个体事物作为被生成物所具有的结构而言的。但是它们具有本体论上的依存关系，即形式规定和支配了整个生成过程，复合物的生成是依据自身本质的生成；换言之，形式是可感实体之生成和存在的本原。

---

① 巴门尼德认为，如果变化是"从存在到存在"的过程，那么变化是不可能的，因为存在者已经存在着了；另一方面，如果变化是"从非存在到存在"的过程，那么变化也是不可能的，因为必须有某物事先存在，变化才能发生，因此，变化是不可能的。亚里士多德指出，变化的起点既不是绝对的存在也不是绝对的非存在，因此变化既是"从存在到存在"的过程，又是"从非存在到存在"的过程。参看《物理学》第一卷第八章的讨论以及本书第三章第一节和第五章第四节的有关论述。

复合物的"生成"经历了一个从"不存在"到"存在"的过程,例如这个铜球在被生成之前是不存在的,苏格拉底在被生成之前也是不存在的。如果没有这种"从不存在到存在"的过程,就没有真正的生成。亚里士多德在《论生灭》第一卷中指出,生成和毁灭不同于其他类型的变化,它不是同一个东西之属性的改变(315a1-2),也不是不同东西的混合和分离(317a20-21),而是一个东西作为整体变成了另一个东西(317a22)。"生成"与其他类型的变化之区别恰恰在于它包含了一个具体的实体从"不存在到存在"的发展过程,而不单单是已经存在的某个实体之状态或属性的改变。然而,"生成"包含的这种从"不存在到存在"或者从"不是到是"的过程,与生成不是"无中生有"或者生成是建立在存在论基础上的观点是存在张力的。如果亚里士多德一方面坚持认为生成是"真正的生成",另一方面亦认为生成不是"无中生有",那么他就必须承认生成既是从"不存在到存在"的过程又是从"存在到存在"的持存。①

亚里士多德的确意识到了这种张力,他在《物理学》第一卷中为变化奠定存在论基础时就指出,一切变化必须从存在者开始;而"非存在"只是相对于某个具体事物的不存在,它同时表达为一个别的存在者。更确切些,"非存在"是指生成结果或形式的缺失,但具有这个缺失状态的存在者是一个潜在者,它与形式或被生成物具有一种本体论上的关联,即它是由现实者所定义的,它潜在地是这个生成结果或形式。换言之,潜在者以一种肯定的方式包含了被生成物的本质或形式,即它以一种较低的存在程度(即潜在的存在方式)作为生成结果或形

---

① 这正是变化(或生成)在一种意义上是"有中生有",另一种意义上是"无中生有"的意思所在。参看亚里士多德在《物理学》第一卷第八章中对生成在一种意义上是"无中生有"(即从缺失到形式),在另一种意义上是"从有到有"(即从潜在者到现实者)的讨论。另外参看 Sean Kelsey 对这个问题的讨论,"Aristotle *Physics* I. 8", *Phronesis*, Vol. 51, 2006, pp. 330-365。

式。所以,一个从潜在者到现实者的生成过程实际上是从"潜在的形式到现实的形式"的转化。然而,无论形式是作为"潜在的"还是"现实的",它始终没有经历从"不存在到存在"的过程,它只在存在的程度和完备性上发生了变化,它始终是它自身。因此,形式并不具有真正意义上的"生成",它只是从潜在性到现实性的自我实现。聂敏里有一点说得好:"质料和形式、潜能和现实的关系的引入正是要解决一个自身保持为同一的实体如何生成的问题。"① 现在,生成不过是自身同一的形式或本质从潜在存在向现实存在的转化,但这种转化本身也是一个可感实体从"不存在到存在"的生成过程。所以,同一个"生成"从被生成物的角度看,是从"不存在到存在"或者从"不是到是"的发展;而从形式的角度来看,则是从"潜在的存在到现实的存在"的实现。对于复合物而言,"生成"是必然的,它必然经历一个"从不是到是"的过程,但对于形式,"生成"是偶然的,它并不经历从"不是到是"的过程,而是以一种最完备的存在状态落实到被生成的实体上。因此,当一个现实的、拥有形式的个别事物被生成时,我们可以说形式在偶然的意义上被生成了。

正如我们说白色的苏格拉底是有理性的,以及白色在偶然的意义上是有理性的,这是因为白色在苏格拉底之中并且后者必然是有理性的;我们也可以说形式在偶然的意义上是被生成的,因为生成必然属于拥有这个形式的个体。然而,形式的"偶然生成"并不像希尔兹解释的那样"附随"在复合物的生成上;相反,形式的偶然生成是复合物的必然生成的原因,换言之,形式从潜在性到现实性的自我实现就是一个复合物生成的内在原因。

因此,形式的不被生成指的是形式不像复合物那样被生成——即

---

① 聂敏里:《存在与实体——亚里士多德形上而下 Z 卷研究(Z1-9)》,华东师范大学出版社,2011 年,第 359 页。

形式不是从某个别的存在者中产生的,而是从潜在存在到现实存在的自我实现;并且当一个现实的、拥有形式的个体被生成时,形式也是偶然地被生成的。从这里看,在一个从潜在者到现实者的生成过程中,形式才是真正的"持存者",它始终保持自身的同一性,而只在存在的程度和完备性上发生了变化。当一个可感实体被生成时,它获得了对其形式的最完善的表达,或者说形式本身以一种最完备的存在状态落实到个体上;现在,可感实体已成为对其形式的"现实的例示"(actual instantiation)。生成过程最终"获得"的或产生的结果不是形式本身,而是对形式的"现实的例示"——即一个可感实体。质料持存论者把形式理解为实体的生成过程最终获得的结果或"被生成"的东西,这是对"形式本身"和形式的"现实例示"的混淆。由于没有认识到形式本身的不被生成,而只注意到形式的"现实例示"的被生成或形式的"偶然生成",他们因而无法看到形式才是实体生成过程中的持存者。

我们发现,形式在实体生成过程中的持存并不像个别事物在非实体变化中那样,是作为一个具体的物质性对象保持着自身在数目上的"一";它的持存也不是在生成前后保持为同一种类物质。形式不是一种"物质性"的存在者,但是它的持存却表达在物质性的存在者之中——即从质料到可感实体的生成表达了形式在其中的持存。形式也并非一成不变,它在维持自身同一性的情况下,在存在的程度和完善性上发生了改变,我们似乎可以将其理解为它在存在的"量级"上发生了变化。倘若我们能够说形式是实体生灭过程中的"持存者",那么,现在的问题是:形式究竟以何种方式持存,或者形式是如何持存的?

第三节　形式、第一本原和亚里士多德的目的论

探讨"形式如何持存"这一问题在很大程度上也是研究"形式是什

么"的问题,后者是亚里士多德形而上学中最重要和最困难的问题之一。他从许多方面研究了这个问题,例如形式是实体、本质、定义的对象、功能和现实性等等,但是与我们的问题相关性最大的是"形式是本原或原因"(αιτία)。因为形式是可感实体之存在和生成的本原,而形式的持存就是作为本原的持存。

亚里士多德在《形而上学》Z17 中指出,形式是可感实体之存在和生成的本原,因此形式是实体。Z17 的开篇这样说:

> 从另一个起点开始,我们应当来研究实体是什么,或者属于什么种类;因为,从这里我们或许能够得到关于独立于可感实体而存在的实体的清楚认识。既然实体是一种本原和原因,就让我们从这里开始。(《形而上学》,1041a6-10)

这个开头招致了对 Z17 在整个 Z 卷中的地位的争议:它究竟是承接 Z 卷前几章对形式作为实体的讨论,还是提出了对"实体是什么"之问题的新的研究方向。① 我们暂不能深入这些争论,但是我们认为 Z17 从本原和原因的角度来研究实体,它关注形式或本质与个别事物的关系问题,并从这个角度来说明什么是实体,因而"天然地"与个体实体的存在和生成相关。

在此之前,Z7-9 章从生成论的视角来研究形式,它们的主题是:形式是不被生成的,因而一个实体必然是另一个先在的实体的产物。它们同样关注形式与个别事物的关系,特别是形式与实体生成的关系。可以说,Z17 与 Z7-9 处于同一个研究视域之内,但是 Z17 推进了 Z7-9

---

① 有一种观点认为 Z 卷作为一个整体,它是对形式作为实体的连续的、不断推进的研究,而 Z17 是这个研究中的一个部分,或者说最后一个部分,这个观点参看 M. Wedin, *Aristotle's Theory of Substance: The Categories and Metaphysic Z*, Oxford: Oxford University Press, 2000, pp.406-407;另一种观点认为 Z 卷不是线性的整体,而是由关于"实体是什么"这一问题的几个独立的研究构成的,而 Z17 章是一个独立的研究方面,这个观点参看 M. F. Burnyeat, *A Map of Metaphysics Z*, Pittsburgh: Mathesis Publications, 2001, pp.56-57。

的主题,这就是形式作为不被生成的东西,它其实是可感实体之生成和存在的本原;因为它不仅解释了个别实体的存在和生成,而且在本体论上为其提供了最终的基础。

亚里士多德在 Z17 中指出,人们在探讨一个事物的实体或本原时采用这样的提问:"为什么一个事物是另一个事物呢?"例如"为什么人是具有这样一种本性的动物呢?"(1041a20),或者"为什么这些砖石是一座房子?"(1041a27)等等。这个问题的形式可以归纳为"为什么 X 是 Y?"X 可以是质料或者个别实体,而 Y 可以是可感实体或者定义。亚里士多德指出,这里的问题并不是关于"为什么这个人在德尔菲神庙"或者"为什么苏格拉底是白色的"这样的偶然的谓述何以可能,而是关于 X 自身的谓述何以可能。我们通过这种"为什么"的问题所寻找的答案是关于事物的本质的。"为什么 X 是 Y?"因为 Y 和 X 具有本质上的联系。亚里士多德说:

> 说得明白些,我们寻找的是本原。而这就是本质(以逻辑的方式来说),在一些东西中,它是何所为,例如一座房子或一张床,在另一些东西中,它是最直接的推动者;因为这也是一个原因。但是,在生成和毁灭中我们寻找的是动力因,而在存在中我们也要寻找目的因。(《形而上学》,1041a28-32)

我们发现,在"为什么 X 是 Y"这个谓述结构中,X 既可以代表可感实体的质料,也可以代表一个具体的实体。例如"为什么这些砖石是一座房子",这个句子中的"这些砖石"指的是房子的质料;如果要对某一具体的实体提问,那么我们可以问"为什么这座房子是具有这样一种本性或功能的遮蔽物"。在前一个句子中,Y 指的是"一座房子",而在后一个句子中,Y 指的是"具有这样一种本性或功能的遮蔽物"——即关于"房子"的定义。无论这个定义的内容最终是什么,我们完全可以把前一个句子中的"一座房子"替换为关于"房子"的定义。

现在,问题变成了"为什么这些砖石是具有这样一种本性或功能的遮蔽物",以及"为什么这座房子是具有这样一种本性或功能的遮蔽物"。亚里士多德提醒我们,像"为什么一座房子是房子",或者"为什么一个人是人"这样的问题是没有意义的,因为这个事物的存在是一个自明的事实(1041a14-15)。这儿的问题其实是"为什么这个事物具有这样的本质"。因此,在"为什么 X 是 Y"的谓述结构中,Y 与 X 的本质或定义有关,但是 X 具有既可以指涉质料又可以指涉可感实体的模糊性。然而,这种模糊性不仅对于这个问题是无害的,而且或许正是亚里士多德的意图之所在。

这种模糊性意味着对"质料为什么具有这样的本质"和"可感实体为什么具有这样的本质"这两个问题的回答是相同的,因为,在质料和可感实体中我们寻找的是同一个本原。换言之,当 X 代表质料的时候,有一个本原回答了"为什么质料是如此这般",而当 X 代表从这一质料而生成的可感实体时,同一个本原回答了"为什么这个可感实体具有如此的本质"。因此,对一个可感实体而言,从它的先在质料到它被生成为一个现实的可感实体是同一个本原在起作用。可感实体的"生成"和"存在"包含同一个本原,而这个本原就是形式。亚里士多德说:

> 显然,这里的问题是为什么质料是某个个体事物,例如,为什么这些质料是一座房子?因为房子的本质出现在其中。又为什么这个个体或者这个状态下的身体是一个人?因此,我们寻找的是本原,即形式,因为它,质料是某个特定的事物;而这就是事物的实体。(《形而上学》,1041b5-8)

质料因为形式而变成某个特定的实体,而这个实体是因为拥有形式而成其为自身。因此,形式不仅是实体之生成的本原,也是实体之存在的本原。①形式不仅是引导质料生成为可感实体的原因,也是使得这个可感实体持续存在的原因。例如,使一些砖石变成一座房子的原因是房子的形式——根据房子的遮蔽功能使砖石如此排列并形成如此这般的结构等等,同时使一座现实的房子持续地作为一座房子而存在的原因也是这个形式——它具有这样的结构和维持这样的功能。如果没有形式,那么个别事物不能被生成,更不能"存在"②,因此形式是"第一实体"。

我们在上一节中讨论被生成物的生成结构时指出,形式是实体生成的"真正的起点"(1033a25)。尽管质料作为潜在者是一个实体的生成过程的实际起点,但质料是"由于"形式而作为潜在者的,并且"由于"形式而最终成为可感实体、成为某一特定的对象;换言之,形式是可感实体之生成的"本体论起点"。因此,我们看到,对于个别事物而言,从它生成的开端直到它当下的存在,总有形式作为本原为其奠基;形式解释了事物为何生成以及如何存在。因此,形式的持存是作为本原的持存,是作为本体论上的奠基者的持存。在本章的开始,我们面对质料持存论者的反驳时指出,从作为质料的某物 A 到另一物 B 的生成过程中,我们至少必须提供某种理由(λόγος)来说明 B 是 A 的变化结果或者 A 与 B 之间存在着某种持续的关联。现在,我们可以说形式提供了这种理由并解释了 A 与 B 之间的本体论关联,因为形式是贯穿了从 A 到 B 以及保存在 B 之中的自身同一的本原;或者说,我们能够从 B 连续地回溯到 A 的原因是:有一个持存的本原使得这种回溯变得可

---

① Stephen Menn 在他的手稿中指出,Z17 章中讨论的本原是可感实体之存在的原因,而不仅仅在于指明这个本原或原因是本质。这个看法是正确的,但是我认为本原还是可感实体之生成的原因。参看 http://www.philosophie.hu-berlin.de/institut/lehrbereiche/antike/mitarbeiter/menn/texte/iie。

② 亚里士多德的"存在"是本质主义的存在,即说某物存在必然等于说它是作为什么样的一个事物而存在的。关于亚里士多德的"存在"问题的讨论,参看 G. E. L. Owen," Aristotle on the Snares of Ontology", in *New Essays on Plato and Aristotle*, R. Bambrough (ed.), London: Routledge, 1965, pp.69-95。

能。如果有人愿意说A之中有什么"东西"留存在B之中,那么这就是作为本原的形式。

如果《形而上学》Z17对形式作为实体之生成和存在的本原的论述并不那么充分,那么我们来看看H2-3章中的描述,这个问题就会更加清楚。伯恩耶特认为Z17开启的对形式作为本原的讨论直到H卷才完结,因此Z卷和H卷是一个整体,并且亚里士多德在H卷中阐述了他成熟阶段的形而上学理论。① H1是一份总结和对之前的研究(主要是Z卷)的回顾②,而对于形式的研究主要集中在H2-3卷中。

亚里士多德在H2中举了许多例子来说明形式是可感实体的本原。他指出不同的事物是通过不同方式形成的和被定义的,例如"蜜水"是通过蜜汁与水的混合而形成的,一本书是通过粘贴而形成的,一个木箱是通过把木片钉合在一起而形成的,门槛和房梁是通过把木头摆放在房子的不同位置而形成的,而早餐和晚餐是根据用餐的时间来定义的,等等。门槛作为门槛,或者说门槛的存在是因为木头被放置在这样一个位置;早餐作为早餐,或者说早餐的存在是因为在这样的时间段用餐。因此,我们必须抓住是什么区分(differentiate)和刻画了一个事物,因为它们就是事物之存在的本原。尽管以上这些例子都不是可感实体,但亚里士多德认为它们例示了并可以类比于可感实体的情况,他说"从这些事实中,我们可以清楚地看到,如果每个事物之存在的本原就是它的实体,那么我们必须在这些差别中寻找每个事物之存在的

---

① M. F. Burnyeat 关于Z卷和H卷之关系的论述,参看 *A Map of Metaphysics Z*, Pittsburgh: Mathesis Publications, 2001, pp. 67-68。相较于Z卷,对H卷的研究是薄弱的,但这并不意味着H卷只是某种附录的形式。相反,我认为它不仅是Z卷的继续,而且表达了亚里士多德较为完善的、关于实体的观点。在这里,我们对于H卷的基本看法无法备述。

② 对于H1是否是对Z卷的总结是有争议的,以及从这个总结中我们是否能够判断Z卷的哪些章节(例如Z7-9,Z12,Z17)是插入的。具体论述参看 M. F. Burnyeat, *A Map of Metaphysics Z*, Pittsburgh: Mathesis Publications, 2001, pp. 62-67。

本原"（1043a2-3）。我们已经从 Z17 中得知可感实体之存在的本原就是形式。因此，如果我们把门槛例子中的"放置在这样一个位置"理解为形式的话，那么门槛之存在是因为质料（木头）被形式如此安排。

可见，可感实体的存在是一种"结果"——即质料被形式如此安排的结果，这意味着在达成这个结果之前，形式已经以某种方式作用于质料；换言之，通往某个可感实体之存在的"生成"过程是由形式指引的，可以说形式"产生出"可感实体。亚里士多德在 H3 中说："如果门槛是被它的位置定义的，那么这个位置并不是被门槛产生的，而是后者被前者产生"（1043b10）。我们可以设想把一块木头摆放到门槛的位置上的过程，正是这个位置定义了并指引着这一过程，因此，形式是可感实体生成的原因。亚里士多德在追寻一个事物存在的本原时，不可避免地涉及它的生成，因为"生成"是"存在"的必由之路。

我们要对形式的持存是作为一个本原的持存说得更具体些，即形式是目的因，而形式的持存最好从目的因的角度来理解。亚里士多德在 Z17 中已经表明，我们在寻找个别事物之存在的本原时主要考虑的是目的因，而在寻找实体生成和毁灭的本原时主要考虑的是动力因（1041a31-32）。然而，对于自然实体而言，它的动力因、目的因和形式因是重合的，我们寻找的是同一个本原。我们发现在《形而上学》Z 卷和 H 卷对"本原"的探究中，亚里士多德并不是依照"四因说"的结构来分析个别事物的，其原因或许是"第一哲学"和"自然哲学"的分野，前者研究的是本体论上的奠基者，即"实体"，而后者更多关注的是如何解释事物的变化和运动。形式因是"四因"之中的一个，如果我们把自然实体的形式因、动力因和目的因看作重合的话，形式因仍然不能囊括"四因"，还有质料因也是事物的本原。但是，在 Z17 和 H2-3 章中，我们没有看到亚里士多德对质料因作为本原的讨论，似乎可感实体之"存在"的本原只有一个——即形式。然而，亚里士多德并没有否认质料是可感实体的"本原"，但质料作为本原是因为它是由形式来规定的;换言之,质料并非最终的本原,也不能为可感实体的生成和存在提供最终的依据。《物理学》第一卷第七章的最后曾经提出这样的疑问:形式和质料究竟哪一个才是实体呢(191a19-20)？现在通过对实体的研究,亚里士多德相信形式是实体。因此,如果我们也把质料看作可感实体的本原,那么形式将被称为"第一本原"——因为只有它才是原初意义上的实体或第一实体。

目的因和目的论对于亚里士多德的形而上学乃至整个哲学来说是非常重要的,但是他对于它们的直接描述很少,甚至并未解释"目的因"意味着什么或者它的定义是什么。①根据戈特瑟夫(Allan Gotthelf)的看法,关于目的因和目的论的最连贯和最明确的文本是《物理学》第二卷第八章以及《论动物的生成》第一卷第一章的部分内容,但它们都不是直接讨论"目的因"的定义的。②在研究事物的诸本原时,亚里士多德这样来描述目的因:"本原亦是目的的意思,或者某物何所为(ἕνεκα οὗ)的意思,例如健康是散步的本原('他为什么散步?'我们说:'他为了健康'。这样的回答,我们认为已经给出了原因)。某物作为手段朝向一个目的之运动的所有中间步骤都属于这种情况,例如,减肥、消毒、药物或手术工具都是获得健康的手段"(194b32-37)。此外,他说:"某物所为了的东西是最好的并且这个东西是朝向它而运动的事物之目的"(195a25)。③这些描述似乎预设读者了解"目的因"的基本意义并

---

① 对"目的因"的定义和基本涵义的讨论,参看 Allan Gotthelf, "Aristotle's Concept of Final Causality", *The Review of Metaphysics*, Vol. 30, No. 2 (Dec., 1976), pp. 226-254。我们在这里只集中讨论亚里士多德目的论的基本意义,以及它如何解释了形式在实体生成过程中的持存方式。对于亚里士多德的目的论在其他方面的意义,我们暂不涉及。

② Ibid., esp., p.226.

③ 在这里,我们不讨论目的是"善"的意义。对于亚里士多德而言,一个事物的目的是它最完善的存在状态,同时也是最好的。因此,他的目的论也是价值论。参看《物理学》194a32-33, 195a23-25,《政治学》1252b34-35,《尼各马可伦理学》1218b9-11,在这些地方,亚里士多德都把目的与善连接起来。

知道目的论的基本内容。

然而,从亚里士多德的文本来看,我们对于"目的因"的定义知之甚少,这给如何解释他的目的论留下了巨大的空间。研究者们有一个共识:亚里士多德的"目的因"并不是一个有意识的创造者设计的目标,而是不带有任何意识或意志因素的目的;这一目的是一切自然存在者最完备的存在方式。因此亚里士多德的目的论又被称为"自然目的论"。

当代以索拉布其(R. Sorabji)和努斯鲍姆(M. Nussbaum)为代表的目的论捍卫者主要将亚里士多德的目的论解释为在方法上和认识上反对把一个对象还原为由物质和物质的机械原因产生的,因而关于对象的任何解释还需要一个目的。例如,索拉布其说我们总是需要目的论的解释,无论我们对于机械的因果关系了解得有多深,因为在其他的原因中,我们对于"为什么"之追问的兴趣有时并不能被满足,除非我们注意到这一事物所达成的结果是善的。[1]他们认为对对象的认识无法还原到对象的物质构成和这些物质构成的机械原因,除此之外,对象的目的还影响着我们对它的理解和认知。简言之,他们对亚里士多德的目的论的解释是"反物质还原论"的。

库珀(J. Cooper)和戈特瑟夫采取了这种"反物质还原论"的思路[2],但是他们认为索拉布其从"认识论"和"解释方法"的角度来解释亚里士多德的目的论会引起严重的误解,因为亚里士多德的目的论解释根植于事物的本性之中。亚里士多德的目的论提供的是本体论上的因果关系的解释,而不仅仅是认识论上的问题。库珀批评道:"他们

---

[1] Sorabji, *Necessity, Cause and Blame: Perspetive on Aristotle's Philosophy*, London: Duckwoth, 1980, pp.165-166. 参看 M. Nussbaum 的类似的论述, *Aristotle's De Motu Animalium*, New Jersey: Princeton University Press, 1978, pp.69-70。

[2] Allan Gotthelf 采用反还原论的思路来解释亚里士多德的目的论,这是尤其明确的,参看 Allan Gotthelf, "Aristotle's Concept of Final Causality", *The Review of Metaphysics*, Vol.30, No.2 (Dec., 1976), pp.226-254, especially p.231。

(索拉布其等人)忽略的是这样一个事实——对于亚里士多德来说,只有当实在之物在实际上被如此规定时,这些论述才真正解释了为什么如此;只有当我们的兴趣指向事物真正的活动时,它们才是有意义的;在这里以及在别处,亚里士多德的本体论都优先于认识论。"①

因此,库珀和戈特瑟夫对亚里士多德目的论的解释或许可以被称为"本体论上的反物质还原论",即对象的本性和产生对象的原因不仅仅是物质或质料,还包括它的目的。由于一个自然实体的生成不能完全由物质或质料的机械原因来解释,它在生成过程中包含了一种保存自我的倾向,因此库珀说:"这种倾向,不能最终被还原到质料的性质和能力上,而是不可还原的目的论的方式;它是某些质料相互作用的倾向,是质料按照特定的方式成形和转化的倾向,以便能够产生一个成熟的和适应的个体——这个个体与它的生产者属于同一个种。"②类似地,戈特瑟夫将亚里士多德的目的因或"为了什么而生成"的概念定义为:"一个发展的阶段 A,为了成为一个成熟的和功能健全的有机体 B,当且仅当:1)A 必然是(或最好是)在生成 B 的连续的变化过程中的一个阶段;2)并且这个变化是(或部分是)关于 B 的一个潜能的实现,而这个潜能不能还原为不包含 B 之形式的元素的潜能的总和。"③这个定义中的"关于 B 的潜能"就是一个对象的目的因在生成过程中的体现,它不能被还原为质料(即元素)的潜能的总和。

库珀和戈特瑟夫关于亚里士多德的目的论的解释是非常富有启发性的,我们也同意他们对索拉布其等人的解释的批评。但是"本体论

---

① John M. Cooper, "Aristotle on Natural Teleology", in *Language and Logos: Studies in Ancient Greek Philosophy Presented to G. E. L. Owen*, Malcolm Schofield and Martha C. Nussbaum (ed.), Cambridge: Cambridge University Press, 1982, p. 215.

② *Ibid.* p. 214.

③ Allan Gotthelf, "Aristotle's Concept of Final Causality", *The Review of Metaphysics*, Vol. 30, No. 2 (Dec., 1976), pp. 226-254, especially p. 236.

上的反物质还原论"并不能充分解释亚里士多德的目的论,我们的理由有如下三个方面。

首先,尽管亚里士多德并未对目的因下过明确的定义①,但他是在对个别事物的"本原"的研究中引入目的因的,并在《形而上学》Z 卷和 H 卷中指出目的是个别事物之存在和生成的本原,因而它是实体。这意味着目的是个别事物之存在和生成的根据——它具有本体论上的优先性。因此,对亚里士多德的目的论解释无法绕开对目的之本体论地位的说明。在 Θ 卷中"目的"(λέτος)进一步与"现实性"(εντελέχεια)和"完善性"联系起来,若一个事物获得了它的目的便意味着它处于运作、活动以及现实性和完善性之中。亚里士多德说:"因为运作(ἔργον)是目的,而 ενέργεια 是运作,这就是为什么 ενέργεια 是从 ἔργον(运作)来的,并指向εντελέχεια(现实性)"(Θ8, 1050a22-23)。因此,"目的"在本体论上的优先性也就是"现实性"在本体论上的优先性。我们细致地分析过这种优先性的意义②,即目的之所是不依赖于个别事物之所是,而个别事物之所是不能不依赖于目的之所是,换言之,目的的内容或目的是什么决定了个别事物的本质。

其次,亚里士多德的目的论尽管可以被解释为"本体论上的反物质还原论",但是这一解释并未继续追究质料因和形式—目的因的关系,似乎认为它们是平行的两种本原,彼此不能相互还原。这一思路能够清楚地证明目的因对于对象的生成和存在是不可或缺的,但它似乎不能证明目的因才是一个对象在本体论上的最终源泉。对于一个对象的存在和生成,单单质料因不仅是不充分的,而且质料自身预设了一个形式并以这个形式为目的而运动。因此,对于任何实体,目的因不仅是

---

① 亚里士多德没有对目的因下定义或许是因为在本体论体系中"目的"是最基础的存在,没有其他的存在者能够作为其定义项,正如"现实性"也没有定义一样。

② 参看本书第六章第三节的讨论。

必要的,而且是决定性的。亚里士多德的目的论立场应当比库珀和戈特瑟夫设想的要强。正如马特森(Mohan Matthen)所说,亚里士多德的目的论是自上而下完全贯穿的,没有哪一个层次是非目的论的。①

第三,亚里士多德的目的论是连接个别事物之生成与存在的基础,而"目的"作为个别事物的"本原"最明确地体现在一个实体的生成过程之中。因此库珀和戈特瑟夫都将目的论的重点放在对自然实体之生成的解释上,但这并不意味着亚里士多德的目的论关注的只是对生成过程或还原过程的解释;实际上,实体的目的因是从存在论领域向生成论领域的"投射"。

可感实体的存在是有目的的,即它是为了目的而存在的,而这一目的就是它自身的完善的活动和功能;严格意义上的活动之存在(例如注视、思考)也是有目的,但这个目的就是它自身;神也是一个为了自身而存在的目的。就这些存在者而言,它们的目的在自身之中,但是生成和变化的目的并不在自身之中,尽管生成和变化本身是被目的定义的。亚里士多德说:"变化所朝向的目的,而不是变化从之而来的开端,给变化赋予了名字"(《物理学》,224b7-8)。例如,我们说这是"一棵橡树的生成"或者这是"一匹马的生成",它们的名字是从变化的目的(橡树、马)而得来的。米卢斯(C. V. Mirus)因此批评戈特瑟夫说:"'为了什么而生成'在概念上并不优先于'为了什么而存在',也并非所有的目的论描述都取决于一个被目的引导的过程或活动,而是恰恰相反。"②生成具有一种朝向目的的内在倾向,而这种倾向在形而上学上的根基就是它的目的。因此,亚里士多德的目的论之重点虽然在描述和解释生成过程上,但其根基却在于目的及其本体论意义中。

---

① Mohan Matthen, "The Four Causes in Aristotle's Embryology", in *Aristotle Critical Assessment*, Lloyd P. Gerson (ed.), Vol. II, Routledge, 1999, pp. 279-295.

② Christopher V. Mirus, "The Metaphysical Roots of Aristotle's Teleology", *The Review of Metaphysics*, Vol. 57, No. 4 (Jun., 2004), pp. 699-724.

现在,让我们对亚里士多德的目的因和目的论解释略做归纳。其一,目的是可感实体之存在和生成的本原,目的在本体论上具有优先性,即目的规定了可感实体的本质并定义了可感实体的生成。其二,对于任何实体而言,目的因是独立于质料因的本原,前者不可还原为后者,并且前者的本质规定了后者的本质。其三,生成和变化的目的并不在生成或变化自身之中,但它们在本质上是"为了目的"之实现的过程。

我们曾指出,形式在实体生成过程中的持存方式是作为"本原"的持存,而这个本原又必须被恰当地理解为"目的因";现在我们看到,这是因为可感实体的生成只有在目的论的背景下才是可理解的——即它的生成过程是被目的定义的。对于一个可感实体F,从潜在的F(质料)到现实的F(可感实体)的生成过程是"为了实现它的目的过程",而这个目的亦是F的本质和形式。亚里士多德也从"功能"(ἔργον)的意义上来解释可感实体的目的,因此可感实体的生成就是为了完善其功能的过程。尽管生成过程的每个阶段都尚未包含"最终的目的"和"完善的功能",但是每个阶段的存在都是"为了目的"的实现;即这个目的始终"影响"着和"主导"着生成的每个环节。

在这里尤其需要注意的是,当亚里士多德把"目的"和"形式"与"现实性"连接起来时,他指的是目的和形式的最大程度的完善;当他说变化和生成本身并不包含"目的"和"形式"时,他指的是生成过程中并不包含最完善的目的和形式;因为最完善的目的和形式是在过程结束的时刻获得的。这种"最完善的目的或形式"是"被实现了的目的或形式"——即可感实体对形式的"现实的例示"。那么,"主导"着生成并在生成的每个阶段之中的目的又应当如何理解呢?

在生成过程之中的目的不是现实的存在者——即不是最完善的形式或本质,而是潜在的存在者,它是目的的本质内容的一部分并作为质料的定义中的一部分出现——质料被定义为潜在的可感实体,即潜在的对目的完善的例示。生成过程中的目的被表达为质料的运作方式中的"倾向"或"原则"。因而,实体的目的从存在领域向生成领域"投射"的不是它的现实存在,而是它的本质内容;换言之,生成的每个阶段都包含着目的的本质内容,尽管这些本质内容尚未以最完善的方式存在或者尚未获得最充分的存在。这意味着生成的主体(即质料)自身已经包含着本质和目的的内容,即便这些内容不是最完善的;我们指出,质料具有本体论上的双重性——它一方面尚未是实体,另一方面在较低的程度上已然是实体。因为质料作为潜在性在较低的程度上或以潜在的方式拥有目的和本质。卢克斯(M. Loux)把质料已经拥有目的和本质的观点称为"最小的本质主义"。[①]因此,在实体生成的开端,质料中的目的或形式以一种最小的程度存在着,在生成的过程中它不断地被放大,直至生成的结束,它获得了最大程度的实现。所以,生成过程其实就是目的和形式的自我完善。

如果我们从功能和活动的角度来理解形式与目的,那么问题会变得更加清晰。在实体生成的开端,质料已经展现了某些功能或者以微弱的方式实施着这些功能,这些功能在生成的过程中不断地得到完善,而质料得到不断的发展,直到生成的结束,功能得到了最大程度的完善,而质料也变成了现实的可感实体。生成结束时所获得的目的与形式是对这些功能的最完善的实施和展现;而在生成的过程中,目的或形式以潜在的方式存在于质料中,并引导着质料向最完善的功能发展。如果说可感实体是对形式的"实现的例示",那么质料就是对形式的"潜在的例示"。因此,形式才是实体生成过程中的持存者,它是保持自身同一的本原;通过实体的生成过程,它从最小程度的存在实现为最大程度的存在。

[①] M. Loux, "*Ousia*: A Prolegomenon to *Metaphysics* Z and H", *History of Philosophy Quarterly*, Vol. 1, No. 3 (Jul., 1984), pp. 241-265.

所以,形式作为目的因的持存就是:在生成的开端和过程中,目的或形式以最小的程度或以潜在的方式存在于质料之中,并在生成的每个阶段"主导"着质料的运作,在此过程中不断完善自身,从而在生成结束时在可感实体之中获得最大程度的完善性和实在性。现在,让我们来看看亚里士多德的生物学中的例子,以便对形式之持存做出更具体的说明。①

一个生物体的生成,例如成年的苏格拉底,是由一个母体内的胚胎逐渐地发育为一个成熟的婴儿,然后又发展为一个成年个体。亚里士多德认为胚胎是由父亲提供的精子(种子)和母亲提供的经血(καταμήνια)构成的,前者提供的是动力因和形式,而后者提供的是质料因。根据《形而上学》Θ7 章中对潜在者和质料的规定,我们知道只有母体内的胚胎才是苏格拉底的质料和潜在的苏格拉底。因此,苏格拉底的生成是从母体内的胚胎开始的,但胚胎又是由精子和经血形成的。亚里士多德在这里指出,由于人类是两性繁殖,经血不能独立地发展为动物体,它必须通过与精子作用而形成胚胎之后才能进一步发展为动物体。因此,严格来说,只有胚胎才是动物的质料。但是,在单性繁殖的动物中,因为不需要精子的作用,成年动物提供的繁殖物质(经血)自身就能发展为动物体。

---

① 亚里士多德的生物学是否完全能够用他的物理学和形而上学的基本框架来解释仍然是一个富有争议的问题,我们在这里无法对生物学,特别是《动物的生成》中的学说提供详细的分析,而只能从中选取一个能够用形而上学的基本理论来解释的例子,从而使我们的论证有更具体的生物学上的支持。例如,参看 Blame 对亚里士多德的生物学是"非本质主义"的论证,D. M. Bamle, "Aristotle's Biology was not Essentialist", in *Philosophical Issues in Aristotle's Biology*, A. Gotthelf and J. G. Lennox (ed.), Cambridge: Cambridge University Press, 1987, pp. 291-312;以及 Robert Bolton 对生物学的独立性的论证, "Biology and Metaphysics in Aristotle", in *Being, Nature and Life in Aristotle: Essays in Honor of Allan Gotthelf*, James G. Lennox and Robert Bolton (ed.), 2010, MA: Cambridge University Press, pp. 31-55。

亚里士多德认为,精子是来自雄性动物体的营养物质中的、一种有用的剩余分泌物(725a11),它包含了生成的原则,可以说它拥有潜在的灵魂(735a8-9)①;而经血也是营养物质中的一种有用的剩余分泌物(727a2,727a31),它也包含着生成的原则,即某种潜在的灵魂。但它们的区别是:精子是更精炼的分泌物,它包含了潜在的感知灵魂,而经血则是不那么精炼的分泌物(728a26),它包含了潜在的营养灵魂。动物的胚胎(例如苏格拉底)就是精子和经血的结合,这种结合方式是精子作为主动的原因作用于经血,而经血作为被动的原因接受了精子传递来的"形式"(729b13-14)。因此,动物的胚胎既包含了潜在的营养灵魂又包含了潜在的感知灵魂;在生成过程的开端,动物的形式和目的(即灵魂)就已经以最小的程度存在于胚胎中了。

亚里士多德强调说,精子在形成胚胎的过程中并不提供任何材料或物质,它只是传递了非物质性的"形式"或"原因",就好像雕刻家手中的刻刀并不提供任何雕刻的质料,但它是传递雕像之形的工具。精子也是雄性动物传递形式的工具,它是生成的动力因,但它以一种特殊的方式启动了生成的全部系列的运动。亚里士多德做了一个比喻,他说:

> 很可能,A 推动了 B,而 B 又推动了 C,事实上,这个情况或许与神奇的木偶相似。因为木偶人的各个部分在静止的时候有一种运动的潜能,当任何外在的力量使其中一个部分运动起来时,紧挨着的部分就会立即运动起来。正如在神奇的木偶中,外在的事物是它们运动的本原,但是这个事物现在并未接触它们而是从前接触过它们,产生精子的动物也以类似的方式启动了这些运动。(《动物的生成》,734b9-16)

---

① 参看 Alan Code, "Soul as Efficient Cause in Aristotle's Embryology", in *Aristotle Critical Assessment*, Lloyd P. Gerson (ed.), Vol. II, Routledge, 1999, pp. 297-304。

木偶人被外力推动而自动产生一系列的运动,这好比雄性"使用"精子将潜在的灵魂传递到雌性提供的生殖物质中去,然后便产生了胚胎——它并不包含任何来自精子的物质,而是拥有来自精子的形式和来自经血的物质部分和生成原因(即潜在的营养灵魂)。因此胚胎之中立即产生了一系列的运动,但这些运动是对已经包含着的、内在的、潜在灵魂的实现——它们不再需要任何外在的推动者。现在,生成的本原已经是"内在于"胚胎自身的了。在一系列的运动中,即在胚胎的发展中,每一个器官的形成都是"为了"实现特定的目的,例如心脏的形成是为了实现感知功能(亚里士多德认为心脏是感知的器官)。在生成的过程中,潜在的灵魂不断地被实现和完善,直到生成的结束,动物灵魂得到了最大程度的完善——即它变成了现实的动物灵魂。

从这些生物学的例子中我们发现:在动物的生成过程中持存的不是质料——胚胎是不持存的(另外,母亲提供的经血是一种营养物质的剩余,它也不能留存在被生成的动物体中),而是形式。然而,形式不是物质性的持存者,而是实体生成的本原和目的。在生成过程中,形式从质料中的潜在存在发展为可感实体中的现实存在,即从一种最小的存在程度实现为最大程度的完善性。形式的持存是拥有这一形式的物种的永恒性的形而上学基础,因为形式的持存保证了被生成的个体拥有与它的生产者相同的形式,即生成之产物是属于这个种的新的个体。

第四节　全文结语

我们以"质料在实体生灭过程中是否持存"这一问题为线索探讨了亚里士多德的"质料"概念,并指出质料的形而上学地位不在存在的范畴中,而在存在的方式中,即质料是潜在存在。严格意义上的"质料"概念指的是"潜在的实体",而其他宽泛意义上的质料,例如属、无限、能力的承载者等等,与严格意义上的质料是类比性的关系,因为它们在类比的意义上是不同类型的潜在者。从"质料"概念的严格意义出发,我们从四个方面为"质料在实体生灭过程中不持存"提供了论证,证明了质料作为潜在者在实体生成过程中变成了现实者,因此它经历了这个过程而不持存。

《物理学》第一卷第七章的变化的三本原——"缺失—基体—形式"模型并没有为质料在实体生灭过程中持存提供文本证明,变化的连续性以及变化中的"基体"概念也不能证明质料的持存,因此质料持存论者的解释是失败的。另一方面,从质料作为潜在存在者的角度,以及从潜在性与现实性的关系从发,我们看到"质料在实体生灭过程中不持存"这一解释是可行的,也更契合亚里士多德的哲学系统,这特别体现在《物理学》第三卷第一至三章的变化定义中。

此外,我们在论证的最后回应了一个可能的严肃反驳:即质料在实体生灭过程中的不持存将使我们重新面临巴门尼德问题的威胁。我们指出质料在实体生灭过程中不持存——这并不意味着在这一过程中没有任何持存的东西;形式而非质料才是真正的持存者。然而,形式的持存不是作为物质对象维持"数目上的一",也不是作为同一类物质的持存,而是作为本原和目的因的持存。形式在实体生灭过程中保持自身同一,但在存在程度上实现了从潜在性到现实性的完善。

现在,在本书的最后,我们来思考三个问题以便将其作为结束之语。第一,如果质料在实体生成过程中是不持存的,那么被生成的实体中"没有"作为潜在者的质料,这样一来,我们应该如何理解可感实体是"质料与形式的复合物"? 或者,我们应该如何解释形式与质料"构成"了可感实体? 这当然是一个比本文的研究还要复杂和宏大的问题,它涉及对亚里士多德的"质形论"的解释以及他的整个形而上学系统,我们仅以本文的讨论为基础提供一点初步的分析,为将来的研究抛砖引玉。第二,我们需要回应一个可能的反驳,即我们的四个论证只说明质料在实体的生成过程中不持存,似乎并未有效论证质料在实体的毁灭过程中不持存。第三,从亚里士多德的"质料"概念与我们现代人理解的质料或"物质"概念的差异出发,我们对如何研究古代哲学做一个初步的思考。

我们先来讨论第一个问题。本书第四章第二节分析"先在质料"与"共时质料"的区分时曾涉及可感实体何以可能是形式和质料的"复合物",以及"共时质料"在什么意义上是可感实体的"构成成分",这些都涉及对亚里士多德的"质形论"的解释。

形式和质料的"复合物"是"实体"(οὐσία),这个观点可以说是亚里士多德形而上学的独特之处。其他希腊哲学家,无论是爱奥尼亚派、巴门尼德、赫拉克利特、柏拉图还是原子论者,都不认为"实体"或最终存在是"复合的";像泰勒斯的"水"、巴门尼德的"存在"、赫拉克利特的"火"、柏拉图的"理念"、德谟克利特的"原子",这些"实体"都是"简单的",它们自身不在任何意义上是"复合的"或"合成的"。柏拉图特别将"纯粹性"或"单一性"作为理念的一个基本特征,即理念在任何意义上都是单纯的而不可能是"复合物";德谟克利特的"原子"的本意就是"不可分者"。

因此,"一个'复合物'如何作为'实体'"是亚里士多德形而上学中最关键的问题之一;并且对于他而言,"复合实体"与"简单实体"(即永恒实体和神)的一个重要区别在于:前者是有生成和毁灭的,而后者是没有任何变化的(除了永恒圆周运动)。因此,可感实体不仅仅是"复合的",更是"可朽的"。其他希腊哲学家也不认为"实体"是"可朽的"或处于变化之中的,相反,他们认为实体自身是没有生灭变化的,像赫拉克利特的"永恒的活火"、巴门尼德的无处不在的"存在"以及柏拉图的"理念"。

亚里士多德抛弃了其他希腊哲学家所谓的实体的"简单性"和"不变性"的标准,但是他坚持认为实体必须是严格的统一体和本体论上的独立存在者。在《形而上学》Z3 中,他指出"这一个"(τόδε τι)和"可分离性"是判断实体的标准(1029a28)。因此,可感实体既是复合的和可朽的,又必须是严格的统一体。这正是亚里士多德的"质形论"最困难、也是最关键的地方,即质料和形式的"复合物"何以可能是一个严格的统一体?

在《形而上学》Z17 中,亚里士多德指出,一个可感实体并不等同于构成它的全部元素,它还必须包含别的东西使得这些元素成为一个单一的实体,而这种东西不可能是另一种元素或者由元素构成的,否则这个论证将陷入无穷倒退。例如,音节不是字母的总和,它还包含别的东西;肉也不是火元素和土元素之总和,它还包含别的东西。这个另外的东西是实体之生成和存在的本原,它不同于物质性的元素或质料,我们知道它就是可感实体的形式。亚里士多德说形式是使质料成为一个确定的对象的原因,"它是使这个东西成为肉,使那个东西成为音节的原因"(1041b26)。因此,如果说质料与形式作为不同的"部分"构成了可感实体,那么它们的"复合方式"不是部分构成整体的方式,也并非不同的成分或元素的混合,而是形式作为原因和本质来"指引"和"安排"质料,使得质料成为一个确定的对象;形式在质料之中使得"在质料中的形式"是一个可感实体。

然而,形式作为在质料之中的原因,它的"在之中"不同于"属性在实体之中",例如,灵魂在身体中的方式绝非白色在苏格拉底中的方式。灵魂与身体构成了一个严格的统一体——即这个复合物只有唯一的本质和定义,但是白色与苏格拉底并不是严格的统一体,尽管实体与它的属性在数目上为"一",但是在本质和定义上却不是"一"。因此,质料与形式的复合方式与属性和个体实体的复合方式存在着根本的差异,用后者来解释前者是对亚里士多德的"复合实体"的误解:质料不是承载"实体形式"的载体(ὑποκείμενον),形式也不可能作为"是某种实体"(being something)这样的性质。①

倘若形式和质料的复合方式既非不同部分或成分的混合,也非"属性在实体之中"的方式,那么它们究竟以怎样的方式合成严格的统一体?《形而上学》Z17已经暗示我们说,形式是使得质料成为可感实体的原因或本质,形象地说,形式将质料"制作"成一个具体的、单一的实体,因此形式和质料的复合方式必然与可感实体的生成有关。此后,亚里士多德在H6中用潜在性和现实性概念来解释质料和形式,因此,它们如何构成"复合实体"的问题必然落实在潜在性和现实性的关系上。亚里士多德说:

> 正如我们已经说过的,最近的质料与形式是"一"和同一个东西,前者是潜在的,后者是现实的。因此追问它们是"一"的原因就如同追问统一体的一般原因;因为每个东西都是一个统一体,而潜在者和现实者也是某种意义上的"一"。因此,除了引起从潜在者到现实者的变化的原因之外,这里没有其他的原因了。任何没有质料的东西在本质上都是无条件的统一体。(《形而上学》,1045b17-24)

这段文本被许多研究者奉为解决亚里士多德的复合实体的统一性问题的答案。② 的确,这段文本指出,把质料看作潜在者并把形式看作

---

① S. Makin 对"共时质料"的解释便是这种误解的一个典型体现。他把质料看作承载"实体性质"的载体,把形式看作某种"是实体"的性质,因此质料与形式的关系类似于个体实体与偶性的关系。参看 S. Makin, *Aristotle Metaphysics Book Θ*, Oxford: Clarendon Press, 2006, p.139。

② 例如,M. L. Gill (1989), D. Charles (1994), A. Code (1995), F. Lewis (1996)等等,这些研究者都从H6的这段文本中寻找"形式和质料如何作为统一体"这一问题的答案。参看 F. Lewis, "Aristotle on the Unity of Substance", in *Form, Matter and Mixture in Aristotle*, F. Lewis and R. Bolton (ed.), Oxford: Blackwell Publisher, 1996, pp.39-81。另外,参看 A. Code, "Potentiality in Aristotle's Science and Metaphysics", *Pacific Philosophical Quarterly*, Vol.76, 1995, pp.405-418。

现实者,复合实体的统一性问题就不再是问题了。然而,我们仍然不清楚的是:潜在者与现实者在何种意义上以及以何种方式是"一"?

  研究者们继续在《形而上学》Θ卷中寻找答案,他们研究了潜在性和现实性的关系,并提出了关于可感实体统一性问题的不同解释。①但是这些解释的关键在于:作为可感实体的不同"部分"的潜在者与现实者如何能够是"一"? 亚里士多德区分了不同意义上的"一":属上的一,种上的一,数目上的一,类比的一以及实体或本质的一;而"严格地被称为'一'的东西是因为它的实体是'一'"(《形而上学》,1016b7-9)。因此,复合实体作为严格的统一体,必须是实体或本质上的"一",这意味着质料与形式在某种意义上是实体和本质上的"一"。

  在 H6,1045b17-24 这段话之前,亚里士多德曾指出,人们寻找可感实体的统一性之公式的原因在于"人们寻找的是潜在性和现实性之间的差异。但是,最近的质料和形式是同一个东西,前者是潜在的,后者是现实的"(1045b16-19)。所以,要解决可感实体的统一性问题,我们应当寻找的不是潜在性和现实性之间的差异,而是它们的相似性。我们知道潜在者和现实者的区分不是两个不同实体之间的区分,也不是

---

① 关于可感实体的统一性主要有两种不同的解释策略。第一种称之为"投射策略",即认为可感实体自身的统一性是本体论上的基础,它自身就是解释的基点,而质料和形式是从可感实体中推演而来的不同方面或不同概念,它们不是优先于和独立于可感实体而存在的。这个观点的代表人物是 W. Sellars,参看"Aristotle's Metaphysics: An Introduction", in *Philosophical Perspectives* (Springfield, Ill), 1967, pp. 73-124。第二种关于可感实体的统一性解释被称为"解释策略",它认为第一种解释是"非解释性"的,并且是循环论证。该解释认为形式和质料是优先于和独立于可感实体而存在的,它们是构成实体的"真正的部分",而可感实体的统一性源自形式在目的论和本体论上对质料的统治。这种观点的代表人物是 D. Charles 和 F. Lewis,参看 D. Charles, "Matter and Form: Unity, Persistence, and Identity", in *Unity, Identity, and Explanation in Aristotle's Metaphysics*, T. Scaltsas, D. Charles and M. L. Gill (ed.), Oxford: Clarendon Press, 1994, pp. 75-105;以及 F. Lewis, "Aristotle on the Unity of Substance", in *Form, Matter and Mixture in Aristotle*, F. Lewis and Robert Bolton (ed.), Oxford: Blackwell Publiser, 1996, pp. 39-81。

非存在与存在之间的区分,而是同一个实体的不同存在方式之间的区分。对于一个存在者 F 而言,潜在的 F 是在较弱程度上存在的 F,而现实的 F 是完备存在的 F。因此,形式和质料之间的差异不是"实质的差异",而是同一个实体在存在的"量级上的差异",它们本来是本质和实体上的"一"。如果我们认识到这一点,那么可感实体的统一性问题就不再是一个无法解决的难题了。

然而,我们必须注意到作为潜在者的质料与作为现实者的形式是不能同时存在的,尽管它们在本质内容上却是不可分离的——即潜在者的本质预设了现实者的本质,或者说现实者的本质和所是决定了潜在者的本质和所是。另一方面,潜在者具有朝向目的的指向,即它的本质是朝向现实者运动并为了成为现实的实体。因此,潜在者与现实者的"不分离"或"复合"是在可感实体的生成过程中进行并得以理解的;倘若离开可感实体的生成,我们将无法理解它如何作为一个"复合物",又在何种意义上是一个"统一体"。

亚里士多德指出,可感实体之统一性的原因除了形式或质料之外没有其他。他说:

> 这儿的原因是什么——那曾经是潜在的东西如今是现实的东西之原因,除了被生成物的动力因之外?这里没有其他的原因使得一个潜在的球体变成一个现实的球体,因为这就是其中一个的本质。(《形而上学》,1045a30-33)

由此可见,可感实体之统一性的原因就是形式或质料的本质,但是这个本质却必须在实体的生成中得以体现;换言之,可感实体作为"统一体"是因为它依照形式并从质料而生成。尽管"生成"本身不是可感实体之统一性的最终原因,但它却是获得统一体的必由之路。我们说作为潜在者的质料与作为现实者的形式以"生成"的方式"合二为一"。

在前面 1045b17-24 这个段落中,有一个句子值得我们特别注意,亚里士多德说:"除了引起从潜在者到现实者的变化的原因之外,这里没有其他的原因了。"这意味着潜在者朝向现实者的变化或生成是可感实体之统一性的原因,然而,潜在者朝向现实者变化的原因又在于现实者以目的的方式对潜在者之本质的规定。因此,可感实体的统一性的最终原因就是形式作为目的而引起实体的生成。

因此,我们应当在实体之生成的意义上来理解可感实体的"复合性",即一个实体的生成过程就是形式和质料的"复合方式",或者说质料与形式以生成的方式构成了可感实体。换言之,一个实体作为"复合物"是指它是通过形式和质料二种本原而生成的,任何可感实体都拥有一个被生成的历史。可感实体能够被生成和毁灭恰恰在于他们是"复合的";神和永恒实体没有生灭,因为他们是"简单的",不包含任何质料。亚里士多德指出,任何不包含质料的存在者都是绝对的统一体(1045b24),与之相较,可感实体只是某种有限制的统一体。

这种"有限制的统一性"是因为潜在者与现实者的"合一"不是绝对的、不是生而有之的,而是必须通过生成的努力才能实现的。因此,一方面,可感实体拥有唯一的本质,即它是严格的统一体;另一方面,可感实体却不像永恒实体那样是绝对的"一"。被生成的可感实体是对作为潜在者的质料的实现,或者说它是对形式的现实的例示。可感实体在本质上为"一"意味着它不再具有本体论上的差异部分,它在本体论上是一个"同质的"(homogenous)的实体。在被生成的实体中,即现实的实体中,潜在的质料已经完全成为现实的对象,因此现实的实体并不包含任何潜在的方面,它在各个方面都是现实的——即它是对形式的完备例示;正是在这个意义上,可感实体才能被理解为严格的统一体。因此,我们应当在实体之存在的意义上来理解可感实体的"统一性",即可感实体的"现实存在"标志着它是本质上的"一"。

所以,我们完全可以认为可感实体中并不包含作为潜在者的质料,但是这并不意味着可感实体中不包含任何物质部分或其他意义上的质料;只不过在现实的实体中,"质料"不再是"潜在的实体",而是"在形式中的质料"或者"被实现了的质料"——这个意义上的质料与可感实体的存在是重合的,我们可以说它是可感实体的"共时质料"。

可感实体的存在不是静止的和怠惰的,而是处于活动之中的,即它的存在意味着它必须维持着本质的功能与活动。在进行本质活动时,可感实体自身或它的"共时质料"便作为活动的能力与活动的承载者,而本质活动就是对这种潜在者的实现(ενέργεια)。因此,潜在者与现实者的关系也构成了可感实体的存在结构。一个健康的人有能力进行各种生命活动并且正在进行着某些生命活动。活动的能力作为潜在者与活动作为现实者构成了一个统一体,从"活动的能力"到"活动"的转化是不需要时间的,也不需要生成过程;在可感实体的存在中,活动的能力与活动自身——即潜在者与现实者——是同一个实体的不同方面。

因此,质料和形式构成的"复合实体"要么是处于生成过程之中的,要么是处于能力和活动之中的,这便是他们作为实体的全部方式。亚里士多德的实体从来就不是"静止的";可朽实体要么处于生成之中,要么处于活动之中,而神不是惰态的或不动的,他处于永恒的自我反思之中。

第二个问题是"实体毁灭"的问题。或许有人会注意到本文的线索问题是"质料在实体生灭过程中是否持存",而我们提供的四个论证所得出的结论都是"质料在实体生成过程中不持存",因此有人会反驳说我们并未有效地论证"质料在实体毁灭过程中不持存"。

质料持存论者不仅认为质料在实体的生成过程中是持存的,而且认为它在实体的毁灭过程中也是持存的。例如铜在铜像的生成过程持存,但是铜像被熔化后,铜仍是持存的①;他们或者认为水、土、火、气四元素在实体中以"构成性质料"的方式存在,它们在实体毁灭后仍旧存在②;他们或者认为质料在实体生成之前"现实地存在",而在被生成的实体中"潜在地存在",在实体毁灭后又"现实地存在",因而质料在实体的生成和毁灭过程中是持存的。③质料持存论者的这些解释犯了一个共同的错误:即误解了亚里士多德的"质料"概念;质料不是实体的"构成性成分",也不是"实体形式"的载体,更不会"潜在地存在"于实体之中。我们已经指出,质料是潜在存在者,而"复合实体"的质料主要是指实体生成的"先在质料",在类比的意义上也可指引起活动(ἐνέργεια)的能力——即"共时质料"或身体,但"先在质料"和"共时质料"是不同类型的质料。"实体毁灭"这一变化的起点是现实的实体,它涉及的是"共时质料"而非"先在质料"。我们已从不同方面论证了先在质料在实体生成过程中的不持存,但是并未着重讨论共时质料在实体的毁灭过程中的不持存,不仅因为"先在质料"是"质料"概念的严格意义,还因为亚里士多德更关注实体的"生成"而非"毁灭"。

我们对"实体毁灭"之反驳的回应包括两个方面。第一,亚里士多德认为,在可感实体毁灭后,它的质料——即"共时质料"——是不持

---

① 例如 D. Bostock 和 T. Scaltsas 的观点,参看 D. Bostock, *Space, Time, Matter and Form: Essays on Aristotle's Physics*, Oxford: Clarendon Press, 2006, pp. 32-33;以及 T. Scaltsas, "Substratum, Subject, and Substance", *Oxford Studies in Ancient Philosophy*, Vol. 5, 1986, pp. 215-240。

② J. Whiting 和 F. Lewis 等人持有这个观点,参看 J. Whiting, "Living bodies", in *the Essays of Aristotle's De Anima*, M. Nussbaum and A. Rorty (ed.), Oxford: Clarendon Press, 1992, pp. 75-91;以及 F. Lewis, "Aristotle on the Relation between a Thing and its Matter", in *Unity, Identity and Explanation in Aristotle's Metaphysics*, T. Scaltsas, D. Charles and M. L. Gill (ed.), Oxford: Clarendon Press, 1994, pp. 247-278。

③ M. L. Gill 为质料在实体的生成和毁灭过程中的持存做过这样的辩护,参看 *Aristotle on Substance: the Paradox of Unity*, New Jersey: Princeton University Press, 1989, p. 148。

存的。由于他并不是从质料作为潜在者变成现实者的角度来说明这一问题的,所以我们在论证中没有正面涉及它。亚里士多德说:

> 假设一件工具,如斧子,是自然物,那么是斧子就是它的本质,这就是它的灵魂;如果失去了灵魂,它就不再是一把斧子,除非是同名异义的……假设眼睛是一只动物——视力就是它的灵魂,因为视力是眼睛的实体,而眼睛只是看的质料,如果眼睛不再看见,那么它就不是眼睛,除非是同名异义的,如同石刻的眼睛或画上的眼睛。我们现在必须把运用在部分上的东西也运用在整体上;因为正如部分有部分的功能,类似地,感知对应于整个身体。(《论灵魂》,412b12-25)

正如失去砍伐功能的斧头不再是斧头,以及失去视力的眼睛不再是眼睛,失去灵魂的身体也不再是身体。失去某一特定的功能是人造物的毁灭,而失去灵魂是自然实体的毁灭。尽管实体毁灭之后留下来的东西与实体或它的质料"同名",但它们在本质上是完全不同的两种东西。活着的身体是动物的"共时质料",在动物死后只是"同名异义"地被称为"身体",准确地说,我们应当称之为"尸体";"身体"与"尸体"是两种不同的东西。因此,可感实体的"共时质料"在毁灭后并不持存。更确切地说,"先在质料"在实体的生成过程中不持存,而"共时质料"在实体的毁灭过程中不持存,因此质料——无论是"先在质料"还是"共时质料"——在实体的生灭过程中是不持存的。

第二,"实体毁灭"这种变化并不符合亚里士多德的目的论结构,因为毁灭的结果并不是实体的"目的",现实实体之目的已在自身之中,因而它并不在目的论上朝向毁灭而运动。"共时质料"在实体毁灭过程中的作用不同于"先在质料"在实体生成过程中的作用,先在质料是可感实体生成的质料因,也是生成的主体,而共时质料并不是实体毁灭的质料因,它不是潜在的毁灭结果,也不在任何意义上是毁灭的"原因"。某个实体的毁灭过程并不是该实体的生成过程的颠倒。亚里士多德指出,实体的共时质料在实体毁灭后不再存在,但他并不认为共时质料是"潜在的毁灭之结果"。活的身体不是潜在的尸体,酒也不是潜在的醋(《形而上学》,1044b35)。因此,严格地说,只有目的论结构中的变化才有质料因、形式因和目的因,也才能够谈论"变化中的质料、形式和目的";实体毁灭这种变化是没有质料和目的的,更谈不上质料是否持存的问题了。所以,在这个意义上,"质料在实体毁灭过程中是否持存"是一个假问题。

然而,我们不得不问什么才是实体毁灭的"原因"?亚里士多德对这个问题着墨甚少,究其原因,很可能是他坚信作为类的实体(species)是永恒的,因此作为类的实体并没有真正意义上的"毁灭",而个体实体在繁衍的过程中把自身的形式传递给下一代,这就像模仿天体的永恒圆周运动,个体实体因而参与并实现了某种永恒。[1]不过,亚里士多德在《论天》中的一段话似乎给出了实体毁灭的某种原因,他说:

> 既然在事物自身之中的变化的本原是自然,而推动他者变化或推动自身中其他方面变化的本原是力;而变化要么是遵循自然的,要么是被强迫的;遵循自然的变化,例如石头向下运动,外力的作用仅能使它加速,但有悖自然的变化只是因为外力的缘故。(《论天》,301b16-21)

毁灭是有悖实体之本性的变化,它不是"自然的"而是"被强迫的",因此造成实体毁灭的原因是外力。个体实体在外力的作用下可能被毁灭,但它们的本性却是进行各种(生命)活动并创造下一代,参与永恒。

---

[1] David. Sedley, "Teleology, Aristotelian and Platonic", in *Being, Nature and Life in Aristotle: Essays in Honor of Allan Gotthelf*, J. G. Lennox and R. Bolton (ed.), Cambridge: Cambridge University Press, 2010, pp. 5-29, especially p. 8.

最后，我们再来思考在本书的开篇说到的亚里士多德的"质料"概念与我们现代人日常的"质料"或"物质"概念相去甚远的原因。我指的是现代人常识的质料或物质概念，并不特指某些现代哲学家或科学家的质料概念。我们常识中的物质概念主要是指现代科学中的物质（经典物理学），它指的是："具有一定质量的和占据空间的，与意识和心灵相区别的可感对象。所有物理对象都是由物质构成的，即原子；而原子又由质子、电子和中子构成。"[①]外部世界中的一切物质对象都是由各种化学元素的原子按照不同的结构组成的；化学变化（即现代人理解的"实体生灭"）就是微观世界的原子的组合和分离，而原子的种类和组合结构决定着宏观世界的一切形态和变化。这个图景非常接近古希腊的原子论者的观点，而不是亚里士多德的形而上学。

究其原因，我们现代人的世界观不像亚里士多德的那样是一个有序的、自上而下的目的论的世界。亚里士多德对古希腊哲学家（包括原子论者）无视"目的因"的批判也适用于现代人的世界观。对现代人而言，"目的"只局限于人类的某些有意识的活动，自然世界是没有目的的，世界秩序不是"自上而下"的目的结构，而是"自下而上"的构成结构。然而，亚里士多德却认为永恒实体（即神）是整个世界的目的，其余的东西以不同的方式视其为目的而存在或运作。我们看到，他的"质料"概念正是在目的论的结构中才得以定义并获得其意义。随着自然目的论之世界观的瓦解，亚里士多德的"遗产"不过以"碎片"的方式传递给我们；正如"质料"这个概念，在现代的、非目的论的和机械论的世界观的强大影响下，我们所继承的只是"质料"这个名字——我们知道亚里士多德是第一个使用这个概念的哲学家，但在大多数情况下，

---

① 参看《牛津词典》对这一词条（matter）的一般科普性解释 http://oxforddictionaries.com/definition/matter? region = us。现代量子物理学对什么是质料的理解与牛顿的经典物理学有相当大的差异。

它的意义却是依照我们的世界观而获取的。因此,把亚里士多德的"质料"理解为构成实体的基本成分或元素、甚至一切变化的终极载体是现代世界观的顽固倾向。

自然目的论之世界观的瓦解已经成为西方形而上学和思想史的命运,研究和探讨这段历史及其原因是一回事,如何在现代世界观下研究古代哲学又是另一回事。从现代人的视角出发并重新诠释古代文本和寻找问题资源固然是有价值的,但是意识到并尊重现代人的世界观与古代哲学家的差异,并能在彼此的差异中推陈出新却更加是古代哲学研究者应当做的事情。

参考文献

I. 中文文献

亚里士多德:《形而上学》,吴寿彭译,北京:商务印书馆,1996。

亚里士多德:《物理学》,张竹明译,北京:商务印书馆,2004。

亚里士多德:《亚里士多德全集》,第二卷,徐开来译,北京:中国人民大学出版社,1991。

亚里士多德:《亚里士多德全集》,第七卷,苗力田译,北京:中国人民大学出版社,1993。

苗力田主编:《古希腊哲学》,北京:中国人民大学出版社,1989。

宋继杰主编:《BEING 与西方哲学传统》,河北:河北大学出版社,2002。

策　勒:《古希腊哲学史纲》,翁绍军译,山东:山东人民出版社,1992。

罗　斯:《亚里士多德》,王路译,北京:商务印书馆,1987。

北京大学哲学系外国哲学史教研室编译:《古希腊罗马哲学》,北京:商务印书馆,1962。

北京大学哲学系外国哲学史教研室编译:《西方哲学原著选读》,上卷,北京:商务印书馆,2002。

汪子嵩等:《希腊哲学史》,第一卷,1997;第二卷,1997;第三卷(上、下),2003;第四卷(上、下),2010,北京:人民出版社。

赵敦华:《西方哲学通史》,第一卷,北京:北京大学出版社,1996。

柏拉图:《柏拉图全集》,王晓朝译,北京:人民出版社,2002。

陈　康:《陈康哲学论文集》,江日新、关子尹编,台北:联经事业出版公司,1985。

靳希平:《亚里士多德传》,河北:河北人民出版社,1997。

聂敏里编译:《20 世纪亚里士多德研究文选》,上海:华东师范大学出版社,2010。

聂敏里:《存在与实体——亚里士多德〈形而上学〉Z 卷研究(Z1-9)》,上海:华东师范大学出版社,2011。

聂敏里:"《物理学》第一卷中亚里士多德对巴门尼德存在论的批判(上)",载《哲学研究》,2009 年第 12 期,第 61—71 页。

聂敏里:"《物理学》第一卷中亚里士多德对巴门尼德存在论的批判(下)",载《哲学研究》,2010 年第 1 期,第 92—99 页。

李　猛:"亚里士多德的运动定义:一个存在的解释",载《世界哲学》,2010 年第 2 期,第 155—201 页。

朱清华:"亚里士多德《物理学》中ὑποκείμενον意义分析",载《世界哲学》,2011 年第 2 期,第 201—214 页。

余纪元:"亚里士多德论 ON",载《哲学研究》,1995 年第 4 期,第 63—74 页。

II. 外文文献

(1) 希腊文文献:

Ross, D. (1924), *Aristotle's Metaphysics: A Revised Text with Introduction and Commentary* (Two Volumes), Oxford: Clarendon Press.

Ross, D. (1936), *Aristotle's Physics: A Revised Text with Introduction and Commentary*, Oxford: Clarendon Press.

Tredennick, Hugh (1975), *Aristotle Metaphysics: English and Greek* (Two

Volumes), Cambridge: Harvard University Press.

Wicksteed, P. H., and Cornford F. M. (1968), *Aristotle Physics: English and Greek* (Two Volumes), Cambridge: Harvard University Press.

(2) 古代和中世纪相关评注:

Alexander of Aphrodisias (1989), *On Aristotle Metaphysics I*, trans. by W. E. Dooley, London: Duckworth and Cornell Univeristy Press.

Aquinas Thomas (1961), *Commentary on the Metaphysics of Aristotle*, trans. by John. P. Rowan, Chicago: H. Regnery Company.

Aquinas Thomas (1994), *Commentary on Aristotle's De Anima*, trans. by Kenelm Foster, O. P. and Silvester Humphries, O. P., Indiana: Dumb Ox Books.

Philoponus (1999), *On Aristotle On Coming-to-be and Perishing I. 1-5*, trans. by C. J. V. Williams, NY: Cornell University Press.

Philoponus (2006), *On Aristotle On the Soul I. 3-5*, trans. by Ph. Van der Eijk, NY: Cornell University Press.

Philoponus (2009), *On Aristotle Physics I. 4-9*, trans. by Catherine Osborne, London: Duckworth Press.

Simplicius (2001), *On Aristotle Physics III*, trans. by J. O. Urmson and P. Lautner, NY: Cornell University Press.

Simplicius (2003), *On Aristotle's Categories 1-4*, trans. by M. Chase, NY: Cornell University Press.

(3) 亚里士多德文集译文与注释:

Ackrill, J. (1963), *Aristotle: Categories and De Interpretatione*, Oxford: Clarendon Press.

Annas, J. (1976), *Aristotle: Metaphysics Books M and N*, Oxford: Clarendon Press.

Balm, D. (1972), *Aristotle: De Paribus Animalium I and De Generatione Animalium I*, Oxford: Oxford University Press.

Barnes, J. et al. (1984), *The Complete Works of Aristotle: The Revised Oxford Translation* (Two Volumes), New Jersey: Princeton University Press.

Bostock, D. (1994), *Aristotle: Metaphysics Books Z and H*, Oxford: Clarendon Press.

Burnyeat, M. F. et al. (1979), *Notes on Book Zeta of Aristotle's Metaphysics, Being A Record by Myles Burnyeat and Others of A Seminar Held in London*, Oxford: Sub-faculty of Philosophy.

Burnyeat, M. F. et al. (1984), *Notes on Book Eta and Theta of Aristotle's Metaphysics, Being A Record by Myles Burnyeat and Others of A Seminar Held in London*, Oxford: Sub-faculty of Philosophy.

Charlton, W. (1970), *Aristotle's Physics I and II*, Oxford: Clarendon Press.

Furth, M. (1985), *Aristotle's Metaphysics Books Zeta, Eta, Theta, Iota*, Indianapolis: Hackett Publishing Company, Inc.

Hamlyn, D. (1968), *De Anima Books II and III*, Oxford: Clarendon Press.

Hussey, E. (1983), *Aristotle's Physics III and IV*, Oxford: Clarendon Press.

Kirwan, C. (1971), *Aristotle: Metaphysics Books Gamma, Delta, and Epsilon*, Oxford: Clarendon Press.

Makin, S. (2006), *Aristotle Metaphysics Book Theta*, Oxford: Clarendon Press.

Williams, C. J. (1982), *De Generatione et Corruption*, Oxford: Clarendon Press.

(4)研究专著与文集汇编(Books and Anthology):

Bambrough, R. (1965) (ed.), *New Essays on Plato and Aristotle*, London: Routledge.

Barnes, J. Schofield, M. and Sorabji, R. (ed.) *Articles on Aristotle*, Vol. 1. *Science* (London: Duckworth, 1975) and Vol. 3. *Metaphysics* (London: Duckworth, 1979).

Burnyeat, M. F. (2001), *A Map of Metaphysics Zeta*, PA: Mathesis Publications.

Bostock, D. (2006), *Space, Time, Matter and Form: Essays on Aristotle's Physics*, Oxford: Clarendon Press.

Beere, J. (2009), *Doing and Being: An Interpretation of Aristotle's Metaphysics Theta*, Oxford: Oxford University Press.

Cleary, J. (1998), *Aristotle on Many Senses of Priority*, Carbondale and Edwardsville: Southern Illinois University Press.

Cohen, S. (1997), *Aristotle on Nature and Incomplete Substance*, Cambridge: Cambridge University Press.

Frans de Haas and Jaap Mansfeld (2004) (ed.), *Aristotle's on Gereration and Corruption I*, Oxford: Clarendon Press.

Frede, Michael (1987), *Essays in Ancient Philosophy*, Minneapolis: Minnesota University Press.

Frede, Michael, and Patzig, G. (1988), *Aristotles, "Metaphysik Z" Text, Uebersetzung und Kommentar* (Two Volumes), Muechen: Verlag C. H. Beck.

Furth, M. (1989), *Substance, Form and Psyche: an Aristotelian Metaphysics*, Cambridge: Cambridge University Press.

Gerson, Lloyd P. (1999) (ed.), *Aristotle Critical Assessment*, Vol. I, *Logic and Metaphysics* and Vol. II, *Physics, Cosmology and Biology* and Vol. III, *Psychology and Ethics*, London and NY: Routledge.

Gill, M. L. (1989), *Aristotle on Substance: the Paradox of Unity*, New Jersey: Princeton University Press.

Gotthelf, A. & Lennox, G. (1987) (ed.), *Philosophical Issues in Aristotle's Biology*, Cambridge: Cambridge University Press.

Graham, D. (1987), *Aristotle's Two Systems*, Oxford: Clarendon Press.

Halper, E. (1989), *One over Many in Aristotle's Metaphysics*, Columbus: Ohio State University Press.

Happ, H. (1971), *Hyle: Studien zum Aristotelishen Materiebegriff*, Berlin: De Gruyter.

Judson, Lindsay (1995) (ed.), *Aristotle's Physics: a Collection of Essays*, Oxford: Clarendon Press.

Lennox, J. G and Bolton, R. (2010) (ed.), *Being, Nature and Life in Aristotle: Essays in Honor of Allan Gotthelf*, Cambridge: Cambridge University Press.

Lewis, F. & Bolton, R. (1996) (ed.), *Form, Matter, and Mixture in Aristotle*, Oxford: Blackwell Publishers.

Loux, M. (1991), *Primary Ousia: An Essay on Aristotle's Metaphysics Z and H*, NY: Cornell University Press.

McMullin, E. (1965), *The Concept of Matter in Greek and Medieval Philosophy*, Indiana: Notre Dame University Press.

Nussbaum, M. & Rorty, A. (1992) (ed.), *Essays on Aristotle's De Anima*, Oxford: Clarendon Press.

Scaltsas, T., Charles, D. and Gill, M. L. (1994) (ed.), *Unity, Identity and Explanation in Aristotle's Metaphysics*, Oxford: Oxford University Press.

Schofield, Malcolm and Nussbaum, M. (1982) (ed.), *Language and*

Logos: *Studies in Ancient Greek Philosophy presented to G. E. L. Owen*, Cambridge: Cambridge University Press.

Sorabji, R. R. K. (1980), *Necessity, Cause and Blame*: *Perspectives on Aristotle's Philosophy*, London: Duckwoth.

Waterlow, S. (1982), *Nature, Change and Agency in Aristotle's Physics*, Oxford: Clarendon Press.

Wedin, M. (2000), *Aristotle's Theory of Substance*: *The Categories and Metaphysics Zeta*, Oxford: Oxford University Press.

Windelband, W. (1958), *A History of Philosophy: Greek, Roman and Medieval*, Vol. I, NY: Harper Publishers.

Witt, C. (2003), *Ways of Being*: *Potentiality and Actuality in Aristotle's Metaphysics*, London: Cornell University Press.

Yu, J. (2003), *The Structure of Being in Aristotle's Metaphysics*, Dordrecht: Kluwer Press.

(5) 研究论文：

Ackrill, J. L. (1965), "Aristotle's Distinction between *Energeia* and *Kinesis*", in *New Essays on Plato and Aristotle*, Bambrough (ed.), London: Routledge, pp. 121-141.

Ackrill, J. L. (1973), "Aristotle's Definitions of Psuche", *Proceedings of Aristotelian Society*, 73, pp. 119-133.

Anagnostopoulos Andreas (2011), "Senses of *Dunamis* and the Structure of Aristotle's *Metaphysics* Theta", *Phronesis*, 56, pp. 388-425.

Anagnostopoulos Andreas (2010), "Change in Aristotle's *Physics* 3", *Oxford Studies in Ancient Philosophy*, 39, pp. 33-79.

Bogen, J. (1995), "Fire in the Belly: Aristotelian Elements, Organisms, and Chemical Compounds", *Pacific Philosophical Quarterly*, 76, pp. 370-404.

Broadie, Sarah (2004), "On Generation and Corruption I. 4: Distinguishing Alteration-Substantial Change, Elemental Change and First Matter in GC", in *Aristotle's on Generation and Corruption* I. Frans de Haas and Jaap Mansfeld (ed.), Oxford: Clarendon Press, pp. 123-150.

Burnyeat, M. F. (2008), "*Kinesis* vs. *Energeia*: A Much-read Passage in but not of Aristotle's *Metaphysics*", *Oxford Studies in Ancient Philosophy*, 34, pp. 228-300.

Burnyeat, M. F. (2002), "*De Anima*, II. 5", *Phronesis*, 47, pp. 1-82.

Chappell, V. C. (1973), "Matter", *The Journal of Philosophy*, 70, pp. 679-696.

Charlton, W. (1983), "Prime Matter: A Rejoinder", *Phronesis*, 28, pp. 197-211.

Charlton, W. (1980), "Aristotle's Definition of Soul", *Phronesis*, 25, pp. 170-186.

Charlton, W. (1991), "Aristotle and the Uses of Actuality", *Proceedings of the Boston Area Colloquium in Ancient Philosophy*, 5, pp. 1-22.

Charlton, W. (1987), "Aristotelian Powers", *Phronesis*, 32, pp. 277-289.

Chen, C-H. (1958), "The Relation between the Terms *energeia* and *entelecheia* in the Philosophy of Aristotle", *The Classical Quarterly*, 8, pp. 12-17.

Code, A. (1976), "The Persistence of Aristotelian Matter", *Philosophical Studies*, 29, pp. 357-367.

Code, A. (1995), "Potentiality in Aristotle's Science and Metaphysics", *Pacific Philosophical Quarterly*, 76, pp. 405-418.

Code, A. (2003), "Changes, Powers and Potentiality in Aristotle", in *Desire, Identity and Existence: Essays in Honor of T. M. Penner*, Naomi Reshotko (ed.), Kelwona, BC, Canada: Academic Printing, pp.

251-171.

Cohen, Sheldon M. (1984), "Aristotle's Doctrine of the Material Substrate", *The Philosophical Review*, 93, pp. 171-194.

Cooper, J. M. (1973), "Chappell and Aristotle on Matter", *The Journal of Philosophy*, 70, pp. 696-698.

Cooper, J. M. (1982), "Aristotle on Natural Teleology", in *Language and Logos: Studies in Ancient Greek Philosophy presented to G. E. L. Owen*, Malcolm Schofield and Martha C. Nussbaum (ed.), Cambridge: Cambridge University Press, pp. 197-222.

Cook, K. C. (1989), "The Underlying Thing, the Underlying Nature, and Matter: Aristotle's Analogy in *Physics* I. 7", *Apeiron*, 22, pp. 105-119.

Corkum Phil. (2008), "Aristotle on Ontological Dependence", *Ancient Philosophy*, 53, pp. 65-92.

Cresswell, M. J. (1992), "The Ontological Status of Matter in Aristotle", *Theoria*, 58, pp. 116-130.

Dancy, R. (1978), "On Some of Aristotle's Second Thoughts about Substances: Matter", *The Philosophical Review*, 87, pp. 372-413.

Ferejohn, M. (1994), "Matter, Definition and Generation in Aristotle's *Metaphysics*", *Proceedings of the Boston Area Colloquium in Ancient Philosophy*, 10, pp. 35-58.

Fine, K. (1992), "Aristotle on Matter", *Mind*, 101, pp. 35-57.

Fine, K. (1995), "The Problem of Mixture", *Pacific Philosophical Quarterly*, 76, pp. 266-369.

Fine, K. (1994), "A Puzzle Concerning Matter and Form", in *Unity, Identity and Explanation in Aristotle's Metaphysics*, Scaltsas, T., Charles, D. and Gill, M. L. (ed.), Oxford: Oxford University

Press, pp. 13-41.

Fisk, M. (1965), "Primary Matter and Unqualified Change", in *The Concept of Matter in Greek and Medieval Philosophy*, McMullin (ed.), Indiana: Notre Dame University press, pp. 218-241.

Freeland, C. A. (1986), "Aristotle on Possibilities and Capacities", *Ancient Philosophy*, 6, pp. 69-89.

Freeland C. A. (1987), "Aristotle on Bodies, Matter and Potentiality", in *Philosophical Issues in Aristotle's Biology*, A. Gotthelf and J. G. Lennox (ed.), Cambridge: Cambridge University Press, pp. 392-407.

Frede, M. (1992), "Aristotle's Notion of Potentiality in *Metaphysics* Theta", in *Unity, Identity and Explanation in Aristotle's Metaphysics*, Scaltsas, T., Charles, D. and Gill, M. L. (ed.), Oxford: Oxford University Press, pp. 173-195.

Gotthelf, A. (1976), "Aristotle's Concept of Final Causality", *The Review of Metaphysics*, 30, No. 2, pp. 226-254.

Gill, M. L. (1980), "Aristotle's Theory of Causal Action in *Physics* III. 3", *Phronesis*, 25, pp. 129-147.

Gill, M. L. (1984), "Aristotle on the Individuation of Change", *Ancient Philosophy*, 4, pp. 9-23.

Gill, M. L. (1993), "Matter against Substance", *Synthese*, 96, No. 3, *Logic and Metaphysics in Aristotle and Early Modern Philosophy*, pp. 379-397.

Gill, M. L. (2005), "Aristotle's Metaphysics Reconsidered", *Journal of the History of Philosophy*, 43, No. 3, pp. 233-251.

Gill, M. L. (2010), "Unity of Definition in *Metaphysics* H6 and Z12", in *Being, Nature and Life in Aristotle: Essays in Honor of Allan Gotthelf*,

Lennox, J. G and Bolton, R. (ed.), Cambridge: Cambridge University Press, pp. 97-121.

Graham, D. W. (1984), "Aristotle's Discovery of Matter", *Archiv für Geschichete der Philosophie*, 66, pp. 37-51.

Graham, D. W. (1987), "The Paradox of Prime Matter", *Journal of the History of Philosophy*, 25, pp. 475-490.

Graham, D. W. (1988), "Aristotle's Definition of Motion", *Ancient Philosophy*, 8, pp. 209-215.

Graham, D. W. (1995), "The Development of Aristotle's Concept of Actuality: Comments on a Reconstruction by Stephen Menn", *Ancient Philosophy*, 15, pp. 551-565.

Granger, H. (1993), "Aristotle and the Concept of Supervenience", *Southern Journal of Philosophy*, 3, pp. 161-178.

Grene, M. (1974), "Is Genus to Species as Matter to Form? Aristotle and Taxonomy", *Synthèse*, 28, pp. 51-69.

Heinaman, R. (1985), "Aristotle on House-building", *History of Philosophical Quarterly*, 2, pp. 145-162.

Heinaman, R. (1994), "Is Aristotle's Definition of Change Circular"? *Apeiron*, 27, Issue 1, pp. 25-38.

Heinaman, R. (1995), "Activity and Change in Aristotle", *Oxford Studies in Ancient Philosophy*, 13, pp. 187-216.

Heinaman, R. (2007), "Potentiality, Actuality and DA II. 5", *Phronesis*, 52, pp. 139-187.

Ide, H. (1992), "*Dunamis* in *Metaphysics* IX", *Apeiron*, 25, pp. 1-26.

Johnson, J. (1967), "Three Ancient Meanings of Matter: Democritus, Plato and Aristotle", *Journal of the History of Ideas*, 28, No. 1, pp. 3-16.

Jones, B. (1974), "Aristotle's Introduction of Matter", *The Philosophical Review*, 83, pp. 474-500.

Kelsey, Sean (2006), "Aristotle *Physics* I. 8", *Phronesis*, 51, pp. 330-363.

Kelsey, Sean (2008), "The Place of I. 7 in the Argument of *Physics* I", *Phronesis*, 53, pp. 108-208.

Kelsey, Sean (2010), "Hylomorphism in Aristotle's *Physics*", *Ancient Philosophy*, 30, pp. 107-125.

King, H. R. (1956), "Aristotle without *Materia Prima*", *Journal of the History of Ideas*, 17, pp. 370-389.

Kostman, J. (1987), "Aristotle's Definition of Change", *History of Philosophy Quarterly*, 4, pp. 3-16.

Kosman, L. A. (1969), "Aristotle's Definition of Motion", *Phronesis*, 14, pp. 40-61.

Kosman, L. A. (1984), "Substance, Being, and *Energeia*", *Oxford Studies in Ancient Philosophy*, 2, pp. 121-149.

Kosman, L. A. (1994), "The Activity of Being in Aristotle's *Metaphysics*", in *Unity, Identity and Explanation in Aristotle's Metaphysics*, Scaltsas, T., Charles, D. and Gill, M. L. (ed.), Oxford: Oxford University Press, pp. 195-214.

Kung, J. (1978), "Can Substance be Predicated of Matter"? *Archiv für Geschichte der Philosophie*, 60, pp. 140-159.

Lewis, F. A. (1994), "Aristotle on the Relation between a Thing and its Matter", in *Unity, Identity and Explanation in Aristotle's Metaphysics*, Scaltsas, T., Charles, D. and Gill, M. L. (ed.), Oxford: Oxford University Press, pp. 247-278.

Lewis, F. A. (1996), "Aristotle on the Unity of Substance", in *Form,*

Matter and Mixture in Aristotle, Frank Lewis and Robert Bolton (ed.), CA: Blackwell Publiser, pp. 39-81.

Loux, M. J. (2005), "Aristotle on Matter, Form, and Ontological Strategy", *Ancient Philosophy*, 25, pp. 81-124.

Loux, M. J. (1984), "*Ousia*: A Prolegomenon to *Metaphysics* Z and H", *History of Philosophy Quarterly*, Vol. 1, No. 3, pp. 241-265.

Matthen, M. (1999), "The Four Causes in Aristotle's Embryology", in *Aristotle Critical Assessment*, Vol. II, *Physics, Cosmology and Biology*, Lloyd P. Gerson (ed.), London and NY: Routledge, pp. 279-295.

Menn, S. (1994), "The Origins of Aristotle's Concept of *Energeia*: ἐνέργεια and δύναμις", *Ancient Philosophy*, 14, pp. 73-114.

Mirus, C. V. (2004), "The Metaphysical Roots of Aristotle's Teleology", *The Review of Metaphysics*, 57, No. 4, pp. 699-724.

Moravcsik, J. M. E. (1994), "Essences, Powers, and Generic Propositions", in *Unity, Identity and Explanation in Aristotle's Metaphysics*, Scaltsas, T., Charles, D. and Gill, M. L. (ed.), Oxford: Oxford University Press, pp. 229-244.

Nussbaum M. C. & Putnam, Hilary (1992), "Changing Aristotle's Mind", in *Essays on Aristotle's De Anima*, M. Nussbaum & A. Rorty (ed.), Oxford: Clarendon Press, pp. 31-32.

Owen, G. E. L. (1965), "Aristotle on the Snares of Ontology", in *New Essays on Plato and Arisotle*, R. Bambrough (ed.), London: Routledge, pp. 69-95.

Owen, G. E. L. (1965), "Inherence", *Phronesis*, 10, pp. 97-105.

Page, C. (1985), "Predicating Forms of Matter in Aristotle's *Metaphysics*", *The Review of Metaphysics*, 39, pp. 57-82.

Panayides, C. (1999), "Aristotle and the Priority of Actuality in Substance", *Ancient Philosophy*, 19, pp. 327-344.

Penner, T. M. (1970), "Verbs and Identity of Actions—A Philosophical Exercise in the Interpretation of Aristotle", in *Ryle: A Collection of Essays*, O. P. Woods and G. Pitcher (ed.), New York: Doubleday, Anchor Books, pp. 390-460.

Permatizis, Michail. M. (2008), "Aristotle's Notion of Priority in Nature and Substance", *Oxford Studies in Ancient Philosophy*, 43, pp. 187-249.

Polansky, R. (1983), "*Energeia* in Aristotle's *Metaphysics* IX", *Ancient Philosophy*, 3, pp. 160-171.

Robinson, H. M. (1974), "Prime Matter in Aristotle", *Phronesis*, 19, pp. 168-188.

Rorty, R. (1973), "Genus as Matter: A Reading of *Metaphysics* Zeta-Eta-Theta", *Exegesis and Argument* [= *Phronesis* suppl. vol. 1], pp. 393-420.

Rorty, R. (1974), "Matter as Goo: Comments on Grene's Paper", *Synthèse*, 28, pp. 71-77.

Scaltsas, T. (1986), "Substratum, Subject, and Substance", *Oxford Studies in Ancient Philosophy*, 5, pp. 215-240.

Schofield, M. (1972), "*Metaphysics* Z3: Some Suggestions", *Phronesis*, 17, pp. 97-101.

Sedley, D. (2010), "Teleology, Aristotelian and Platonic", in *Being, Nature and Life in Aristotle: Essays in Honor of Allan Gotthelf*, Lennox, J. G and Bolton, R. (ed.), Cambridge: Cambridge University Press, pp. 5-29.

Sellars, W. (1965), "Raw Materials, Subjects, and Substrata", in *The Concept of Matter in Greek and Medieval Philosophy*, McMullin (ed.),

Indiana: Notre Dame University Press, pp. 259-272.

Sharvy, R. (1983), "Aristotle on Mixtures", *The Journal of Philosophy*, 80, pp. 439-457.

Shields, C. (1990), "The Generation of Form in Aristotle", *History of Philosophy Quarterly*, 7, pp. 367-390.

Sorabji, R. R. K. (1985-1986), "Analyses of Matter, Ancient and Modern", *Aristotelian Society Proceedings*, 86, pp. 1-22.

Stahl, D. (1981), "Stripped Away: Some Contemporary Obscurities Surrounding *Metaphysics* Z3 (?)", *Phronesis*, 26, pp. 177-180.

Suppes, P. (1974), "Aristotle's Concept of Matter and its Relation to Modern Concepts of Matter", *Synthèse*, 28, pp. 27-50.

Wheeler, S. (1977), "The Theory of Matter from *Metaphysics* Zeta-Eta-Theta", *International Studies in Philosophy*, 9, pp. 13-22.

White, M. J. (1975), "Genus as Matter in Aristotle"? *International Studies in Philosophy*, 7, pp. 41-56.

Whiting, J. (1992), "Living Bodies", in *the Essays of Aristotle's De Anima*, Nussbaum and Rorty (ed.), Oxford: Clarendon Press, pp. 75-91.

Witt, C. (1994), "The Priority of Actuality in Aristotle", in *Unity, Identity and Explanation in Aristotle's Metaphysics*, Scaltsas, T., Charles, D. and Gill, M. L. (ed.), Oxford: Oxford University Press, pp. 215-228.

附 录 亚里士多德的形式—质料关系与功能性质料和构成性质料的区分[①]
——论惠廷对形质关系的调和解释

提　要：对于亚里士多德的形式—质料关系似乎存在着两种相矛盾的解释。一种解释认为质料的存在独立于形式，二者的关系是偶然的，这主要体现在运动理论中；另一种认为质料的存在依赖于形式，二者的关系是必然的，这主要体现在身体与灵魂的关系中。亚里士多德是否持有两种相矛盾的质形论呢？或者这两种看似矛盾的理论可以调和？惠廷提供了一种调和解释，她认为功能性质料和构成性质料的区分可以解决这个矛盾。然而，这种调和解释是不成功的，不仅因为她的几个重要的预设都不成立，更是因为根本不存在需要调和的矛盾。亚里士多德的质形关系只有一种，而矛盾的产生则源于我们对于质料概念的误解。

关键词：质料；潜在性；功能性质料；构成性质料

一、两种冲突的质形关系

形式与质料是亚里士多德哲学的一对基本概念，它们贯穿了从对运动现象的分析到实体理论的探究再到灵魂学说的整个亚里士多德哲

[①] 此文原载于《世界哲学》，2011年第2期。由于它涉及与亚里士多德的"质料"概念相关的一种解释，特别在此附上，以供读者参考。其中有些术语的使用和一些观点的表述方式已经有所改变，但是此文的主要观点在本书中得到了较为全面的深化。

学。但是,我们却发现对于质料与形式的关系似乎存在着两种相互冲突的理论。①1973年阿克里尔(Ackrill)在"亚里士多德的灵魂定义"一文中指出用运动理论中的质料和形式概念来解释身体和灵魂的关系时遇到的困难和矛盾,并因此认为亚里士多德用质料和形式来解释灵魂概念是不成功的。他说:"亚里士多德的灵魂定义难以理解,因为第一,只有当质料被看作独立于形式而存在时,质料与形式的区分和对比才成立;第二,亚里士多德对身体和器官的定义使得身体作为质料不可能脱离灵魂而存在。所以,从对形式和质料的分析来看,身体独立于灵魂而存在——但这又是亚里士多德不能承认的。"②这篇文章在亚里士多德学界掀起了一场关于质形关系的讨论:质料究竟是独立于形式的还是依赖于形式的?亚里士多德是否持有两种矛盾的质形论从而导致他的灵魂定义在其体系中不融贯?还是他的哲学可以容纳看似矛盾的两种质形论?这场讨论一直延续至今,成为亚里士多德质形关系中的核心问题。③

这两种质形关系我用 A 与 B 分别表述为下:

A. 质料的存在独立于形式,它们的关系是偶然的。这一质形论是从运动理论中得出的,亚里士多德在《物理学》第一卷分析运动的本原时引入了质料概念。任何种类的运动,包括实体的生灭,都有三个原则:缺失、基体和形式。缺失是形式的对立面,而实体的生灭变化中的基体就是质料。基体在变化中持存,运动因此被看作是基体或质料由缺失形式到获得形式的过程,例如不文雅的人变成文雅的人,一块不成

---

① C. Shields, *Stanford Encyclopedia of Philosophy*, http://plato.stanford.edu/entries/aristotle-psychology/suppl1.html.

② J. L. Ackrill, "Aristotle's Definition of *Psuche*", *Proceedings of the Aristotelian Society* Vol.73, 1973, pp.119-133.

③ 对这两种质形关系的论述,参看 M. L. Gill, "Aristotle's Metaphysics Reconsidered", *Journal of the History of Philosophy*, Vol.43, No.3, 2005, pp.223-251。

形的铜获得了荷马的样子而成为荷马的铜像。考虑荷马铜像的例子，铜作为质料在荷马像生成之前存在，在荷马像中存在，并在荷马像毁灭之后也存在，因此它的存在是不倚赖于形式的；并且这块铜可以被铸成荷马像也可以做成一张铜床，所以它与形式，即荷马像或是床之间的关系是偶然的。

B. 质料的存在依赖于形式，它们的关系是必然的。这一质形论突出地表现在亚里士多德对身体与灵魂的定义中。在《论灵魂》第二卷第一章中他说："灵魂是实体，也即是潜在地活着的身体的形式"（412a20）。身体是动物的质料，灵魂和身体构成了动物，正如形式和质料构成了实体。身体以及各种器官是由它们的功能定义的，失去了功能它们也就不再被称为"身体"或"器官"了，而只在同名异义上有相同的名称。一只瞎了的眼睛不再是真正的眼睛，一只断了的手不再是真正的手。"同名异义原则"证明失去了灵魂的身体不再是"身体"；因此，作为质料的身体不能独立于灵魂而存在，它与灵魂的关系是必然的，即身体或器官的存在必然意味着灵魂在其中存在。

A 与 B 明显是两种冲突的质形关系，它们相互矛盾。但是，它们又似乎都有很好的文本依据。那么，亚里士多德在这里是否真的自相矛盾，如阿克里尔认为的他的灵魂概念因此是无法理解的？还是另有出路可以解决这种表面上的不融贯？一些学者为调和这两种矛盾的质形关系做了不少努力[1]，惠廷提供了一种方案：区分动物的两种质料，即功能性质料和构成性质料；在功能性质料的意义上 B 成立，在构成性质料的意义上 A 成立；因此 A 与 B 这两种质形论是可以相容的。下面我们具体来看惠廷的解释。

---

[1] Also see esp. S. Cohen, "Aristotle's Doctrine of Material Substrate", *The Philosophical Review*, Vol. 93, 1984, pp. 171-194. And F. Lewis, "Aristotle on the Relation between a Thing and its Matter", in *Unity, Identity and Explanation in Aristotle's Metaphysics*, T. Scaltsas, D. Charles and M. Gill, (ed.), Oxford: Clarendon Press, 1994, pp. 247-278.

二、惠廷的调和解释

惠廷在"活的身体"(J. Whiting,"Living Bodies")一文中将动物的质料,即动物的身体区分为两种:功能性质料和构成性质料。功能性质料指动物体的各个器官,它们与灵魂的关系是必然的,是必然被赋予灵魂的。构成性质料指的是构成这些器官的元素(水、土、火、气)[①],它们与灵魂的关系是偶然的,只是偶然地被赋予灵魂。她认为通过这种区分,亚里士多德既可以在功能性质料的意义上说质料的存在依赖于形式,又可以在构成性质料的意义上说质料的存在独立于形式。[②]因此,这两种看似矛盾的质形关系就是相容的。

惠廷指出,功能性质料的存在以及它们与灵魂的必然关系在亚里士多德哲学中是个不争的事实。功能性质料是以它的功能来定义的,眼睛之为眼睛是因为它有看的能力,正如斧子之为斧子是因为它有砍的能力。如果眼睛失去了看的能力,斧子失去了砍的能力,它们就只能"同名异义"地被称为眼睛和斧子。她把"同名异义"原则表述为:"某一F不再拥有F的能力,这个F就只在名称上如此:它已经不满足F的定义了。"[③]不仅在《论灵魂》中,在《形而上学》《动物的部分》《动物的生成》《天象学》和《政治学》等著作中,亚里士多德都广泛地使用过这个原则,并把它应用到整个动物体上,他说正如一只瞎了的眼睛只是名

---

① 亚里士多德认为元素构成了血、肉、骨头、肌腱这些同质的身体的部分,称之为同质的部分,因为它们的各个部分的组成都相同。血、肉等又构成了各个器官,例如手、心脏、眼睛等,称之为异质的部分,因为它们的各个部分的组成可能不相同,例如:手的一部分是肉,另一部分是骨头。

② J. Whiting, "Living Bodies", *The Essays of Aristotle's De Anima*, In Nussbaum and Rorty (ed.), 1992, pp.75-91. 这篇文章中涉及的惠廷的观点都出自于这篇文章。

③ *Ibid*, pp.75-91.

称上的眼睛,一具死了的身体只是名称上的身体(412b22-23)。根据这个原则,毫无疑问,具有功能的身体是必然被赋予灵魂的,不过问题却在于动物的身体仅仅只包括功能性的部分呢,还是也包括其他非功能性的部分? 惠廷回答说动物的身体不仅包括功能性的部分,还包括非功能性的部分——它们的存在不是由功能来定义的,因此与灵魂的关系不是必然的。

这些非功能性的部分就是构成动物体的同质部分(血和肉等)的元素,惠廷称这类质料为构成性质料。动物的身体是否包括非功能性的质料一直是一个有争议的问题。一些学者认为整个身体,包括血和肉这样的同质部分,都是根据功能来定义的,因此苏格拉底的尸体与他活着的身体没有任何共有的东西,整个身体因为灵魂的离开而不存在了。[①]但惠廷认为这一看法是错误的,尸体与身体有共同的东西,血和肉在动物死后的一段时间内还存在,因此它们是独立于灵魂的。她指出,尽管亚里士多德在不少地方说血和肉是根据功能定义的,但也说过它们可以离开灵魂而存在,例如《天象学》第四卷第十二章;她认为亚里士多德给出了两个定义,分别对应两种不同的肉(或血)——功能性的肉和构成性的肉。她说:"在指出同质部分(例如血和肉)有功能之后,亚里士多德立即说同质部分也可以根据种差来定义,例如弹性、延展性、硬度、脆度等,这些是由冷和热以及它们的运动产生的。"[②]构成性的肉就是元素的混合,由它又构成了功能性的肉。功能性的肉在灵魂离开之后不存在,而构成性的肉还持续存在。因此,构成性的血和肉就是活着的身体与尸体共有的东西,这就是四种元素的混合。元素的混合是构成性的血和肉,构成性的血和肉又构成了功能性的血、肉、骨

---

① 例如 Burnyeat 1982, Charlton 1970, Jones 1974 都持有这个观点。

② J. Whiting, "Living Bodies", *The Essays of Aristotle's De Anima*, In Nussbaum and Rorty (ed.), 1992, pp.75-91.

头等,由它们进一步构成了动物体的各个器官和整个身体,因此元素也是动物的质料。

尽管亚里士多德在《形而上学》第八卷第四章和第九卷第七章中指出土和精子不是潜在的动物,但惠廷认为这并非说它们不是动物的质料,只是并非"最近的质料"。她说元素在同质部分(例如血和肉)中"持存",当土和水构成了胚胎并"在胚胎中"时,我们可以说它们潜在地是动物;当元素构成的血和肉已经"在活着的身体中"时,我们可以说它们是动物的质料。元素不仅在身体中持存,而且身体的属性也可以是元素的属性。身体的本质属性——被赋予灵魂的——可以在偶然的意义上是元素的属性。例如,肉是由土元素构成的,我们不仅可以说"肉是土的",还可以说:"[亚里士多德允许]'土'——本来作为肉的谓词——在偶然的意义上作为主词,它的谓词也可以是'肉'的谓词。因此土可以是偶然的有灵魂的,只要肉是有灵魂的。"①由此,她认为元素存在于身体之中,它们是动物的质料,它们与灵魂的关系是偶然的;而由元素构成的功能性的血和肉,以及由血和肉构成的器官是由功能定义的,它们与灵魂的关系是必然的。

在惠廷看来,功能性质料与构成性质料的区分不仅是为了调和两种矛盾的质形关系,更是亚里士多德解决实体的生灭变化与非实体变化(如增长和减少)之区分的必要途径。她把灵魂和功能性质料的复合体看作是实体生灭变化的主体,换言之,实体的生灭变化只涉及灵魂和功能性质料;这个复合体被称为"窄的复合体"。而灵魂和构成性质料的复合体是偶性变化、增长和减少以及位移变化的主体,这个复合体是"宽的复合体"。她用生长的例子来说明:生长或萎缩是获得或失去质料的过程,这里的质料不是功能性质料而是构成性质料,构成性质料

---

① J. Whiting, "Living Bodies", *The Essays of Aristotle's De Anima*, In Nussbaum and Rorty (ed.), 1992, pp.75-91.

独立于灵魂因而可以在生命的不同阶段中"进出";而获得或失去功能性质料就是动物体的生成或死亡。因此,惠廷认为她的解释方案在亚里士多德的体系中不仅是可行的,更是必须的。

三、惠廷的调和解释的困境

惠廷在动物的质料中区分功能性质料与构成性质料以求调和两种矛盾的质形关系的努力是否成功呢?我要论证她的调和解释是失败的。就这种解释自身的一致性而言,她需要以下几个预设:

首先,动物的质料既包括各个器官,也包括构成这些器官的元素,即元素也是动物的"质料"。

其次,亚里士多德对于"同质部分",如血、肉、骨头等,有两种定义,即有两种不同的实体都被称为血、肉、骨头等,例如,功能性的肉和构成性的肉。

第三,器官具有的性质——有灵魂的或活着的,也适用于构成器官的元素。器官和元素都是"有灵魂的"主词,我们可以说元素是有灵魂的,尽管它们和灵魂的关系是偶然的。

第四,亚里士多德引入功能性质料与构成性质料的区分是为了区分实体的生灭变化与非实体的变化(如增长和减少,偶性变化等)。

我要证明的是这四个预设都是不成立的,亚里士多德很难承认这四个预设中的观点,而且惠廷自己也没有成功地为它们做出辩护。

我们先来分析第一个预设。惠廷已经指出学者们对于"元素是否是动物的质料"这个问题是存在争议的。尽管有持否定意见的学者,她还是认为元素构成了动物的血和肉,因此它们也是动物的"质料"。根据她的解释,我们用"复合物 = 质料 + 形式"这样一个简略的方式来构造一个模型:

复合物 = 质料 + 形式

肉 = 水、土、(气、火) + 肉的形式 (1)

动物 = 肉(血、骨头、器官) + 灵魂 (2)

将(1)代入(2)有：动物 = 水、土、(气、火) + 肉的形式 + 灵魂 (3)

由这个模型可知，如果将元素看作是动物的"质料"，那么我们要采用(3)。但问题是在(3)中出现了两个形式：肉的形式和灵魂，而同一个实体决不可能有两个实体性形式（substantial form）——这在亚里士多德看来是确定无疑的。因此(3)的复合方式是不成立的，我们不能直接把元素看作是动物的"质料"。也许有人会反驳说，一个实体可以有一个以上的形式，只要其中一个是非实体性形式。[①]但是仅就(3)而言，如果它能够成立，(1)与(2)也必须成立，这意味着(1)中的"肉的形式"是肉作为复合物的实体性形式，(2)中的灵魂也是动物的实体性形式，因此(3)中出现了两个实体性形式——这显然是错误的。也许还有人会反驳说"肉的形式"就是灵魂的一部分，因此(3)中没有两个实体性形式。那么根据这个观点，(1)中的肉就是功能性的肉——因为它的形式是灵魂的一部分，即它已经被赋予了灵魂；但是这样一来，这个模型中就没有惠廷设想的构成性的肉，整个模型就不是由元素复合成构成性的肉，再由构成性的肉因为灵魂的"加入"而复合成有功能的器官和身体。所以，(3)的复合方式是行不通的，元素不是动物的"质料"。

对这个模型的分析得到的结论正是亚里士多德反复强调过的，他说："对于什么是质料的问题，我们不能回答说是火或者土，而是对于这个物体来说特定的质料"（1044b1-2）。在讨论质料是潜在的复合物时，他又问道："土是潜在的人吗？或者当它已变成了精子时是潜在的人吗，或者精子也还不是潜在的人？"（1049a1-3）他在这里明确地指出

---

① 惠廷也许会反驳我说(3)正是她所说的"宽的复合体"，(2)正是"窄的复合体"——我在下面会讨论到这个观点面临的困难。

土和精子都不是潜在的人,因此它们不是人的质料。从《形而上学》第九卷第七章的这句话来看,亚里士多德承认土是可以"变成"精子的,精子也可以"变成"胚胎,尽管后者是潜在的人,前两者却不是。也就是说,土是潜在的精子,精子是潜在的胚胎,而胚胎是潜在的人,但是却不能说土或者精子是潜在的人。这意味着"潜在的"这种关系是非传递的:由 A 是潜在的 B 和 B 是潜在的 C,推不出 A 是潜在的 C。亚里士多德用潜在性和现实性的关系来解释质料与形式的关系,那么"质料的"关系也是非传递的:元素是血和肉等动物体的同质部分的质料,并不等于说元素也是动物体的质料。正如科恩(Cohen)指出的:"亚里士多德既不承认'潜在的'这一关系是可传递的,也不认为'什么是什么的质料'这种关系是可传递的。"①惠廷在解释这一点时却说"亚里士多德的文本有这种可能性:土和精子在胚胎中时,它们是潜在的人。"且不论这里的"在之中"是什么意思②,她的错误恰恰在于把"潜在的"和"质料的"关系想当然地看作是传递性的。

  第二个预设也很难成立。惠廷认为存在着独立于灵魂的身体的同质部分,她指出在《天象学》中有文本证据支持血和肉在动物死后还能持存一段时间,只有在陈旧的尸体中它们才不存在。刘易斯(Lewis)也以一种极其复杂的方式证明亚里士多德认为动物的血可以在死后持存。③但是《天象学》的零星证据只能提供一种较弱的支持,即使我们承认血和肉在动物死后的一段时间内持存,但也不能直接得出它们是不

---

  ① S. Cohen, "Aristotle's Doctrine of the Material Substrate", *The Philosophical Review*, Vol 93. No. 2, 1984, pp. 171-194.

  ② 惠廷认为元素以某种方式在身体中持存(persist),我将在对第三个预设的反驳中处理这个问题。

  ③ F. Lewis, "Aristotle on the Relation between a Thing and its Matter", in *Unity, Identity and Explanation in Aristotle's Metaphysics*, T. Scaltsas, D. Charles and M. Gill, (ed.), Clarendon Press: Oxford, 1994, pp. 247-278.

依赖于灵魂的。是否有这样一种可能:动物的灵魂的离开并不是一促而就的,正如它的完整的获得是伴随着从胚胎到成熟的动物体的逐渐发展过程。我们完全可以设想在刚死的尸体中灵魂的低级部分还没有离开,例如有营养功能的血还没有丧失它的功能。①

不过这个预设的更大的困难却在于,即使我们承认存在着两种不同的肉——功能性的和构成性的,惠廷也没法清楚地解释它们之间的区分和关系。功能性的肉和构成性的肉是两个不同的实体,还是同一个实体的两个方面?惠廷肯定了前者,否定了后者。她不仅认为某一特定的功能性的肉和构成性的肉是两个不同的实体,这里把"肉"自身看作实体,而且还认为后者是前者的"构成成分",即质料。她说:"构成性的肉与功能性的肉是同名异义的关系,前者可以在失去灵魂之后存在,而后者不能。但是这并不意味着构成性的肉不能构成功能性的肉。"她的矛盾恰恰在这里:如果一个可以是另一个的"构成成分",就意味着当它是构成成分时,只有它的构成物存在;当它不是构成成分的时,它的构成物就不存在。所以,当构成性的肉"构成"功能性的肉时,只有功能性的肉存在;当构成性的肉"不构成"功能性的肉时,就只有构成性的肉存在。所以,若它们的关系是"构成",则构成性的肉和功能性的肉就不能作为两个实体同时存在。若它们是同时存在的两个实体,则没有"构成关系";亚里士多德说实体不能由实体构成。除非在动物的身体中,功能性的肉之外还有"游离态"的构成性的肉。但是身体中"游离"的元素显然不是动物的质料,而只是像某种"粘"在身体中的东西。惠廷也不是在"游离"的或未构成血、肉或器官的意义上来谈构成性质料的。

---

① 这个问题的实质是生物死亡的标准是什么?或者说丧失"生命"的界限在哪里?亚里士多德也许没有明确地讨论过这个问题。现代医学认为脑死亡是判断一个人死亡的标准,这不同于心死亡。这会带来"植物人"的问题,不过"植物人"或许不是"人",但肯定有生命。植物人的例子向我们表明"失去灵魂"这种表达的含混性。

惠廷感到了这个问题的棘手,在一个很长的注释中①她试图给出构成性的肉的独立的定义:她说我们有两种方式来定义,一是纯粹量化的,例如"三份的水比四份的土";二是与功能性质料有关,例如"水与土以这样一个比例混合,这个比例对构成功能性质料是必须的"。在纯粹量化的定义中我们不禁要问为什么是这样一个比例?而回答又不得不涉及功能性质料:这个比例是构成功能性质料所要求的。其实第二种方式已经透露了构成性质料的定义离不开"功能",而这种方式恰恰是亚里士多德解释质料的有条件的必然性(hypothetical necessity)时所涉及的。若要生成某一复合物,对质料的选择并非是无限制的,例如我们要造一把斧子,它的质料就必须是铁一类的东西。尽管铁有必然的本性,但是我们之所以选择铁是由斧子的本性所决定的,即它要有砍的能力。因此,一个复合物的质料的必然本性并不决定这个复合物的本性,而是相反,质料的"必然的本性"是"为了形式的缘故"而如此(200a5-10)。如果质料的本性不能保证形式和功能的实现,它也就没有资格被称为某实体的"质料",正如我们不会把木头看作斧子的质料。构成性的肉之所以如此,是为了实现某种功能,因此,它与功能性的肉不是同名异义的两个实体,或者在不同意义上的两种肉,而是一个实体的质料与这个实体自身。功能性的肉以及各种具有生命功能的器官是动物的部分,这些在亚里士多德看来都是实体。惠廷因为执着于对功能性质料和构成性质料的区分,而误把动物体的同质部分(血和肉等)的质料方面和这个部分作为实体自身当成两种独立的实体。

第三个预设也很难成立。如果元素作为构成器官的质料也可以在偶然的意义上作为器官或身体之谓词的主词,则必须满足两个条件:第一,元素在身体中持存,就像铜在铜像中持存一样;第二,复合物的谓词也可以是质料的谓词。对于前一个条件,惠廷认为元素以潜在的方式

---

① 参看 J. Whiting, "Living Bodies"一文中的第二十个注释。

持存于同质部分中。① 她指出亚里士多德在生物学中常常用"土（做）的蹄、土（做）的喙、水（做）的血"这样的方式来表达"元素在身体中持存",正如他在形而上学中用"铜制的像、木制的盒子"这样的方式来表达质料在复合物中持存一样。亚里士多德对质料的这种表示方法是无疑的,但是它们是否表达了质料在复合物中"持存"这个意义呢? 在《形而上学》第九卷第八章中亚里士多德说:"'什么的'(thaten)既可以用来说质料也可以用来说偶性,因为质料和偶性相对于实体而言都是不确定的(indefinite)"(1049b1-2)。从这里看,对质料的这种形容词用法是因为它和偶性一样要依赖于实体,它们是不能独立存在的,正如《范畴篇》指出——偶性在本体论上与实体的关系是非对称的,它必须依赖实体而存在。这里并没有讨论质料在复合物中持存的问题。另外,惠廷以混合之前的成分潜在地存在于混合物中来解释元素在同质部分中持存,这是有问题的。其一,亚里士多德在《论生灭》第一卷第十章中指出生成不是混合,二者必须进行区分。"我们并不说木头与火混合,或者它的燃烧是一些小颗粒的混合,或者木头自身与火的混合,我们说的是:火的生成和木头的毁灭。我们也不说食物和身体混合,或者形状和蜡混合产生了蜡块"(327b10-15)。因此不能把混合物的成分潜在地存在于混合物中等同于元素潜在地存在于由它生成的血和肉中,前者是混合而后者是生成。② 其二,质料"潜在地"是实体,但它并不在实体中"潜在地存在"。实体是统一体和现实者,我们如何在其

---

① M. L. Gill 似乎也持同样的意见,她认为质料"潜在地"存在于复合物中,质料对复合物"贡献"了某些特征而以这种方式"持存"在由其构成的实体中。对她们的反驳参看 M. J. Loux,"APA Symposium on Aristotle's Metaphysics", in *Aristotle Critical Assessments*, Lloyd P. Gerson (ed.), Routledge: London and New York, 1999, pp.257-274.

② Alan Code 也用混合成分在混合物中潜在地存在来解释质料在复合实体中的持存方式。参看 Alan Code,"Potentiality in Aristotle's Science and Metaphysics", *Pacific Philosophical Quarterly*, Vol.76, 1995, pp.405-418.

中找到某个潜在存在者呢?①元素构成血和肉的生成更多的具有一种"化学变化"的意义,而非简单的铜像制作的"物理变化"。亚里士多德用"烹饪"来类比生物的生成,元素在由之生成的血和肉中既非像铜那样"持存",也不像混合物的成分那样潜在地存在。

关于第二个条件,惠廷认为亚里士多德允许说"懂音乐的"是"白的"主词,只要"懂音乐的"与"白的"偶然地属于同一个主体——例如苏格拉底。她通过类比表明,例如土与水这样的质料可以是"有灵魂的"或者"活着的"的主词,只要"质料"与"有灵魂的"偶然属于同一个主体——身体。这个类比是误导性的。绝不会有"懂音乐的是白的"这样的句子,"懂音乐的"不可能作为"白的"的主词,即便在偶然的意义上。希腊语能有这样的用法是因为带一个冠词的形容词作为主语省略了形容词修饰的对象,但这个对象才是主语——我们只能说"懂音乐的人偶然地是白的"。因此,不可能有"土与水偶然地是有灵魂的"这样的句子,只有"土与水做的身体是有灵魂的"。我们至多能说"土做的"或"水做的"是有灵魂的,土与水本身不可能直接是"有灵魂的"的主词,所以就更谈不上它们与灵魂的关系是偶然的还是必然的。

对于第四个预设,惠廷的初衷是在亚里士多德体系中给这种调和解释以必要性,即功能性质料与构成性质料是区分实体生灭和非实体性变化的要求。然而,亚里士多德在讨论实体生灭与非实体性变化之区分时并没有涉及功能性质料与构成性质料的问题,它们的区分来源

---

① 质料潜在地是实体并不等于它以潜在的方式存在于实体中。M. L. Gill 认为质料将它的某些潜能"贡献"给了复合实体,而在其中潜在地存在。她的解释方案的问题在于,亚里士多德并不是在这个意义上谈"质料的潜在性"的,她理解的质料的潜在性更像阿奎那的解释方式,不过这种在中世纪才出现的、对潜在性的新的理解被称为"virtual potency"。参看 McMullin, *The Concept of Matter in Greek and Medieval Philosophy*, Indiana: University of Notre Dame Press, 1963, pp. 315-317. 另外,质料的某些潜能并不能"贡献"给复合实体,例如把一块铜做成铜丝,铜丝就不再具有铜的延展性。

于范畴的不同。他说:"这里的区分是范畴的不同。那些不指涉实体的东西不能说是无限制的生成,而只能说是生成如此这般"(319a10-13)。"在量的范畴中从一个对立面到另一个对立面的变化是生长和萎缩,在位置的范畴中是位移,在质的范畴中是偶性变化;然而,当变化的结果并不是一个持存主体的偶性时,这就是实体的生灭"(320a1-2)。惠廷用功能性质料与构成性质料来解释它们的区分是很难得到文本支持的。更严重的是,她的这个设想直接带来了与第一个预设相关的矛盾。根据第四个预设,元素作为构成性质料与灵魂的复合体只涉及非实体的变化,这意味着元素的获得与失去与实体自身无关;那么就实体是形式与质料的复合物而言,元素不在实体的范围之内,因此不是实体的"质料"。然而这恰恰是第一个预设想要证明的。

更有,"宽的复合体"(灵魂与构成性质料)与"窄的复合体"(灵魂与功能性质料)并不能作为划分非实体性变化与实体生灭的标准。考虑这样一个例子,"一个不会说希腊语的人变成会说希腊语的人"是非实体性变化,但是这个变化似乎并不涉及构成性质料,而是一种能力的获得,这种能力是人的思维器官和语言器官的功能。因此,尽管它是非实体的变化,但它的主体却是"窄的复合体"。惠廷举的生长的例子也是错误的。生长是非实体性变化,它涉及的是量的范畴,而不是所谓的构成性质料的获得或失去。涉及质料的获得或失去的事件是实体的生成或毁灭。"实体能够存在或不存在,这是因为它们之中的质料"(1032a22,1039B29-30)。在这里,惠廷混淆了质料的概念与量的概念。

惠廷的解释在这几个关键的预设上都遇到了不少困境,它们是很难成立的,因此她的调和方案并不成功。即便我们假设她的解释是融贯的和可行的,这个解释也没有成功地解决最初的问题。她证明了元素作为构成性质料与灵魂的关系是偶然的,同时由元素构成的器官作为功能性质料与灵魂的关系是必然的,这只是在生物体中为 A 和 B 两种模式找到相容的解释,但其实并未真正解决这两种质形关系的矛盾。我们面临的真正困难是:A 中的质料是"最近的质料",比如铜像的例子;B 中的质料也是"最近的质料",但它们与形式的关系却是相冲突的。而惠廷的"构成性质料"并不是"最近的质料",恰恰是"较远的质料"——她自己就用过这个词。因此,即便我们假设她的解释是成功的,这也没有解决真正的矛盾。不如说这两种质形关系的矛盾是同级的水平方向的,而惠廷提供的解释是上下级的垂直方向的。

四、质形关系的再思考

调和解释的尝试失败了,那么是否如阿克里尔认为的那样 A 与 B 两种理论是不相容的,因此存在两种矛盾的质形关系呢?还是,抛开这种不成功的调和解释,我们还有其他的出路呢?阿克里尔指出了亚里士多德在把运动理论中的形式和质料概念运用到实体(如动物)上可能犯的两种错误,它们使得运动中的形式和质料概念(对实体)不再适用。①但是我们不能简单接受阿克里尔的观点,因为亚里士多德已经意识到阿克里尔所谓的错误,但还是坚持用形式和质料的概念来分析生物,这表明亚里士多德自己并不认为质料和形式的关系在不同的应用中会产生矛盾,即便它们的应用是有差异的,也不至于产生矛盾。融贯论的解释思路比起简单地承认分歧和矛盾是更有价值的。

---

① Ackrill 说的这两种错误是:把简单的机械运动和物理变化中的形式与质料的关系应用到化学变化和生物的生成中,这样的话,原来的质形关系就不再适用了;另一个错误是,当亚里士多德从物理世界转到生物界时,他把形式解释为"功能",但是一个对象的"功能"并不简单地等同于它的形状、结构等,而是同样涉及它的质料,因此一个对象的"功能"与质料的关系并不等于它的形状或结构与质料的关系。Ackrill 的分析是很正确的,不过亚里士多德似乎已经认识到了这些差异,他指出生物的生成类似于烹饪那样的化学变化;斧子要有砍的能力必须用铁一类的材料来制造。

我们并不持一种调和的立场,无论是否存在比惠廷的更好的解释,因为根本就没有所谓的两种矛盾的质形关系。亚里士多德的质形关系只有一种,也不存在自相矛盾的地方。那么,为何不少学者都认为亚里士多德持有两种相冲突的质形论呢？甚至,希尔兹(Shields)已经将两种矛盾的质形论作为亚里士多德哲学的不一致问题写入了《斯坦福哲学百科全书》。我们再来思考一下产生这个矛盾的根源。

这个矛盾说的是:A. 一方面质料的存在独立于形式,例如铜的存在独立于荷马像;B. 另一方面质料的存在依赖于形式,例如身体的存在依赖于灵魂。B 被认为是论生物和论灵魂的结论,而 A 被认为是论运动和实体生灭的结论。①我要指出矛盾的根源在于:在对运动的分析中我们错误地认为质料的存在独立于形式。对亚里士多德在运动理论中使用的质料概念的误解使不少人得出了两种矛盾的质形论。②

亚里士多德在《物理学》第一卷分析运动的本原时涉及质料概念。他主要是在"质料因"的意义上来说某实体的质料的。"质料是变化的基体,是实体由之而来的原因"(192a31-32)。但这并不意味着在一块铜被铸成荷马像的例子中,铜自身就是质料。"铜作为铜"并不是"质料","铜作为潜在的荷马像"才是"质料"③;铜自身并不是荷马像由之而来的原因,铜作为潜在的雕像才是它的质料因。这一点在亚里士多德用潜在性和现实性来定义运动时得到了很好的阐明。潜在性对应于质料,现实性对应于形式,"潜在性作为潜在性"才是运动定义的要素。

---

① M. L. Gill 关于质料独立于形式的结论是从对运动的分析中得到的。参看 L. Gill, "Aristotle's Metaphysics Reconsidered", *Journal of the History of Philosophy*, Vol. 43, No. 3, 2005, pp. 223-251。

② 在这里我无法对这个问题进行全面的分析,因为对运动概念本身的理解非常困难,并且在亚里士多德学界的争议也很大。我仅就其中核心的误解做简要的分析。

③ Frede 在解释 Z3 中的质料概念时就指出将铜自身看作质料是错误的。参看 M. Frede and G. Patzig, *Aristoteles "Metaphysik Z."* 2 vols. Munich: Verlag C. H. Beck, 1987, pp. 46-47。

"铜作为潜在的雕像的实现才是运动,而非铜作为铜。因为铜之为铜与铜之为潜能是不同的"(201a30-31)。因此,铜作为潜在的雕像的实现才是雕像的生成。质料之为质料是因为它具有成为实体的潜能;而潜在性在本体论上低于现实性(ontological posterior)。换言之,现实性在本体论上先于潜在性。本体论上的优先性是说:"如果 X 在本体论上优先于 Y,那么 X 能够不依赖 Y 而存在,反之则不成立。"①现实性与潜在性在存在论上是不对称的,这意味着现实者的存在不依赖于潜在者,而潜在者的存在却依赖于现实者;因此质料之为质料是因为它是某个潜在的实体,质料作为潜在者是依赖于形式而存在的。"铜作为潜在的荷马像"之存在必须依赖于荷马像之形式,若荷马像之形式根本不存在,这块铜也就没有理由被称为荷马塑像的"质料";当然,"铜作为铜"的存在并不依赖于荷马像,但它也不是"质料"。所以,我们看到在对运动的分析中,正是把"铜作为铜"误认为是"质料"才产生了质料之存在独立于形式的结论。

即便不在运动的语境中,亚里士多德讨论质料概念时都不曾说质料是独立于形式的,相反,他强调质料自身的不确定性和不可分性。在《物理学》第二卷第二章讨论自然的概念时,亚里士多德说:"质料是一个相对的东西,因为不同的形式要求不同的质料"(194b9)。质料总是在与形式的关系中得到定义的,不同的形式定义不同的质料,正如潜在者是由相应的现实者决定的,它们的关系并不是偶然的。在《形而上学》第七卷第三章中讨论质料时,亚里士多德说:"质料不是实体,因为可分性和这一个(确定性)首要地属于实体"(1029a27-28)。质料的首要特征是不可分的和不确定的,这就意味着它不能依据自身而独立存

---

① 对本体论上的优先性的论述参看 Michal M. Peramatzis, "Aristotle's Notion of Priority in Nature and Substance", *Oxford Studies in Ancient Philosophy*, 2008, pp.187-247。

在——因此亚里士多德才说质料就其自身而言什么也不是。①质料的不确定性在《形而上学》第七卷第七章(1033a16-22)与第九卷第七章(1049a36-1049b1)的讨论中得到进一步说明,他说在复合物中我们应当以形容词的形式来指称质料,因为质料与偶性一样都是不确定的。所以,质料在本体论上的不确定性和不可分性可以和偶性类比。一个具体的白色的存在要依赖于某个实体,那么某一质料的存在也要依赖于相应的形式。

此外,"质料是独立于形式的"这一观点会威胁到实体的统一性。如果质料与形式的关系是偶然的,那么质料与形式的复合物就只是"偶然的统一体",因为质料有自身独立的本质,而这个本质是与形式不同的。②换言之,若形式是复合物的本质,质料如果有独立的本质,那么一个复合物就会有"两个本质"。但是,统一性是实体的首要特征和必然要求,如何解决实体的统一性问题正是亚里士多德在《形而上学》第七卷的最后提出的最困难的问题。他指出解决这一困难的方向在于将"最近的质料"看作潜在性,把形式看作现实性。在这里,我们无法讨论问题的细节,但是至少亚里士多德认为质料与形式的复合体具有严格的统一性,它只有一个本质,因此质料与形式的关系绝不是偶然的。

质料与形式的关系只有一种模式:质料的存在是倚赖于形式的,它们的关系是必然的。这个关系不仅体现在对运动的分析中,更体现在对实体(例如动物)的分析中。然而,我们为何会有这种倾向:在运动

---

① 参看 D. Bostock 对质料自身没有本质的论述。见 D. Bostock, *Space, Time, Matter and Form: Essays on Aristotle's Physics*, Oxford: Clarendon Press, 2006, pp.36-42。

② 这个困难被 M. L. Gill 称为"统一体的悖论",即如果我们坚持质料的存在是独立于形式的,那么实体的垂直统一性(定义上的统一性)就不成立。关于这个悖论的讨论参看 M. L. Gill, *Aristotle's Theory of Substance: the Paradox of Unity*, Princeton University Press, 1989。

理论中，例如铜像的生成，和一些人造物（如铜像）的生成中把质料的存在理解为独立于形式的？以至于认为有两种矛盾的质形关系。亚里士多德用安提丰"种床"的例子提醒过我们注意这种倾向，他说："技艺的安排对于（自然的）本性来说只是偶然的特征"（193a15）。对于木头而言，把它做成床对于木头的本性来说只是偶然。换言之，木头之为木头的本质与木头之为床的本质是不同的，两者相互独立。因此，对于"木制的床"而言有两种独立的本质：床的本质和木头的本质；木床并非严格意义上的统一体。科斯曼（Kosman）非常敏锐地指出，只有生物体才是严格意义上的统一体，它们被认为是典型的实体；而人造物只能称为"偶然的统一体"，它们的存在类似于偶然的存在，例如门楣的存在是"房子的这个位置上的一根木头"，这类似于"在田野中的一匹马"。人造物的质料具有本体论上的双重性，并且体现在同一个对象上：一方面木头作为潜在的门楣，另一方面木头作为木头自身。而自然物的质料则不具有本体论上的双重性：身体的本质就是灵魂的工具，它自身就是各种生命活动的潜能，除此之外它没有另外的本质了。①人造物的质料在本体论上的双重性使得它并非严格的统一体，也正是这种双重性具有欺骗性，使我们尤其在人造物的生成中误解了质料的概念，以至于误以为质料的存在是独立于形式的。

所以根本不存在两种矛盾的质形关系；亚里士多德的质形论只有一种：质料的存在是依赖于形式的，它们的关系是必然的。这个模式充分地体现在典型实体之中，这就是生物的身体与灵魂的关系；也体现在运动和实体的生灭中，这就是潜在者与现实者的关系。因此，调和论的解释是不可能成功的，因为根本不存在需要调和的冲突。

---

① L. A. Kosman, "Animals and Other Beings in Aristotle", in *Philosophical Issues in Aristotle's Biology*, Allan Gotthelf and James G. Lennox, (ed.), Cambridge University Press, 1987, pp. 370-378.

名词索引

A

阿克里尔(J. Ackrill) 148,197,198,273,274,286

阿奎那(Thomas Aquinas) 135,136,159,178,284

艾德(H. Ide) 97,106

艾文(T. H. Irwin) 159

B

巴门尼德 8,12,14,30,39,40,54,56,203,204,209-212,244,245,258

柏拉图 9,13-15,47,49,72,73,94,114,155,163,177,194,202,208,218,245,258

贝赫(J. Beere) 101,107,114,118,119,125,126,131,135,137,139,145,154,156,162,163

本体论上的优先性 62,68,121,158,159,161,162,165,166,199,237,288

波兰斯基(R. Polansky) 197-199

伯恩耶特(M. F. Burnyeat) 99,141,144,149,152,189,196,219,232

博尼茨(H. Bonitz) 96,98

博斯托克(D. Bostock) 2,5,6,22,23,26,27,31,37,38,49,61-64,68,69,76,79,211

布罗迪(Sarah Broadie) 215

C

查尔顿(W. Charlton) 3,4,30,38,40,41,82,96,97

查尔斯(D. Charles) 81

陈康(C-H Chen) 49,72,192,258

承载者 78,85,100,101,103,105,106,124,131,132,151,152,169,171,206,244,251

从之而来者 7,69,84,87-90,168,170

存在的方式 30,93,112,169,207,243

存在的种类 93,112,169

存在上的双重性 112,114,116,117,128,170,188

D

德谟克利特　9,13,16,114,245

第二潜在性　97,98,143,146-152,182,183,187

对立面　20,25,29,31,35,40,48-50,88,122,123,149,204,285

F

反物质还原论　235-237

菲洛珀诺斯（Philoponus）　46,47,204

分有　14,208

弗雷德（M. Frede）　26,75,96,99-101,103,118,121,130-132,145

弗里兰（C. A. Freeland）　80,82

复合基体　35,38,39,45,50,51,58,204,206,207

复合实体　11,86,131,132,245-248,251,252,283,284

G

戈特瑟夫（A. Gotthelf）　234-236,238

格雷厄姆（D. Graham）　92,180

格林（M. Grene）　172

根据自身的存在　93

共时质料　6,7,28,69,80-87,152,168,245,247,251-254

H

海内曼（R. Heinaman）　152,179,180,189

核心意义　42,86,100-102,104,135,136,145

惠特（C. Witt）　93,96,97,99,100,102,104,107,116,144,159,161

惠廷（J. Whiting）　272,274-287

毁灭　188,199,252,254

J

吉尔（M. L. Gill）　2,5,6,22,28,29,34,38,53-55,58,60,61,81,130-133,150,178,211,216

K

凯尔西（S. Kelsey）　205

科德（Alan. Code）　2,5,22,33,37,38,96,100,102

科恩（S. Cohen）　27,47,280

科斯曼（L. A. Kosman）　8,96,98,99,142-146,148,152,178-184,186-188,191-193,197-199,203,290

科斯特曼（J. Kostman）　179,180,186

可能性　96-98,104-108

克雷斯韦尔（M. J. Cresswell）　92

克利里（J. Cleary）　155

库克（K. C. Cook）　44,46

库珀（J. M. Cooper）　235,236,238

宽泛意义上的质料　8,172,176,243

L

赖尔（G. Ryle）　197,198

类比　41,102,135,138,144,146,150

类比的统一　146,151

李猛　178,181,187,188,200

力　96,97,99-109,111,112,124,131,
134,135,137,143,146,154,180,187

连续性　6,23,27,53-67,91,181,209,
213,244

刘易斯（F. Lewis）　2,27,28,38,80,
82,280

流变　1,2,13,14,208

卢克斯（M. Loux）　240

罗蒂（R. Rorty）　172

罗斯（D. Ross）　8,40,44,96,135,
159,178,179,222

M

马特森（M. Matthen）　238

麦克马林（E. McMullin）　31,39,49

梅金（S. Makin）　28,80,83-86,100,
102,106,107,110,118,121,136,
137,139,142,144-146,162

门恩（S. Menn）　94,96,97,142,
149,192

米卢斯（C. V. Mirus）　238

目的论　7,99,103,111,112,124,
125,132-134,143,144,162,165,
166,190,193,206,227,234-239,
248,253-256

目的因　4,11,12,50,68,229,233-
239,241,244,254,255

N

聂敏里　217,226,258

努斯鲍姆（M. Nussbaum）　1,235

O

欧文（G. E. L. Owen）　71,231,236,
263,265,269

偶性变化　2,3,15-19,21,35-37,44,
54,56,64,65,69,148,149,152,177,
204,205,207,213-215,217,277,
278,285,300,301

P

帕纳耶蒂（C. Panayies）　161,162

佩奇（C. Page）　75

珀曼梯斯（M. Permatizis）　163,165

普特南（H. Putnam）　1

Q

琼斯（B. Jones）　3,4,30,34,40,41,
45,46,51

缺失　2,5,20,29,34,35,37-39,44,
48-52,57,60,61,104,115,116,171,
183,189-191,202-205,211,216-218,
225,244,273

S

塞德利（D. Sedley）　254,270

是其所是　114

斯卡尔萨（T. Scaltsas）　2,6,23,29,

53-56,58,59,61,68,79

索拉布其(R. Sorabji) 47,235,236

T

替换 6,23,36,54,60,79,181,203,206,207,211,217,229

统一体 51,83,86,102,131,132,136,207,245-251,283,289,290

W

韦丁(M. Wedin) 27,73

谓述 18,20,24,25,27,31,35,68,70-79,118,214,229,230

沃特洛(S. Waterlow) 116,180,190

无限 62,63,103,169,171,181

无中生有 6,23,40,53-58,60,61,115,116,210,212,223,225,299

X

希尔兹(C. Shields) 221-223,226,287

先在质料 6,7,28,69,79-87,129,157,168,245,252,253

现实的例示 227,239

休柏斯(P. Suppes) 9

虚空 63,103,169,181

Y

严格意义上的质料 128,171-173,175,176,244

永恒实体 12,95,119,158,167-169,195,245,250,255

原始质料 40,46,47,89,214

约翰逊(J. Johnson) 114,267

运作 16,167,177,183-186,193-195,200,205,237,240,241,255

Z

种子 18,20,36-39,51,59,60,75,78,80,82,88,90,94,117,149,156,157,164,214,241

主动的力 100,102,104,105,121,145

属 11,16,42,65,71,89,92,135,147,151,171,172,243,248

自然 44,96,100,101,120,123

最近质料 41,83,84,128

亚里士多德原文引用索引

《范畴篇》

1a20-1b5　70

1a24-25　71

2a13-16　71

2b4-5　71

3b24　49

4a10-21　25

9a14-19　102

14a29　155

《物理学》

187b11　30

189a23　31

189b32　39

189a33-190a4　32

190a1-12　19

190a5-8　32

190a15　20

190a15-17　76

190a14-21　35

190a25　33

190a33-190b4　20

190a33-35　35, 77

190b1-190b4　36

190b4　82

190b9　30

190b12-13　39, 115

190b14　35, 77

190b24　35, 77

190b29-30　50

190b35-191a2　50

191a2　44

191a6-7　204

191a9　30

191a19-20　234

191a21　30

191a27-30　57, 115

191b13-20　58

191b28-29　48, 114, 115

191b31　203

192a22　206

192a31-32　40, 87, 287

192b5　202

194b9　84,170,288

194b32-37　234

195a25　234

200b13-21　181

200b15-21　63

200b32-34　16,55,78

201a10-11　177,178,183,192

201a14　200

201a15-16　178,184

201a30-31　184,288

201b7-11　200

201b9　185,193

201b10　184

201b25　194

201b33　195

206b15　171

208a1　171

224b7-8　238

226b21-227a14　66

227b3　67

227b22-29　65

231a24　66

255a30-31　149

260b15-19　161

261a13-20　161

《论生灭》

314a5-6　17

314b1-9　17,56

314b1-3　56

315a1-2　225

317b17-18　58

317a20-21　18,225

317a22　225

317a20-26　18

318a15-25　59

319b8-35　18,214

319b25-30　37

319b31-33　16

319b32-35　36

320a4　38,60

327b10-15　283

《论天》

301b16-21　254

《论灵魂》

412a10　147

412a20　274

412a22-26　149

412a27　147

412b12-25　253

413a1　171

417a23-b1　147

417a2b 150

417b16 189

《动物的生成》

724a20-31 88,170

727a2 242

725a11 242

727a31 242

728a26 242

729b13-14 242

734b9-16 242

735a8-9 242

735a9-11 149

《形而上学》

1016b7-9 65,248

1016b31-35 42

1017a8-1017b9 93

1017b3-7 94

1017b8 94

1018b15-20 155

1019a2-3 158

1028b9-13 11

1029a1 72

1029a2-3 72

1029a9-10 73

1029a21-22 93

1029a22-24 74

1032a13-14 115

1032a17 10,83,87

1032a21 12

1032b2-5 49

1032b11-15 220

1032b30-33 83

1033a14-21 34

1033a29 221,222

1033a24-30 218

1033b1 223

1033b5-7 219

1034a6-7 87

1034a11-13 83

1034b8 218

1036a8-11 89

1038b5-7 74

1039b20-25 218

1041a6-10 228

1041a14-15 230

1041a20 229

1041a27 229

1041a28-32 229

1041a31-32 233

1041b5-8 230

1041b26 246

1042a29 75

1043a2-3 233

1043b10 233

1043b15-18　218

1044a15-20　84

1044b30-36　122

1045a1-2　123

1045a23-25　172

1045a30-33　249

1045a35-36　172

1045b16-19　248

1045b17-24　247

1045b34-1046a3　95

1045b24　250

1046a7-8　108

1046a11　96,102,104,180

1046a36　121

1046b3　105

1046b34-1047a2　107

1047a5-6　107

1047a8-10　107

1047a30-32　194

1047b1-2　113,189

1048a1-2　110

1048a16　110

1048a25-26　134

1048a31　103,128

1048a31-35　139

1048a35-1048b1　135

1048a36-1048b5　139

1048b2-5　83

1048b6-7　138,140

1048b6　145

1048b7　43,136

1048b18-26　196

1049a1-3　117,279

1049a3　82

1049a3-4　188

1049a9-11　119

1049a24　89

1049a27-36　74

1049b1-2　89

1049b4-5　155

1049b13-18　154

1049b18-26　156

1049b24-25　116

1050a4-10　159

1050a15-16　129

1050a22-23　194,237

1050b19　167

1050b20-21　167

后　记

　　本书的完成仅仅是一个开始,也是我的学术生涯的另一个起点。回顾开始的开始,总有太多的艰辛与孤独,欣慰与喜悦。最终呈现在这里的作品不仅是对自己的博士生涯的一份总结,还承载着我对哲学精神和形而上学思想本身的崇敬和追求。这种崇敬和追求庇护着我,使我在每一个笔耕的日夜享受着纯粹的思考的欢愉。

　　此书是在我的博士论文的基础上经过大量修改而完成的。我在攻读博士学位期间,对古希腊哲学,特别是亚里士多德产生了浓厚的兴趣。但是古希腊哲学博大精深,离我们现代人的思想语境又远,想要真正的"进入"并不是一件容易的事情。我借助对大量研究文献的阅读,逐渐熟悉了古希腊哲学讨论的问题,籍此进入了对原著的阅读和思考,进而反思相关文本的诸多解释。在这个过程中,我发现了原文文本和研究文献中存在的许多问题,而此书探讨的主要问题便是其中之一。一开始我深为吉尔(M. L. Gill)在《统一体的悖论》一书中的观点所折服,但是随着思考的深入,我开始怀疑她的解释,最后几乎否认了她的主要观点;在这些思考和研究的基础上,此书的主要问题和论点得以成形。

　　在博士论文的审阅和答辩中,我得到了师长和同仁的许多意见,有细节上的也有关于整体构思的。其中有这样的评阅意见:我的论文意欲证明质料在实体生灭过程中不持存,但是"实体生灭中没有任何持存者"这个观点会重新面临"无中生有"和巴门尼德问题的威胁。这是一个严肃的批评，因此我在原来的论文之外增补了第八章（形式与实体生灭过程中的持存者），以便回应这个批评，并完善我在博士论文中表达的观点。鉴于此文的主题限制——亚里士多德的质料学说，以及我们研究这个主题而选用的问题——即质料在实体生灭过程中是否持存，在与形式有关方面的研究或许是此书的一面短板。此外，在一些细节的问题上，例如对力、可能性和潜在性之关系的阐发，对第一潜在性和第二潜在性的分析，我远未做到尽善尽美。在此，我欢迎任何诚恳的批评。

在论文的修订过程中，我一直犹豫着对"ὑποκείμενον"一词应该做何翻译，因为对它的不同翻译或隐或显地代表了不同的观点。这个希腊词在英文中的翻译也有多种，主要有"subject""substratum"和"underlying thing"。与"subject"相对应，中文一般翻译为"主体"，与"substratum"相应的中文翻译通常是"载体"，"underlying thing"在这几个译名中最接近"ὑποκείμενον"的字面意义，但它在中文中的直译是一个蹩脚的表达，即"站在下面的东西"或"作为基础的东西"——我把它译为"基体"。

"substratum"和"载体"的译名比较流行，它背后隐藏的观点是：个体实体是偶性的承载者，而质料是实体形式的承载者，并且载体在任何变化中（偶性变化和实体生灭）持存。我们已经反驳和抛弃了这种观点，因此不能接受对"ὑποκείμενον"的"载体"译名。"subject"和"主体"的译名在当代研究者中得到了越来越多的支持，他们认为"ὑποκείμενον"的意义在《范畴篇》中已经得到确定，无论是个体实体，还是构成个体实体的形式和质料都是谓述结构中的主词，因而都被称为"主体"。特别是那些将形式看作是个体的研究者更喜欢把"ὑποκείμενον"翻译为"主体"，因为这个表达强调了形式在本体论上的独立性和主宰地位。因而在表达谓述的主词时，我把"ὑποκείμενον"翻译为"主体"，然而，一方面"主体"这个译名过于倾向于"ὑποκείμενον"的主词和个体意义，从而抹杀了实体与质料的区分，并忽视了"ὑποκείμενον"所传达的动态意义，另一方面在汉语的哲学术语中"主体"容易使人联想到与"客体"相对的存在，从而进一步歪曲亚里士多德的思想。因此，为了避免"主体"这一译名可能带来的困扰，在涉及变化时，特别是涉及变化的起始时，我把"ὑποκείμενον"翻译为"基体"，一方面尽量保留这个希腊词的字面意义，另一方面，我希望用这个译名来强调它不仅是谓述的基础，也是所有类型的变化的基点——即从之开始的变化要么是偶性变化，要么是实体生灭。因此，读者在书中会发现我同时用了"主体"和"基体"来翻译"ὑποκείμενον"，这是因为在不同的语境中对这个词的意义的不同方面的强调，并不是因为这个词本身是有歧义的。

从北大外哲所的教室，到未名湖畔的树荫，再到哈佛的图书馆，有许多人帮助过此文的思考和写作，我的感激之情不能备于言表。首先，我要感谢我的导师赵敦华教授，他的悉心指导和言传身教使我在课业和论文中深深受益。在他的严谨治学的影响下，此书的开头部分重写了四遍，我无求精益求精，但求问心无愧。我感谢哈佛燕京学社（Harvard-Yenching Institute）提供给我为期18个月的赴美国哈佛大学交流学习的机会，使我的博士论文写作得到了丰富的资源和充沛的时间。博士期间的学习和此书的研究得到了哈佛燕京学社博士生奖学金（fellowship）的支持，特此致谢。我感谢哈佛大学哲学系的Gisela Striker教授对我的鞭策和给予我的论文的细致评议和指导，没有她的帮助就没有呈现在这里的作品。

我感谢吴天岳老师，从平素的学习训练到论文的选题再到资料搜集和论文写作中的指导，以及最终此书的出版，他都给与了我无私的帮助。我还要感谢聂敏里老师，他对我的亚里士多德研究在很多方面的鼓励和帮助都是无法低估的。此外，我还要感谢北京大学外国哲学研究所的各位老师，他们提供了卓越的学术研究平台，还要感谢那些朝夕与共的同窗。

  我特别感谢我的父母,感谢他们对我的生活和学习的理解和多年的不渝的勉励。我特别感谢我的先生喻郭飞,感谢他在方方面面给予我的无条件的陪伴和支持。最后,我要感谢北京大学出版社以及所有为此书的出版付出辛劳的朋友们。

曹青云

2014 年 4 月 28 日

于云南昆明